# How to adapt to
# new world

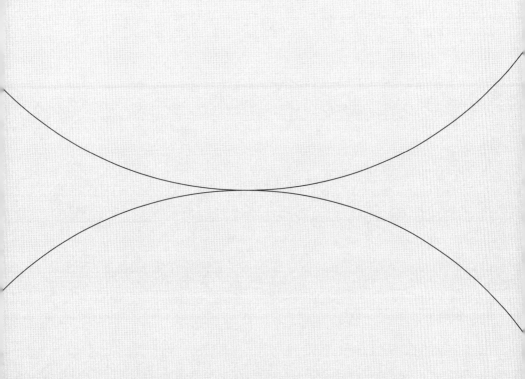

# 미중 전쟁
# 앞으로의 세계

## How to adapt to new world

이지예 지음

미중 신 라이벌이
지배하는 세계에서
생존의 길을 찾다

가나

(1부)

# 미·중 라이벌이 벌이는
# 신 냉전의 흐름을 읽다

2부

# 앞으로의 세계에서
# 한국의 전략을 찾다

마지막으로 한국에 다녀온 건 2020년 2월 중순이다. 당시는 코로나19가 중국과 아시아에 막 퍼지고 있었고, 불과 한 달 뒤 바이러스가 온 세계를 뒤덮을 것이라고는 누구도 상상하지 못했다. 영국에 돌아오고 몇 주 만에 세상은 전혀 다른 모습으로 바뀌었다. 2월 말을 기점으로 세계 곳곳에서 사망자가 쏟아졌고 미국과 유럽의 내로라하는 도시들이 완전히 폐쇄됐다. 내가 지내고 있는 런던도 3월 말 대대적인 봉쇄가 취해졌다. 식료품점을 뺀 모든 상점이 문을 닫고 외출이 제한되면서 거리는 좀비 영화의 한 장면을 떠올리게 하는 침묵 속에 빠져들었다. 당연하게 여겨오던 일상의 소소한 순간이 송두리째 금지된 답답한 시간이었다. 하지만 '아무 것도 해선 안 되는' 이 시간이 그동안 국제 뉴스를 다루면서 머리 속 한 켠에 쌓아온 생각들을 돌아보고 정리하는 뜻밖의 기회가 됐다.

이 책은 지난 10년 가까운 시간 동안 국제부 기자로 일하면서 이해한 세계 정세를 바탕으로, 미국과 중국의 신 냉전 구도와 포스트 코로나 시대 국제 질서의 전개를 분석하고 있다. 2019년 영국에서 국제관계학 석사 과정을 밟으며 연구한 내용을 토대로 자국 우선주의 흐름, 국가의 역할과 세계화의 향방 등 현재 국제 사회의 가장 뜨거운 화두들을 깊이 있게 살펴보려 했고, '도널드 트럼프의 미국 우선주의와 시진핑의 중국몽 사이 한국의 생존 전략'을 주제로 한 나의 논문을 토대로 불확실성 가득한 시기를 헤쳐 나가기 위한 한국의 국가적 전략은 무엇일지 고찰했다. 막연한 당위성이나 위기감에 기반한 것이 아니라 우리가 처한 여러 가지 현실적 여건을 따져볼 때 취할 수 있는 효과적 전략은 무엇일까라는 질문에 답을 찾고 싶었다. 이를 위해 논문에서 사용한 분석 틀을 활용, 국내외에서 제기되고 있는 한국의 여러 선택지들을 놓고 학술적 근거와 실현 가능성을 비교 분석했다. 마지막으로 국내외 전문가들의 의견을 청취하여 우리가 장기적인 관점에서 추구해야 할 '한국의 길'을 제시하려 했다. 현재의 한국이 미·중 사이에서 움직일 여지를 키우려면 이분법적 사고에서 벗어나고, 그동안 쌓은 국가적 역량을 활용해 다각적 전략을 취할 필요가 있다는 데 결론이 모아졌다.

미·중 갈등과 코로나19 라는 동시 충격 속에 전 세계가 한치 앞을 볼 수 없는 혼돈으로 빠져들면서 국제 질서는 완전히 새롭게 짜이고 있다. 글로벌 리더십 공백과 자국 이기주의 흐름 속에 혼란스러워하던 세계는 팬데믹(세계적 대유행)에 결정타를 맞고 '각자도생'과 '더 많은 협력'의 필요성 사이에서 고민하고 있다. 이 같은 국면은 국제 사회에 위험과 기회를 동시에 제공한다. 훨씬 심각한 분열과 대립 혹은 더 나은 질서로의 개편, 양측의 가능성이 열리기 때문이다. 지금 어떻게 대처하는지에 따라 한국도 대외적 위상과 국력을 강화할 기회를 모색할 수 있다. 한국은 코로나19 대응 과정에서 방역 모범국으로서 이미 가능성을 증명했다.

원고가 막바지를 향해가는 사이 코로나19 확산을 막기 위해 취한 봉쇄 조치들이 조금씩 풀렸고, 백신 개발에 관한 고무적인 소식도 잇따랐다. 여전히 전 세계에서 많은 희생자가 나오고 있지만 새로운 현실을 받아들이고 살아갈 방법을 강구하는 움직임 역시 빨라지고 있다.

우리도 미국과 중국의 신 냉전 구도에 대처하고 포스트 코로나 시대에 살아 남기 위한 국가적 전략을 신속히 수립해야 한다. 미·중 갈등은 워낙 정치적으로 첨예하게 의견이 갈리는 소재인 만큼 우선순위를 어디에 두느냐에 따라 우리가 취해야 할 입장도 달라진다. 한 가지 분명한 것은 미국이나 중국의 강압에 의해서가 아니라 우리 스스로 우리의 길을 개척해야 한다는 점이다. 국익을 최대화할 수 있는 장기적 대 전략에 대해 공감대를 형성하고, 단합된 자세로 추진해 나가야 한다.

한반도를 둘러싼 강대국들의 움직임이 심상치 않은 지금, 한국이 과거의 비극을 반복하지 않으려면 국제 질서가 재편되는 이 시기를 슬기롭게 헤쳐나가야 한다. 그러려면 미국과 중국이라는 두 거인의 발길질을 피하는 데 급급해선 안 된다. 이들의 어깨 위를 영리하게 타고 올라가 그 위에 단단히 서야 한다. 그리고 우리 힘으로 정교하게 중심을 잡으며 장기적 비전으로 더 먼 곳을 바라보아야 한다.

수많은 학계 권위자 분들과 언론계 선배들 앞에서 무거운 주제를 다루게 되어 조심스러운 마음이 앞선다. 하지만 세계 곳곳에서 새로운 세대의 정치인들(가까운 사례로는 북한이 있다)과 기업인, 사회운동가들의 활약이 두드러지는 만큼, 국가적 전략을 모색하기 위한 논의에 젊은 기자이자 학도로서 시선을 보태는 것 역시 가치 있는 일이라는 생각에 용기를 냈다. 미·중 경쟁과 팬데믹을 아우르는 커다란 흐름을 읽어내고자 한 이 작업물이 앞으로 한국 사회가 나아갈 길을 함께 고민하는 데 조금이나마 보탬이 되었으면 좋겠다.

멀리서 또 가까이서 늘 버팀목이 되어 주는 부모님과 가족들, 원고가 빛을 볼 수 있게 해 주신 가나출판사 분들과 흔쾌히 귀중한 식견을 나누어 주신 전문가들께 감사드린다. 또 어려운 시기를 인내하며 저마다의 자리에서 최선을 다하고 있는 모든 분들께 박수를 보낸다.

2021년 1월. 저자 이지예

포스트코로나
탈세계화
신 냉전
디커플링
뉴 노멀 시대
미국의 패권주의
시진핑의 중국몽
Middle Power
Great Reset
한국의 전략
동맹의 딜레마
국제 협력
독자노선
전략적 헤징
다자주의 연대

# 1부

New Cold War

미·중
라이벌이 벌이는
신 냉전의
흐름을 읽다

# 신 냉전의 불씨를 당긴
# 코로나19

1.

"미국과 중국은 사실상 신 냉전 시대에 있다. … 미·중 관계는 더 이상 몇 년 전과 같지 않다. 겨우 몇 달 전과도 다르다"

_스인훙 중국 국무원 고문 겸 인민대학 교수[1]

"용어에 불편함을 느끼는 사람들도 있겠지만 정직하게 있는 그대로 불러야 할 필요가 있다. 신 냉전의 시작이 맞다. 주의하지 않는다면 상황은 훨씬 더 나빠질 것이다"

_클레테 빌렘스 전 미국 백악관 국가경제위원회 부국장[2]

"신 냉전을 피하기 위해 할 수 있는 모든 일을 해야 한다. 지금 우리는 매우 위험한 방향으로 움직이고 있다. 세상은 가장 큰 경제 대국 두 곳이 거대한 균열 속에 세계를 분열시키는 미래를 감당할 수 없다"           _안토니우 구테흐스 유엔 사무총장[3]

신종 코로나바이러스 감염증(이하 코로나19)이 전 세계를 집어삼키는 동안 한편에서는 미국과 중국이 새로운 냉전에 빠져들고 있다는 공포가 피어올랐다. 2차 세계대전 이후 인류 최악의 위기라고 불리고 있는 코로나19 팬데믹은 그동안 쌓이고 쌓인 미국과 중국의 갈등을 폭발시키는 신호탄이 됐다. 사태의 책임을 둘러싼 두 대국의 공방전은 서로의 코로나19 대응 방식에 대한 문제 제기를 넘어 둘 사이의 연결고리를 헐겁게 만들고, 상호 체제를 비난하는 전방위적 갈등으로 번졌다.

2019년 12월 중국 중부 후베이성 우한에서 처음으로 발병이 공식 보고된 코로나19는 겨우 두 달 만에 세계 6개 대륙에 모두 퍼졌다. 9월 말 기준 전 세계 확진자는 3,300만 명, 사망자는 100만 명을 넘어섰다. 미국과 브라질, 인도는 최악의 감염국 1, 2, 3위로 올라섰다. 이들 3개국에서만 글로벌 누적 확진자의 절반이 넘는 인원이 나왔다. 확실한 치료제도 백신도 없는 전염병의 무서운 확산세에 세계 각국은 너나 할 것 없이 국경을 걸어 잠갔고 사람들의 일상과 경제 활동을 멈춰 세웠다. 글로벌 경제는 순식간에 암흑으로 빨려들어갔다. '2차 대전 이후 최악의 글로벌 침체'[4], '1930년대 대공황 이래 최악의 경제적 퇴보'[5] 등등 '최악'이라고 밖에는 표현할 수 없는 충격적인 마이너스 성장 전망이 쏟아졌다.

코로나19 사태가 불거지기 전 뚜렷한 경기 회복세를 타고 있던 미국은 생각지도 못한 거대한 충격에 단단히 뿔이 났다. 미국과 중국은 코로나19가 전 세계를 휩감기 직전인 2020년 1월 '1단계 무역 합의'를 이루면서 1년 반 가까이 끌어온 무역 전쟁을 가까스로 봉합했다. 하지만 누구도 예상하지 못한 바이러스가 온 세상을 혼돈으로 밀어넣자, 간신히 휴전을 이룬 뒤 살얼음판을 걷던 양국 관계는 더욱 위태로운 상태로 치달았다. 도널드 트럼프 미국 행정부는 코로나19 발원지인 중국에 사태의 책임을 물어야 한다는 명분을 앞세워 강도 높게 중국을 압박했다. 백악관은 5월 '대중 전략 보고서'에서 미국이 중국의 변화를 확신하며 시도한 오랜 '관여' 전략이 헛된 희망으로 드러났다고 선언했다. 그러면서 중국 공산당의 지속적인 '악의적 행동'과 '약탈적 경제 관행'이 미국의 이익과 국제 질서를 훼손하고 있다고 비판했다.

## 미국은 중국을 얕보고 있었다?

1979년 중국과 정식 수교한 이래 미국은 지속적인 관여와 유화 정책을 통해 중국을 미국 주도의 자유주의 질서에 포용할 수 있다고 믿었다. 미국이 자유 무역 체제의 상징인 세계무역기구(WTO)에 중국의 가입(2001년)을 지지한 배경에도 이런 자신감이 있었다. 중국을 자유 시장 경제에 포섭하면 결과적으로 중국의 정치 경제 체제가 민간 주도로 개혁될 것이라는 시각이었다.

1990년대 소련과의 냉전에서 승리한 뒤 세계 제일의 패권국이 된 미국은 자유 민주주의와 시장 자본주의의 보편화를 통해 세계의 번영과 평화를 이룰 수 있다고 여겼다. 미국의 정치학자 프란시스 후쿠야마는 1989년《역사의 종언》이라는 책에서 공산주의는 완전히 몰락하고 궁극적으로 서구식 자유 민주주의가 세계 인류의 보편적 이념으로 자리잡을 것이라고 예견했다.[6]

하지만 미국의 예상은 보기 좋게 빗나갔다. 중국은 공산당 1당

독재 체제와 자본주의를 결합한 자신들만의 독특한 국가 주도 자본주의를 바탕으로 미국을 넘보는 세계 2위 경제 대국으로 성장했다. 서구의 여러 나라에서는 중국의 경제 발전과 삶의 질 향상에 따라 민주화 세력의 목소리가 커지고 정치적 변화가 뒤이을 것이라 예상했다. 그러나 현실은 달랐다. 고도의 경제 성장은 오히려 중국 지도부가 공산당 집권 체제를 정당화하는 근거가 됐다. 2013년 권력을 잡은 시진핑 국가주석은 '중국의 재부흥'이라는 민족주의적 기조를 강조하며 공산당 중앙 집권 체제를 더욱 공고히 했다. 중국의 '핵심 이익'을 수호한다는 명목 아래 홍콩과 대만에 대한 중국의 통치 문제나 인권 논란을 다루는 태도도 훨씬 강경해졌다. 일대일로(一帶一路)● 같은 중국 주도의 대규모 대외 사업을 추진하면서 국제적 차원에서 중국의 국력에 걸맞은 목소리를 내겠다고 나서기도 했다.


## 미국의 중국 때리기

코로나19 사태 이후 미국은 중국 공산당의 행태가 전 세계를 위협할 수 있다는 자신들의 주장이 사실로 드러났다고 말했다. 중국 정부의 조직적인 사태 은폐가 국제 사회의 피해를 키우고 미국의 이익을 훼손했다는 비판이다. 미국은 국익 보호라는 목표 아래 이제부터는 중국에 대해 실질적 결과를 도출할 수 있는 '경쟁적 접근법'

● 아시아와 유럽, 중동·아프리카를 잇는 육·해상 인프라 개발 사업

을 취하겠다고 선언했다. 미국은 "중국의 빠른 경제 발전과 세계 경제에 대한 관여는 미국이 바랐던 시민 중심의 자유롭고 개방된 질서로 수렴되지 않았다. 중국 공산당은 자유롭고 개방적인 세계 질서를 자신들이 유리한 쪽으로 국제 체계를 재편하려고 한다"고 주장했다.[7] 또 "미국은 지금부터 미중 관계를 '강대국 경쟁(great power competition)'으로 인지하고 받아들인다"고 천명했다.[8] 사실상 미국이 중국을 향해 '신 냉전'을 선포했다는 진단이 쏟아져 나왔다.

미국은 중국에 본때를 보여주기 위한 움직임에 착수했다. 먼저 중국의 부실 대응을 응징하고 피해 보상을 받기 위해 중국을 상대로 추가 관세를 부과하거나 중국에 대해 주권면제(국가는 외국 법정의 피고가 될 수 없다는 국제 관습법상 원칙)를 박탈하겠다고 경고했다.

압박은 구체적인 행동으로 이어졌다. 중국 최대 통신장비 업체 화웨이 등 세계적 수준으로 성장한 중국 기술 기업들이 주요 표적이 됐다. 미국은 미국산 기술을 사용하는 해외 반도체 업체들에 대해 화웨이와의 거래를 제한시키고, 중국 애플리케이션(앱)의 미국 내 사용을 금지하겠다고 엄포를 놨다. 미국산 기술과 민감한 정보의 대중 유출을 막겠다는 의도였다. 미국은 중국의 기술 기업이 겉으로는 민간 업체의 모습을 하고 있지만 중국 정부의 스파이 활동에 쓰이고 있다고 주장했다. 중국 공산당이 강조하고 있는 '군민 융합(군과 민간 기업의 협력)' 전략에 따라 중국 기업들이 정부의 손길에서 자유롭지 못하다는 지적이다.

같은 이유로 미국은 중국을 겨냥해 미국산 첨단 기술과 제품의 해외 수출 통제도 강화했다. 상호 투자를 제한하는 조치도 이어졌다. 연방 공무원 퇴직연금의 중국 주식 투자를 금지하고 미국에 상장된 중국 기업들의 공정 행위 여부를 조사하겠다고 나섰다. 급기야 7월에는 미국 텍사스주 휴스턴 주재 중국 총영사관을 중국의 미국 내 '스파이 활동의 거점'이라고 지목해 전격적인 폐쇄 조치를 취했다. 이에 중국이 쓰촨성 청두의 미국 총영사관을 똑같이 폐쇄시키면서 두 나라의 외교 관계까지 끊어지는 것 아니냐는 불안을 증폭시켰다. 트럼프 대통령은 실제로 코로나19 책임론을 주장하며 "중국과 모든 관계를 끊어버릴 수도 있다"고 공언했다.'

미국은 하루가 멀다 하고 대중 공세를 쏟아냈다. 트럼프 대통령은 코로나19 사태가 2차 대전 당시 일본의 하와이 진주만 공습과 2001년 국제 테러단체 알카에다가 저지른 9·11 테러 보다도 심각한 미국 역사상 '최악의 공격'이라고 묘사했다. 그를 비롯한 대중 강경파 성향의 미 고위 당국자들은 '중국 바이러스', '우한 바이러스', '쿵 플루'●처럼 중국을 사태 유발자로 못박는 명칭을 공공연하게 사용했다. 미국 국내외적으로 이런 용어가 특정 인종에 대한 편견을 부추긴다는 우려가 일었지만 아랑곳하지 않았다.

'중국 때리기'의 소재는 코로나19에 국한되지 않았다. 마이크 폼페이오 미국 국무장관은 중국이 '악랄한 공산주의 독재 정권'의 통치 아래 있다며 체제 깎아내리기에 앞장섰다. 그는 공식적인

●　중국 무술 쿵푸와 독감을 의미하는 플루의 합성어

"We could cut off
the whole relationship"

미국은 중국과 모든 관계를
끊어버릴 수도 있다.

도널드 트럼프 미 대통령

자리에서 시진핑을 '주석(president)'이 아닌 공산당의 '총서기(General Secretary)'로 지칭했다. 시 주석이 민주적으로 뽑힌 국민의 대표자가 아니라 공산당의 수장이라는 점을 작정하고 강조한 것이다. 미국은 홍콩의 민주화 시위, 대만 분리독립 문제, 신장 위구르 자치구의 소수민족 탄압 논란, 남중국해 영유권 분쟁 등 중국 정부가 예민하게 여기는 사안들을 한꺼번에 꺼내 들어 중국을 비판했다.

당하고만 있을 중국이 아니었다. 바이러스 확산세를 먼저 진정시킨 중국은 즉각 팬데믹 충격을 회복하기 위한 작업에 돌입했다. 중국의 고위 관료들은 미국이 제기하는 중국 책임론을 '근거 없는 비방'이자 '바이러스의 정치화 시도'라고 맞받았다.

중국 정부는 화웨이 제재에 대응해 애플, 퀄컴, 시스코, 보잉 등 중국 시장 의존도가 높은 미 기업들을 블랙리스트에 올려 이들의 사업 관행을 조사하고 거래를 제한하겠다고 경고했다. 왕이 중국 외교 담당 국무위원 겸 외교부장은 "미국의 일부 정치 세력이 중국과 미국 관계를 인질로 잡고 두 나라를 신 냉전으로 몰아넣고 있다"고 규탄했다.[10] 웨이펑허 중국 국방부장은 코로나19 발병을 구실로 미국이 대중 억제 움직임을 강화하면서 양국 관계가 '고위험기'에 접어들었다며 싸울 각오를 다져야 한다고 촉구했다. 중국의 최고위급 국방 관계자가 적대국을 직접적으로 콕 집어 언급한 일은 이례적이었다.[11]

## 홍콩과 남중국해까지 번진 미·중 갈등

코로나19가 미·중 관계에 지른 불에 기름이 자꾸만 더해졌다. 중국은 코로나19 사태 중에 개최한 공산당 최고 의사결정 기구 전국인민대표대회(전인대)에서 홍콩의 반정부 활동을 단속하기 위한 '홍콩 국가보안법' 제정을 강행했다. 중국 중앙정부가 독자적 체제를 갖춘 자치 지역인 홍콩에 대해 직접 보안법을 시행하고 나선 것이다. 이에 서구 국가들을 중심으로 중국이 영국의 통치 아래 있던 홍콩을 돌려받으며 했던 일국양제(一國兩制, 한 국가 두 체제) 약속을 훼손했다는 우려가 일었다. 그러나 중국은 홍콩의 안보를 지키기 위한 조치이며 이 문제에 대한 외부 세계의 비판은 '내정 간섭'이라고 일축했다.

중국은 7월 1일을 한 시간 앞둔 시점에 보안법 이행에 들어갔다. 홍콩 반환 23주년을 기념해 특별히 선사하는 '생일 선물'이라는 주장과 함께.[12] 미국은 중국의 조치가 국제적 약속에 대한 위반이자 홍콩 내 미국 기업과 미국인들로 대변되는 미국의 이익을 침해하는 것이라고 규탄했다. 결국 미국은 홍콩이 중국화됐다고 비판하면서 비자와 무역 영역에서 홍콩에 부여하던 특별지위를 박탈하고 만다.

중국이 역내 국가들과 오랫동안 영유권 갈등을 빚어 온 남중국해에서도 심상치 않은 긴장감이 감돌았다. 중국은 코로나19 대유행 와중에도 남중국해 군사 훈련을 계속했고, 이 해상의 섬과 암초들을 추가적으로 자국 행정구역에 포함시켜 이웃 나라들의 분노를

샀다. 미국은 온 세계가 코로나19 사태에 집중한 틈을 타 중국이 남중국해 도발을 계속하고 있다고 규탄했다. 인도양과 태평양을 잇는 남중국해는 위치상으로 군사 경제적 요충지이면서 풍부한 해양 자원을 품고 있다. 중국은 남중국해 전반에 걸쳐 '구단선(九段線, 9개의 선)'을 설정해 놓고 영유권을 주장하고 있다. 남중국해는 역사적으로 수천 년에 걸쳐 중국의 활동 무대였으며 1948년 구단선을 발표할 때 누구도 이의를 제기하지 않았다는 게 중국의 입장이다. 구단선은 필리핀, 베트남, 브루나이, 말레이시아 등 주변국들의 배타적 경제수역(EEZ)과 겹치기 때문에 당연히 역내 다른 국가들은 반발하고 있다. 미국은 남중국해를 '항행의 자유'가 보장돼야 하는 '공해'● 라고 주장하면서 군사 작전을 수행해 왔다. 대니얼 러셀 전 미국 국무부 동아시아태평양 담당 차관보는 외교전문지 〈디플로맷〉 기고글에서 "미국과 중국의 관계를 보호하는 단열재가 벗겨지고 불안이 노출되는데 긴장을 진정시키기 위한 장치들은 사라졌다"며 홍콩, 남중국해, 대만 등의 만성적인 지정학적 문제들로 자칫하면 미·중 간 냉전이 '열전'으로 비화할 수 있다고 우려했다.[13]

미국과 중국의 갈등은 코로나19 이전부터 부글부글 끓고 있었다. 트럼프 행정부는 중국의 버릇을 고치겠다는 의지를 강하게 피력했다. 그 배경에는 '미국 우선주의(America First)' 기조가 있다. 미국의 이익을 갉아먹는 다른 나라들의 불공정 행위와 무임 승차를 바

● 하나의 주권국에 속하지 않고 모든 나라가 공통으로 쓸 수 있는 바다

로 잡아 '미국을 다시 위대하게 (Make America Great Again)' 만들겠다는 주장이다. 시진핑 주석 역시 2013년 중국의 최고지도자에 오른 뒤 '중국몽(中國夢)'을 실현하겠다고 천명했다. 중국의 전반적인 국력 신장과 위상 강화를 통해 중국의 핵심 이익을 수호하고 '위대한 중화민족의 재부흥'을 이루겠다는 국가적 비전이다.

## 본질은 두 나라의 오래된 힘 싸움

좀 더 깊게 보자면 미국과 중국의 갈등은 의견 충돌이 있는 몇몇 문제를 둘러싼 힘겨루기가 아니다. 국제 질서의 구조적인 측면에서 미국과 중국은 이미 강대국 간의 권력 경쟁 구도를 형성하고 서로를 경계의 눈초리로 바라보고 있었다. 세계 1, 2위의 초강대국 자리를 다투는 두 나라의 갈등은 단순한 국력 경쟁을 넘어 국제 질서를 둘러싼 주도권 다툼의 성격을 띤다. 중국은 지난 30년 사이 미국의 뒤를 이어 세계에서 두 번째로 큰 경제대국이 됐다. 머지않아 중국이 미국을 따라잡을 거라는 전망은 오래 전부터 제기됐다. 국제통화기금(IMF)은 중국 경제가 2030년이면 세계 최대 규모가 될 것으로 예상했다.[14] 2차 대전 이후 세계의 질서가 미국 중심으로 구축됐다면 중국의 부상은 역내 그리고 글로벌 권력 지형 변화로 이어질 수 있는 사건이다.

권력 구도상의 '우월성 유지'는 전후 세계의 글로벌 패권 국가인 미국의 핵심 전략이다. 누구도 감히 넘볼 수 없는 국력을 바탕으로 미국은 세계에 자유 민주주의 질서를 구축하고 지탱해왔다. 이는 곧 미국이 만드는 표준과 원칙이 세계에 통용된다는 의미다.

국제 정치학계의 대가 로버트 저비스 컬럼비아대 교수는 가장 우월한 지위를 지킨다는 것은 각종 글로벌 이슈에 대해 잠재적 경쟁국이나 적대적 행위자들보다 막강한 영향력을 행사할 수 있다는 의미이자, 국제 정치가 펼쳐지는 '게임의 규칙(the rules of the game)'을 정하는 위치에 있음을 뜻한다고 설명한다.[15] 이런 이유로 미국은 지난 수십년 간 또 다른 패권 세력의 부상을 견제해 왔다. 그 표적이 20세기 중반에는 일본, 냉전 기간에는 소련이었다면 이제는 중국으로 변화하고 있다. 다시 말해 지금 미국은 그동안 자국 안보와 이익을 보장해 준 패권 전략을 지속하기 위해 중국을 견제할 수밖에 없는 상황에 놓인 것이다.

반면 중국은 미국이 의도적으로 중국의 성장을 억제하면서 서구적 사고와 시스템을 강요하고 있다고 주장한다. 대대적인 국력 신장을 이룬 중국이 국제 사회에서 덩치에 맞는 자기 목소리를 내는 일 자체를 비난할 수는 없다. 역사적으로 신흥 강국들은 국력이 커지는 대로 국익과 영향력을 확대하고 싶어 했다. 이는 1, 2차 세계대전을 거치면서 국력을 확장한 미국 역시 마찬가지다. 따라서 급속한 경제 발전과 군사력 증강을 이룬 중국이 기득권 세력인 미국과 얼굴을 붉히는 것은 예상된 시나리오다.

문제는 이로 인해 나타나는 불안정 징후를 어떻게 관리해 낼 것인가다. 국제 사회에서는 힘을 키운 중국이 전후 안정적으로 유지돼 온 세계 질서를 자국의 이기적 이익을 위해 흔들려 한다는 경계심이 높아지고 있다. 중국 지도부는 '평화로운 발전'을 줄곧 강조하지만 실제 움직임은 자국 중심의 강압적 위계 질서를 세우려는 게 아니냐는 의구심을 키웠다. 특히 미국과 중국 모두에 '국가적 재건'을 강조하는 리더십이 들어서자 이들이 국익 추구라는 명분 아래 더 많은 대립도 기꺼이 무릅쓸 것이라는 우려가 높아졌다.

　미국과 중국의 최대 격전지로 부상한 아시아 태평양을 보면 두 대국의 갈등 구도가 보다 뚜렷하게 드러난다. 이 지역에서는 중국을 포위하려는 미국의 '재균형(rebalance)' 전략과 여기 맞서면서 영향력을 확대하려는 중국의 '맞균형(counterbalance)' 움직임이 부딪히고 있다.[16][17] 트럼프 대통령은 2017년 취임 초반 미국의 이익에 부합하지 않는다면 대외적 문제에 굳이 관여하지 않겠다는 고립주의적 발언을 일삼았다. 하지만 아시아 지역에서만큼은 이전 미국 행정부들보다 훨씬 강경한 재균형 전략을 추구하고 있다는 진단이 잇따랐다.[18] 트럼프 행정부는 임기 초반부터 아예 중국을 '전략적 경쟁국'으로 규정했다. 이를 놓고 미국이 중국과의 패권 다툼을 선포한 것과 마찬가지라는 관측이 진작 제기됐다.[19]

　중국 역시 힘을 드러내 국익을 챙기기 위한 정책을 추진했다. 급속한 경제 발전을 바탕으로 군사력 역시 꾸준히 증강했다. 중국이 군사적 힘을 앞세워 대외 문제에서 적극적으로 자기 이익을 주장하고 나서면서 다른 나라들과 불화 역시 심화하고 있다는 우려가 이어졌다.[20] 특히 동중국해와 남중국해에서 영유권을 둘러싼 중국과 주변국 간 갈등이 점점 더 도드라지고 있다. 중국이 일대일로 같은 자국 주도의 국제적 협력 사업을 통해 미국이 이끄는 기존 질서를 대체할 새로운 '룰 메이커(rule maker, 규칙 제정자)' 역할을 자처하고 있다는 관측도 나왔다.[21]

하지만 미국과 중국의 관계가 파국으로 치닫는 상황은 비현실적이라는 시선 역시 많았다. 두 나라의 이해관계 상충은 새삼스러운 문제는 아니다. 1989년 중국 천안문 사태, 1995~1996년 제3차 대만 해협 위기, 1999년 나토(NATO, 북대서양조약기구)의 베오그라드 주재 중국 대사관 오폭, 2001년 미 해군 정찰기와 중국 인민해방군 전투기의 공중 충돌 사건, 2012년 중국 반체제 인사 천광청의 미국 망명 시도 등 미국과 중국은 정식 수교 이후로 인권, 교역, 군사, 외교 등 숱한 이슈를 놓고 논쟁을 이어 왔다. 하지만 두 나라 모두 협력의 상호 호혜성을 인식하고 있던 만큼 미·중 관계는 삐걱대면서도 계속 앞으로 나아갔다. 그 결과 지금 미국과 중국은 서로 높은 수준으로 연결돼 있다.

2차 대전 직후 냉전을 벌인 미국과 소련은 외교적으로나 정치 경제적 관계에서나 뚜렷한 구분이 가능한 남남이었다. 하지만 지금 미국과 중국은 글로벌 경제를 지탱하는 양대 산맥이자 최대 무역 파트너다. 중국은 세계에서 두 번째로 미국 국채를 가장 많이 보유하고 있는 나라이기도 하다. 두 거인이 경쟁자이면서도 공생을 통해 상호 이익을 꾀해 온 사이라는 뜻이다. 일각에서는 중국이 미국 주도로 구축한 자유 무역 체제를 바탕으로 국력을 키웠고 여전히 이를 거부하지 않고 있다는 점에 주목한다. 고도의 세계화로 미국과 중국은 물론 모든 나라들의 무역, 생산, 투자, 소비 활동이 불가분하게 엮여 있다는 점도 과거와는 확실히 다르다. 오죽하면 둘을 하나로 묶은 '차이메리카(Chimerica, 중국(China)과 미국(America)을 가리키는 영단어의 합성)'라는 표현도 나왔다. 니얼 퍼거슨 하버드대 교수는 '서(西) 차이메리카(미국을 의미)'가 사업과 금융의 달인이라면 '동(東) 차이메리카(중국)'는 제조와 공업의 전문가라며 미·중 경제의 상호 보완적 성격을 강조했다.²² 트럼프 대통령과 시 주석 역시 극단적 충돌이 빚어지는 상황은 피하면서 협력과 경쟁을 동시에 벌이는 '뜨거운 평화(hot peace)'를 이어갈 거란 관측도 제기됐다.²³ 2020년 초만 해도 트럼프 대통령은 미·중 1단계 무역 합의를 마친 뒤 '위대한 합의'를 했다고 자찬하며 11월 미 대선에 앞서 중국과의 갈등 확대를 자제하려는 모습을 보였다. 중국 역시 경제 안정화와 시장의 신뢰를 다시 회복하기 위한 차원에서 힘들게 이룬 미국과의 무역 합의를 이행할 것이라는 기대를 받았다.

## 코로나19가 다시 불씨를 댕기다

하지만 누구도 예상치 못한 코로나19 사태가 변수로 떠올랐다. 이번 충격은 미국과 중국은 물론 전 세계의 생존력을 시험에 들게 했다는 면에서 두 나라의 갈등이 전면적으로 터져 나오는 결정적 계기가 됐다. 팬데믹은 그동안 협력과 공동 번영의 기반처럼 여겨지던 세계화의 상호 연결성이 위협 요소로 돌변할 수 있음을 보여줬다. 바이러스 확산을 막기 위해 취한 이동 제한과 폐쇄 조치의 여파로 전 세계적으로 인적, 물적 교류가 순식간에 멈춰버리자 세계 경제는 끝을 모르고 추락했다.

동시에 '세계의 공장' 역할을 해온 중국에만 의존해선 안 된다는 위기감이 세계를 휩쓸었다. 공급망을 다변화하거나, 필수 재화와 관련된 산업의 경우 아예 리쇼어링(reshoring, 본국 귀환) 또는 니어쇼어링(nearshoring, 인접국으로 이전) 해야 한다는 목소리가 힘을 얻었다. 그동안 미국이 '자국 우선주의'를 이유로 홀로 고집해 온 고립주의와 보호주의가 갑자기 전 세계적 대세로 주목을 받기 시작한 것이다. 미국 외교의 대부로 불리는 헨리 키신저 전 국무장관은 〈월스트리트 저널〉 기고문에서 "번영의 여부가 국제 무역과 사람들의 이동에 달린 이 시대에 팬데믹이 시대착오적인 성벽 도시의 부활을 촉발했다"고 우려했다.[24]

가까스로 무역 갈등을 봉합하는 듯했던 미국과 중국의 관계는 순식간에 얼어붙었다. 코로나19 사태를 빌미로 미·중은 서로에 대해 이전보다 훨씬 노골적인 '디커플링(decoupling, 탈동조화)' 행보에 들어갔다. 숱한 우여곡절이 있었지만 떼려야 뗄 수 없다고 여겨지던 이들의 관계를 의도적으로 끊어내려는 움직임이 나타나기 시작한 것이다. 코로나19 사태 이전부터 강력한 리쇼어링과 대중 견제를 주장한 미국 정부 내 강경파들의 소리는 더욱 힘을 받았다. 로버트 라이트하이저 미국 무역대표부(USTR) 대표는 〈뉴욕타임스〉 기고글에서 "팬데믹으로 인해 또 다른 방식으로 트럼프식 무역 정책의 정당성이 입증됐다. 우리가 주요 의약품과 장비, 개인 보호 장비의 공급원을 다른 나라에 과하게 의존하고 있었음이 드러났다"며 "대중은 앞으로 생산을 미국으로 되돌려 이런 전략상 취약성을 해소하길 요구할 것"이라고 자신했다.[25]

　미국인들 사이 중국의 이미지는 급격히 나빠졌다. 미국에서 코로나19 확산이 본격화된 3월, 〈퓨 리서치 센터〉 여론조사에서 응답자 66%는 중국에 대한 인식이 '비호의적'이라고 답했다.[26] 7월 설문 결과에서는 그 비중이 73%로 급등했다. 2005년 관련 조사를 시작한 이래 미국인의 반중 감정이 최악의 수준으로 심화한 것이다.[27] 미국 정치권에는 중국 때리기와 미국 기업의 본국 귀환 촉진이 당파를 뛰어넘는 공동의 의제로 떠올랐다. 미 시사주간지 〈뉴스위크〉에 따르면 미국 의회에는 2~5월 사이에만 코로나19 발원지인 중국을 응징하거나 규탄해야 한다는 내용의 법안과 결의안이 100개 넘게 발의됐다. 2001년 9·11테러 당시 1년 반에 걸쳐 약 130개의 대테러 법안이 발의된 것과 비교하면 매우 높은 수치다.[28]

　이러한 움직임은 중국에 책임을 물어야 한다는 초당파적 분위기가 미국 정치권에 형성돼 있음을 시사한다. 의료나 방위와 관련된 공급망에서 중국에 의존하는 비중을 재고하고, 미국으로 생산을 이전하는 기업들에 조세 혜택을 주거나 정부가 직간접적 자금 지원을 하자는 내용의 논의도 폭넓게 이뤄졌다. 이렇게 중국에 대한 미국의 디커플링 움직임은 일회성 조치가 아니며, 초당파적 지지 속에 법적·행정적으로 뿌리를 내리는 흐름을 보이고 있다. 접근법의 차이는 있겠지만 바이든 정부에서도 미국의 대중 견제는 큰 틀에서 계속될 가능성이 크다.

중국 역시 디커플링 흐름을 의식하고 만반의 준비에 들어갔다. 글로벌 공급망 재편에 대비한 내수 시장 키우기와 중국산 첨단 기술의 발빠른 개발이 그 핵심이다. 이 전략들을 성공적으로 이행해 코로나19의 경제적 충격까지 만회하겠다는 게 중국의 목표다. 시 주석은 5월 전인대 기간 동안 대외 시장 말고도 내수 시장을 중심으로 한 새로운 성장 패턴을 조성해야 한다고 밝혔다. 그는 중국이 14억 인구를 갖춘 초대형 내수 시장과 그에 따른 투자 잠재력을 보유하고 있다고 강조했다. 리커창 중국 총리는 전인대 업무 보고에서 5세대 이동통신(5G) 도입과 정보기술 네트워크 확충, 신 산업 육성을 통해 디지털 경제 구현에 박차를 가하겠다고 밝혔다. 또 낙후 지역의 사회 기반시설 개선과 투자를 통해 새로운 도시화를 추진할 계획이라고 공표했다. 이를 통해 고용을 늘리고 소비 여력을 키움으로써 경제 성장을 뒷받침하겠다는 주장이다.

홍콩의 유력 영자지 〈사우스차이나모닝포스트〉는 중국이 기존의 수출 주도 성장이 아닌 내수 시장 집중을 골자로 한 새로운 개발 계획을 추진하고 있다며 이는 코로나19 사태에 따른 미국, 나아가 서구 세계와의 디커플링이라는 최악의 시나리오에 대한 준비라는 분석을 전했다.[29] 중국이 세계 최대 규모의 인구와 자원을 활용해 스스로 살아 남기 위한 힘을 키우는 데 속도를 내고 있다는 뜻이다.

이처럼 코로나19는 미·중 사이의 긴장이 이미 높아지고 있던 국면에서 이들의 사이가 확 멀어질 수밖에 없는 환경을 조성했다. 왕후이야오 중국 세계화연구소 소장은 영국 〈파이낸셜타임스〉에 "중국과 미국 간 신뢰가 1979년 외교 관계를 수립한 이후 가장 낮은 수준"이라며 "세계화가 번성하던 시간이 끝나고 글로벌 시스템이 둘로 분할되는 상황을 보게 될 위험이 있다"고 말했다.[30] 러시아의 국제 전문가 모임 '발다이 클럽'은 코로나19 위기로 인해 국제 협력은 고사하고 미국과 중국의 교착 상태를 고착화하는 흐름이 관측되고 있다고 지적하면서 "신 냉전은 각국에 한 쪽을 택할 것을 강요하기 때문에 국제 관계 체계에 매우 파괴적"이라고 경고했다.[31]

실제로 미국과 중국은 신 냉전의 징후가 나타나기 무섭게 자기 편 모으기에 돌입했다. 미국은 코로나19 사태를 빌미로 세계의 대중 공급망 의존도를 줄이기 위한 '경제번영네트워크(EPN, Economic Prosperity Network)' 구상을 들고 나왔다. 민주주의 가치와 상호 신뢰를 공유하는 국가와 기업들끼리 무역, 디지털 분야, 교육, 보건 등 경제 영역 전반의 협력 네트워크를 짜자는 제안이다. 키스 크라크 미 국무부 경제담당 차관은 "자유 세계의 사람들을 보호하는 공급망을 확장하고 다변화하기 위한 것"이라며 "자유를 사랑하는 국가라면 중국이 신뢰할 만한 나라가 아니라는 점에 의심의 여지가 없을 것"이라고 밝혔다.[32] 미국의 동맹과 파트너들을 규합해 중국을 제외한 경제권을 구축해야 한다는 주장이다.

미국의 반중 경제 전선은 '블루 닷 네트워크(Blue Dot Network)'

현재 중국과 미국 간 신뢰는 1979년 처음으로 외교 관계를 수립한 이후 가장 낮은 수준이다. 세계화가 번성하던 시간이 끝나고 글로벌 시스템이 둘로 분할되는 상황을 보게 될 위험이 있다.

왕후이야오 중국 세계화연구소 소장

프로젝트에서도 잘 드러난다. 2019년 미국과 일본, 호주가 발족한 이 사업은 이들이 글로벌 인프라 구축 사업에서 통용될 국제 표준과 원칙을 선도하겠다는 포부를 담고 있다. 중국이 주도하는 인프라 프로젝트인 일대일로와 경쟁 구도에 있는 셈이다. 미국은 한국의 '신 남방 정책', 일본과 호주의 '인도태평양 비전', 대만의 '신 남향 정책', 아세안(ASEAN, 동남아시아국가연합)의 '인도태평양에 대한 관점', 인도의 'SAGAR(지역 내 모두를 위한 안보와 성장이라는 의미)' 전략 등이 자유롭고 개방된 질서를 구축하려는 미국의 인도태평양 전략과 제휴할 수 있다고 강조했다. 나아가 미국은 아시아에 강력한 다자 체계가 부재하다고 지적하면서 인도태평양 지역에 서구권 안보 동맹 나토 같은 협력체가 필요하다고 제안했다.[33] 같은 가치와 이해관계를 공유하는 역내 국가들끼리 보다 구조화된 방식으로 중국을 견제해야 한다는 의도다. 더불어 미국, 일본, 호주, 인도가 짠 역내 안보 협력체 '쿼드(Quad)'의 참가국을 한국 등으로 확대해야 한다는 구상을 밝히기도 했다.

동맹과 파트너들에 대해서도 은근한 압박을 병행했다. 폼페이오 국무장관은 영국이 5G 구축 사업과 홍콩 문제를 놓고 중국과 갈등을 빚자 "미국은 영국의 우리 친구들에게 그들이 필요로 하는 어떤 것이라도 지원할 준비가 돼 있다"며 확실히 미국의 편에 설 것을 종용했다.[34] 영국은 결국 2027년까지 자국 5G 망에서 화웨이 장비를 퇴출하기로 결정했는데 미국은 이에 '미국에 영국만큼 가까운 파트너는 없다'고 환영했다. 미국은 웃는 얼굴로 강한 압박의 메시지가 담긴 발언들을 동맹들을 겨냥해 계속 쏟아냈다. 폼페이오 장관은 호주 빅토리아주의 중국 일대일로 참여 움직임에 대해 미국 안보망에 부정적 영향이 있을 경우 "그냥 관계를 끊겠다"고 발언해 논란을 일으켰다.[35]

중국도 맞대응에 나섰다. 중국은 호주를 본보기로 삼아 미국에 동조해 중국의 이익을 훼손하려 할 경우 치러야 할 경제적 대가를 상기시켰다. 호주 정부가 미국의 중국 책임론에 동감하며 코로나19의 기원에 대해 철저한 국제조사를 해야 한다고 앞장서서 주장한 게 발단이 됐다. 중국은 곧바로 응징에 들어갔다. 호주산 보리에 대한 고관세 부과, 호주산 쇠고기 수입 제한 조치가 내려졌다. 이어 호주 내 중국인에 대한 인종차별 증가를 이유로 여행과 유학을 주의하라는 경보를 내기도 했다. 중국 관영 영자지 〈글로벌타임스〉는 "호주가 미국의 전투견처럼 행동하면 무거운 경제적 대가를 치를 것"이라는 경고를 내보내며 살벌한 분위기를 조성했다.[36]

동시에 국제 사회에서 설 자리를 키우기 위한 움직임에 속도를 붙였다. 중국은 코로나19 사태로 일대일로의 물리적 인프라 구축 사업에 차질이 불가피해지자 '보건 실크로드'와 '디지털 실크로드'라는 개념을 들고 나왔다. 참가국들의 공중 보건 여건 개선과 디지털 경제 전환을 일대일로의 새로운 목표로 잡고 중국 주도의 협력에 계속 박차를 가하겠다는 전략이다. 중국은 자국 내 코로나19 확산세를 진정시킨 뒤 아시아와 유럽, 아프리카 개발도상국을 중심으로 적극 의료장비를 지원하며 이른 바 '마스크 외교'를 펼쳤다. 미국 브랜다이스대학의 나데르 하비비 교수 등은 비영리 매체 〈컨버세이션〉 기고문에서 미국이 대립을 조장하는 전략에 집중하고 있는 반면 중국은 맞조치를 천명하면서도 인도적 지원과 투자를 통해 국제적 입지를 강화하는 데 초점을 맞추며 차별화된 모습을 보이려 했다고 분석했다.[37] 중국은 발빠르게 신흥 경제 5국(중국·러시아·브라질·인도·남아프리카공화국) 협력을 강조하고 나서는 한편 아프리카 채무국들에 부채 탕감을 약속하며 '매력 공세'에 나섰다. 아시아와 아프리카의 개발도상국들과 쉴 틈 없이 화상 정상회담과 고위급 회의를 개최하며 협력을 강조했다. 시 주석은 블라디미르 푸틴 러시아 대통령에게도 코로나19 사태 초반부터 상호 협력을 거듭 다짐했다. 러시아는 미국을 겨냥해 일방주의 행보를 보이는 일부 세력이 불안을 조성하며 중국에 코로나19 책임을 뒤집어 씌우려 한다고 중국을 감쌌다.

　　미국과 중국 사이에서 고민에 빠진 유럽의 마음을 잡기 위한 작전에도 돌입했다. 양제츠 공산당 외교담당 정치국원과 왕이 외교부장 등 핵심 외교 인사들이 잇따라 유럽 주요국을 순방하면서 중국과 유럽이 함께 할 역할이 있다고 강조했다. 중국은 유럽국들로부터 인권 탄압과 불공정 무역 관행 문제를 지적 받으면서도 유럽과 중국이 다자 협력에 앞장서 디커플링과 탈세계화를 막아야 한다고 목소리를 높였다. 유럽과 중국은 2017년 트럼프 행정부 출범 이후 미국의 '자국 우선주의' 행보에 대응해 꾸준히 협력 강화를 꾀해 왔다. 유럽연합(EU)과 독일 등 주요 유럽국들은 인권 문제로 중국을 비판하면서도 중국과 자유무역 보호, 기후 변화 대처 등 공동의 이해관계가 있는 국제적 이슈들을 놓고 협력해야 한다고 거듭 강조했다.

중국은 경제 회복 정책의 일환으로 역내 다자 무역 협정을 적극적으로 추진하겠다는 뜻도 밝혔다. 리커창 총리는 5월 전인대에서 아시아 태평양 지역 15개국이 합의한 역내포괄적경제동반자협정(RCEP) 최종 서명을 위해 노력하겠다고 말했다. 아세안 10개국과 한국, 중국, 일본, 호주, 뉴질랜드는 처음 논의를 시작한 지 7년 만인 2019년 말 이 협정을 타결했다. 참가국들은 코로나19 사태에도 예정대로 2020년 서명을 추진해 2021~2022년 협정을 발효하기로 뜻을 모았다.[38] 중국은 한·중·일 자유무역협정(FTA) 협상의 진전을 위해 나서겠다는 뜻도 피력했다. 트럼프 행정부 들어 미국이 탈퇴한 뒤 일본이 주도한 포괄적·점진적 환태평양경제동반자협정(CPTPP)에 대해 "합류에 긍정적이고 열린 자세를 갖고 있다"고 밝히기도 했다.[39] CPTPP는 국영 기업이나 보조금, 노동권 등의 영역에서 기준 요건을 높게 설정해 놓고 있어 중국으로선 쉽게 참여를 결정할 수 있는 문제는 아니다.

하지만 미국이 조속히 재가입을 하지 않는다면 중국이 추가적으로 대외 경제적 지위 향상을 노릴 수 있는 또 다른 기회라는 관측도 나오고 있다.[40] 중국이 미국과의 무역 분쟁 속에서도 다자 간 자유 무역에 대해 열린 태도를 유지하고 있다는 점은 국제무역에 긍정적이다. 그러나 중국이 초점을 맞추고 있는 협정의 참가국이 미국이 생각하는 반중 경제권 구상의 잠재적 참가국들과 상당 부분

겹친다는 사실은 향후 또 다른 긴장 요인이 될 가능성을 제기하기도 한다.

분명한 점은 미국과 중국의 디커플링이 심해질수록 세계가 더욱 위험한 공간이 된다는 사실이다. 과거 미국과 소련의 냉전에서 자유주의 국가들과 공산 진영 국가들 간에는 보이지 않지만 단단한 '철의 장벽'이 존재했다. 미국과 중국 간 디커플링이 심화하면 둘의 사이는 물론 이들의 영향권 안에 각각 들어가게 될 나라들 사이에도 서로의 융화를 막는 거대한 장벽이 세워질 수 있다. 미국 싱크탱크 유라시아그룹은 '2020의 최대 위험' 보고서를 통해 미·중 갈등이 경제를 넘어 사회, 문화, 교육 등 전면적인 영역에서 되돌리기 어려운 분열을 초래할 위험이 있다고 지적하면서 "역내 국가들은 누가 21세기형 경제의 공급원이 될 것인지를 놓고 미국과 중국이 경쟁하는 싸움터가 될 것"이라고 우려했다.[41] 미국과 중국의 갈등이 첨단 기술 분야에서 두드러지게 나타나고 있는 현상을 놓고 '디지털 철의 장막'이 내려오고 있다는 경고도 나온다.[42]

이 같은 상황은 코로나19 대유행 같은 전 지구적 문제의 해소를 더욱 어렵게 만든다. 세계화로 전 세계 생활권이 촘촘하게 연결되면서 기후 변화, 대량 이민, 사이버 보안, 테러리즘 같은 초국가적 이슈들은 또 다른 긴급한 안보 위협으로 떠올랐다. 이는 진영 논리와 관계없이 모든 나라의 이해관계와 안보가 달린 문제들이기 때문에 국가 간 협력 없이는 해소할 수 없다. 게다가 중국이 현재 세계적 수준의 정치 경제력을 갖춘 대국이라는 점은 미국 조차도 부정할 수 없는 사실이다. 때문에 중국을 배제한 국제협력은 당연히 실효성이 떨어질 수밖에 없다.

미 국무부 부장관 출신인 로버트 졸릭 전 세계은행 총재는 외교전문지 〈포린 폴리시〉에 "디커플링을 하면 중국의 문제 행동이 중단되는 게 아니다. 오히려 중국은 미국이 밀어붙이는 표준들을 덜 신경 쓰게 될 것"이라며 "또 다른 팬데믹이 오거나 환경 문제, 금융 부문 이슈, 이란이나 북한 문제가 불거졌을 때 중국과의 사이에 작동하고 있는 관계가 없다면 과연 얼마나 효과적으로 대응할 수 있을 것인가?"라고 지적했다.[43] 중국은 물론 미국 역시 세계 안보와 경제에 큰 몫을 담당하고 있는 핵심 이해당사국이라는 점에서 둘 중 하나를 국제협력에서 배제하는 움직임은 실효성을 내기 어렵다.


## 국제 사회에 도움이 되지 않는
## 두 나라의 힘 대결

현재 미·중 관계의 불안한 추이는 패권국들의 충돌이 필연이라는 국제관계 학계 일각의 어두운 전망을 떠올리게 한다. 대표적 현실주의 학자인 존 미어샤이머 시카고대 교수는 저서 《The Tragedy of Great Power Politics》●에서 미국과 중국은 충돌할 수밖에 없는 운명이라고 내다봤다.[44] 현실주의는 질서를 규율할 상위 권

●   한국 출판명: 《강대국 정치의 비극: 미중 패권전쟁의 시대》 김앤김북스, 2017

위체가 없는 국제 관계에서 스스로 살아남기 위한 권력 투쟁이 국가의 숙명이라고 보는 시각이다. 그중에서도 미어샤이머 교수 같은 공격적 현실주의자들은 한 국가가 궁극적 생존을 보장할 최고의 방법은 국제 체계에 대한 패권을 확보하는 것이라고 본다. 이 같은 관점에서 중국은 국력이 강해질수록 역내 우세한 지위를 굳히기 위해 갈수록 대담한 행보를 보일 것으로 예상된다. 미국 역시 세계 최대 패권국으로서 생존을 지속하기 위해 어떻게든 중국을 억제하려 할 것이다. 패권 경쟁의 끝은 미국과 중국의 충돌이다. 그레이엄 앨리슨 하버드대 교수 역시 저서《Destined For War》●에서 미국과 중국이 '투키디데스의 함정'에 빠질 가능성이 농후하다고 우려했다.[45] 이 표현은 새로 떠오르는 신흥 강대국과 기존의 지배적 강대국이 권력 구도를 놓고 주도권 싸움을 벌이다가 결국 물리적으로 부딪히게 되는 상황을 의미한다. 앨리슨 교수에 따르면 역사적으로 지난 500년간 16차례 패권국들이 이 함정에 걸려들었고 그중에서 12차례가 물리적 충돌로 비화했다.

그렇다면 이대로 희망은 없는 것일까? 학계에는 적극적인 갈등 관리를 통해 미국과 중국의 경쟁이 극한으로 치닫는 상황을 예방할 수 있다는 시각도 있다. 라일 골드스테인 미국해군대학(NWC) 교수는 저서《Meeting China Halfway(중국과의 절충)》에서 미·중 경쟁이 비극으로 끝날 것이라고 단정할 시간에 이를 막기 위한 구체

● 한국 출판명: 《예정된 전쟁》 세종서적, 2018

적인 협력 정책을 마련해야 한다고 촉구했다.[46] 그러면서 미·중 관계의 전면적 측면에서 일부러도 협력을 확대하자는 '협력의 소용돌이(cooperation spirals)' 개념을 제시한다. 여러 분야에서 고도로 세부적인 쌍무적 조치를 통해 점진적으로 상호 신뢰를 쌓으면 궁극적으로 광범위한 타협이 가능할 거란 주장이다. 같은 맥락에서 미·중 패권 갈등의 결말은 두 나라의 선택에 달렸다는 조언이 이어지고 있다. 존 아이켄베리 프린스턴대학 교수와 애덤 리프 인디애나대학 교수는 미·중 안보 딜레마를 다룬 공동 논문에서 미·중이 자신들의 경쟁이 초래할 잠재적 위험성을 인정하는 것이 긴장 완화 노력의 첫 걸음이라고 강조한다. 이를 시작으로 정보 공유와 외교적 상호작용을 강화하고 여러 나라들과 함께하는 위기 관리 체계를 설립한다면 투명성과 신뢰도를 개선해 지금이라도 충분히 긴장을 낮출 수 있다는 주장이다.[47]

'투키디데스의 함정'을 우려한 앨리슨 교수 또한 패권국 간의 충돌로 번지지 않은 몇몇의 사례들이 어떻게 이 함정을 피할 수 있었는지 주목했다. 성공의 비결은 바로 적극적인 상황 관리와 의견 조정이다. 그는 미국과 중국이 다양한 방면에서의 잦은 소통 같이 상호 이해를 향상시킬 수 있는 협력 조치들을 의도적으로 취한다면 정면 충돌을 피할 수 있다고 강조한다.[48] 미국과 중국은 이미 이같은 전략을 성공시킨 경험이 있다. 2차 대전 종전 이후 줄곧 냉랭하던 미·중 관계는 1971년 '핑퐁 외교(탁구 등 스포츠 교류)'와 이듬해 2월 리처드 닉슨 전 대통령과 마오쩌둥 전 국가주석의 회담을 계기로 해빙 무드에 들어선 바 있다. 이는 1979년 양국 간 정식 수교라는 결실로 이어졌다. 미·중 수교 과정에서 핵심적 역할을 한 키신저 전 미국 국무장관은 미국과 중국이 공존하며 함께 발전하는 '공동의 진화(co-evolution)'를 성취할 수 있다고 주장했다. 그는 저서《On China》●에서 '두 나라는 서로에 의해 지배되기에는 너무 덩치가 크다(Each is too big to be dominated by the other)'고 밝히고 있다.[49]

이런 관점에서 코로나19 사태는 미국과 중국이 협력할 절호의 기회이기도 하다. 초기 대응 협력은 실패했더라도 백신 개발, 경기 부양, 여러 초국가적 이슈들에 대한 예비 공조 방안 구축, 첨단 신기술 분야의 표준 마련 같이 미·중이 힘을 합칠 수 있는 과제가 무궁무진하게 남아 있다. 네 탓 공방을 벌이기 보다 공동의 위기를 바로 보고 함께 해법을 모색한다면 미국과 중국은 물론 전 세계의 평화와 번영을 이끌어 낼 수 있다.

이제 막 고조되고 있는 신 냉전의 결말은 정해져 있는 것이 아니다. 미국과 중국, 세계가 만들어 갈 수 있는 열린 결말이다.

● 한국 출판명: 《헨리 키신저의 중국 이야기》 민음사, 2012

# 트럼프 4년
# 이후의 미국은

**2.**

코로나19와 미·중 대립으로 소란스러운 중에 2020년 11월 미국 대선이 다가오면서 극적인 긴장감은 더욱 높아졌다. 2020년 미 대선은 재선을 노리는 도널드 트럼프 대통령과 민주당 '오바마 사단'의 핵심 인물인 조 바이든 전 부통령의 결투였다.

트럼프 대통령은 '미국을 계속 위대하게(Keep America Great)'를 구호로 내걸고 재선 시 첫 임기에 추진한 미국 우선주의 정책을 더욱 강력히 이어갈 것임을 시사했다. 바이든은 '세계에는 미국의 리더십이 필요하다'며 트럼프 대통령이 망가뜨린 미국의 국제적 신뢰와 영향력을 되찾겠다고 주장했다. 누가 백악관을 차지하느냐에 따라 미국의 운명이 갈림길에 선 모습이었다. 트럼프가 재선한다면 미국의 마이웨이는 더욱 심화될까? 민주당이 정권 교체에 성공한다면? 언제든 트럼프 대통령만 사라진다면 미·중 관계와 국제 정세가 안정을 찾을 수 있을까? 여러 질문이 따라온다.

## '트럼프 대통령 시대'를 복기해보자

이 같은 의문에 답하기 위해서는 미국이라는 거대한 패권국을 둘러싼 환경의 변화를 큰 틀에서 살펴봐야 한다.

얼핏 두 후보는 완전히 상반된 길을 추구하는 것처럼 보인다. 트럼프 대통령은 지난 4년 내내 미국의 이익을 지키겠다는 명목으로 동맹과 적대국을 가리지 않고 일방적인 결정을 쏟아내 원성을 샀다. 반면 바이든과 민주당은 나토(NATO, 북대서양조약기구)를 비롯해 한국, 일본, 호주 등 미국의 전통적 동맹들과 신뢰를 회복하고 미국의 리더십을 재건하겠다고 별렀다. 하지만 두 인물 모두가 거스를 수 없는 거대한 시대적 흐름이 있다. 바로 전후 시대 지금의 미국을 있게 한 '자유주의 패권(liberal hegemony)'의 쇠퇴 조짐이다. 그동안 미국은 자유 민주주의 가치를 중심으로 하는 세계 질서의 주도자로서 '최강자'의 지위를 누려왔다. 냉전 이후 미국은 민주주의 가치의 전 세계적 확장과 열린 경제 시스템 구축을 통해 평화와 번영을 이루겠다는 대전략을 줄곧 추구했다.[50] 바로 이 전략에 기반해 미국은 명실상부 유일한 글로벌 패권국으로 자리잡았고 국제 사회에 막강한 영향력을 행사했다.

트럼프의 등장은 절대 우연이 아니었다. 이것은 미국이 주도하던 전후 세계 질서의 균열 조짐을 반영한 시대적 사건이었다. 2001년 9·11테러, 2008년 글로벌 금융위기 같은 결정적 위기가 벌어질 때마다 세계의 모습은 전과 후로 갈렸다. 이런 사건은 그동안 쌓인 시스템상의 구조적 모순이 폭발하며 발생한 결과인 만큼 여파가 영구적으로 이어지기 때문이다. '포스트 트럼프' 시대의 미국은 더 이상 이전과 같을 수 없다. 따라서 '트럼프 4년' 이후의 미국의 모습을 상상하려면 지난 4년의 시간을 곰곰이 성찰할 필요가 있다.

트럼프 대통령의 행보는 뚜렷한 방향 없이 기존의 미국 외교 안보 정책들을 뒤엎고 있다는 우려를 높였다. 2017년 1월 그가 취임한 뒤 미국의 종잡을 수 없는 행보에 적과 동맹 모두가 혼란에 빠졌으며 미국의 글로벌 리더십은 만신창이가 됐다는 비판이 이어졌다. 부동산 사업가 출신에 리얼리티 TV쇼 진행자, 정치 경험은 전무한 도널드 트럼프는 파격적이고 예측 불허의 발언과 결정을 내 놓으며 미국 국내외 기득권 정치 세력을 경악시켰다. 그는 버락 오바마 전 대통령 재임 시절 합의한 환태평양경제동반자협정(TPP), 이란 핵 합의, 파리 기후협약 등 국제 사회의 약속들을 일방적으로 파기했다. 미국의 이익에 부합하지 않는다는 이유였다. 오랜 동맹들을 향해서는 대놓고 '무임 승차론'을 제기했다. 한국과 일본, 독일을 콕 집어 '부자 나라'임에도 자기 몫을 치르지 않고 미국에 불공정한 짐을 지우고 있다고 주장했다. 서구 안보를 70년간 지탱해 온 범 대서양 집단 안보 체제 나토를 '구식'으로 폄하해 서구 동맹국들을 경악하게 했다.

트럼프 대통령은 블라디미르 푸틴 러시아 대통령처럼 협력이 금기시 되던 비 자유주의 세계의 지도자들과도 필요하다면 함께 일할 수 있다고 주장했다. 북한의 변화를 기다리며 현상 유지를 한다는 미국의 '전략적 인내' 노선을 깨뜨리고 김정은 북한 국무위원장과 사상 첫 북·미 정상회담을 이루기도 했다. 그는 주요 국내외 현안들에 관한 입장을 소셜 네트워크 서비스(SNS)인 트위터를 통해 발표하며 미국은 물론 전 세계를 당황하게 했다. 트럼프 대통령의 행보는 민감한 외교안보 사안들에 대한 이해 없이 이뤄지는 것으로 혼란만 키우는 무책임한 처사라는 비판이 쏟아졌다. 트럼프 행정부 초대 국방장관인 제임스 매티스의 비서관을 지낸 가이 스노드그래스는 회고록에서 트럼프 대통령의 좌충우돌 행보를 '제 발에 총을 쏘고 있다'고 표현했다.[51] 민주당은 트럼프 대통령의 이런 언행을 지적하면서 그가 '미국의 최고사령관' 자리에 자격 미달이라는 비판을 앞장서 제기했다.

트럼프 대통령의 파격적인 새 판 짜기가 논란의 중심에 선 이유는 그의 행보가 미국이 세계 최강대국 지위를 이룬 밑바탕이자 그동안 국제 질서에 안정을 제공해 온 미국의 자유주의 패권을 근간부터 흔들기 때문이었다. 트럼프의 '미국 우선주의'는 어떤 가치보다도 미국의 실제적 이익을 최우선시 했다. 국익을 위해서라면 굳이 가치에 얽매이지 않고 무슨 일이든 할 수 있고 반대로 국익에 도움이 되지 않는 일은 굳이 맡지 않겠다는 논리다. 그리고 이를 통해 '미국을 다시 위대하게' 만들겠다고 했다. 아이켄베리 교수는 트럼프를 현대 역사에서 미국의 자유주의적 근간을 거부한 첫 번째 미국 대통령이라고 묘사했다.[52] 베리 포센 메사추세츠공대(MIT) 교수는 〈포린 폴리시〉 기고글을 통해 트럼프 대통령이 민주주의 전파나 다자 무역 체제 강화 같은 자유주의 패권의 핵심 요인을 거부하면서도 미국의 우월한 경제 군사적 힘은 지키려는 '비자유주의 패권(illiberal hegemony)'을 이루려 한다고 평가했다.[53]

## 트리거는 트럼프가 아니었다?

하지만 트럼프 대통령이 미국의 자유주의 패권을 불안에 빠뜨린 직접적인 원인이라고 할 수는 없다. 오히려 미국이 자유주의 패권의 누적된 모순을 해소하지 못하면서 초래된 하나의 결과로 보는 것이 맞을 것이다.

'자유주의 가치 증진'이라는 명분 아래 미국이 추구한 글로벌 리더 역할과 사회 경제적 시스템들은 부작용을 야기했고, 미국인들의 반발심과 염증은 도널드 트럼프라는 TV 스타를 세계적인 리더 자리에 올려놓았다. 실상 9·11테러와 글로벌 금융 위기처럼 미국의 국제개입주의와 신 자유주의의 부작용을 분출한 충격적 사건들을 잇따라 겪으면서 미국은 이미 불안한 조짐을 보이고 있었다.

1990년 소련이 붕괴된 이후 세계는 미국이 이끈 자유주의 국제 질서 속에서 살아왔다. 미국은 2차 세계대전이 끝난 뒤 자유롭고 개방된 시장과 민주주의 국가들 사이 집단 안보 협력을 통해 본격적으로 자유주의 패권 구축을 시도했다. 자유주의의 핵심 이론가들은, 현실주의자들의 지적대로 '국제 관계가 본질적으로 상위의 권한이 없는 무질서한 특성을 가졌다 하더라도 이해 관계를 함께하는 나라들이 이익을 도모하기 위해 필요에 따라 협력한다'고 말한다.[54] 또 모든 인간의 평등과 시민의 자유를 중시하며 상호 호혜적이고 자유로운 경제 활동을 토대로 갖춘 나라들은 평화로운 외교정책을 추구하고 서로 간 갈등을 자제한다고 강조한다.[55] 미국의 자유주의 패권 역시 같은 가치를 공유하는 자유주의 국가가 많으면 많을수록 미국 역시 번영과 안정을 누릴 수 있다는 믿음에 기초한다.

미국의 외교안보 정책은 공화당과 민주당 중 어느 쪽이 집권하는가에 따라 접근법상의 차이를 보였다. 공화당이 미국의 군사 정치적 역량을 앞세우는 강력한 정책을 강조하는 반면 민주당은 외교나 경제력을 활용하는 방향을 선호한다. 하지만 방법이나 정도의 차이가 있을지는 몰라도 냉전 이후 미국 행정부들은 큰 틀에서 자유주의 패권 추구라는 전략을 벗어나지 않았다. 탈 냉전 시대의 문을 연 공화당 조지 H.W 전 행정부의 '국방 계획 지침'과 민주당 빌 클린턴 전 행정부의 '관여와 확대의 국가안보전략'이 그 예다.

전자가 미국의 압도적인 힘을 앞세우고 후자는 외교적 개입과 다자 협력을 주장한다는 차이가 있지만 모두 미국식 자유주의 가치의 우월성을 강조한다는 흐름을 같이 한다.[56] 일방주의 노선을 탄다는 비판을 종종 받은 조지 W. 부시 전 대통령마저도 9·11테러 이후 일으긴 이라크 전쟁을 현지 민주주의 증진이라는 명목으로 정당화하려 했다는 면에서 자유주의적 면모를 보였다는 평가를 받았다.[57] 마찬가지로 버락 오바마 전 대통령은 민주주의, 자유, 법의 지배 같은 전형적인 미국의 가치를 강조하면서 더 많은 다자주의와 국제협력을 추구했다. 현실주의 학파를 이끌고 있는 스티븐 월트 하버드대 교수는 공화당의 네오콘(신보수주의자)처럼 미국의 물리력 활용을 강조하는 강경파들이나 자유주의적 국제 관여를 추구하는 민주당의 온건 세력들 모두 방법은 다를지라도 자유주의 패권을 지지하면서 미국에겐 세계의 자유 질서를 지키기 위한 책임과 권리가

있다고 믿었다고 설명한다.[58]

　　그러나 시대가 변함에 따라 자유주의 패권은 더 이상 지속 가능하지 않으며 이 같은 전략을 고수한다면 오히려 미국의 국익에 부정적인 영향을 가져올 거라는 지적이 고개를 들었다. 국가의 자기 이익 추구와 권력 투쟁의 불가피성에 역점을 두는 현실주의자들은 특히 할 말이 많다. 이들은 미국의 여러 외교정책이 힘의 균형과 경쟁이라는 현실주의적 분석을 참고하고 있긴 하지만 본질적으로 자유주의적 가치에 지나치게 몰두하고 있다고 비판했다.[59] 세계에서 민주주의를 증진하고 자유 동맹을 확대한다는 명분 아래 돈은 돈대로 낭비하면서 중국과 러시아 같은 적대국들을 더욱 호전적으로 만들고, 중동 정치 불안을 자극해 테러리즘을 부추길 뿐이라는 것이다.[60] 이런 관점에서 보자면 미국은 자유주의 패권에 대한 집착을 버리고 실질적인 국익과 안보 증대에 초점을 맞추는 게 바람직하다.

　　물론 미국이 자유주의 패권을 내려놓기는 쉽지 않을 것이다. 여러 부작용에도 불구하고 자유주의 패권의 가장 큰 수혜자는 미국이기 때문이다. 그동안 미국은 이 같은 대의명분 속에 국제 경제 시스템과 안보 체계를 자신들에게 유리한 방향으로 짤 수 있었다. 마이클 마스탄두노 다트머스대 교수의 표현에 의하면 미국은 국제 체계를 주도해 설립하는 '시스템 제조자(system maker)'이자 이런 입지가 주는 이점을 누리는 '특혜 수혜자(privilege taker)'로서 일석이조의 효과를 볼 수 있었다.[61]

　　자유주의 패권의 옹호자들은 중국 같은 신흥 강대국의 부상처럼 미국에 도전을 가하는 여러 안보 이슈들이 떠오르고 있는 상황에서도 미국이 세계 최대의 경제 대국이자 군사 강국 지위를 지키고 있다는 사실을 강조한다. 스톡홀름 국제평화연구소(SIPRI)에 따르면 2019년 기준 미국의 국방비 지출은 7,320억 달러로 전 세계 군비 지출의 38%를 차지했다. 2~9위 나라들의 지출을 모두 합친 규모를 웃돌고 2위인 중국(2,610억 달러 추정)보다 2.8배 이상 많다.[62] 미국 화폐인 달러는 세계 외환 보유고의 62%를 점유하는 우월한 기축 통화 지위를 유지하고 있다. 유로화 비율은 20% 수준이며 중국 위안화는 고작 2%를 차지한다.[63] '소프트파워(Soft power)'의 개념을 1990년 처음 제시한 조지프 나이 하버드대학 교수는 군사력과 경제력을 고려한 '하드 파워(Hard power)'를 넘어 문화, 기술, 가치, 국가적 매력에서 나오는 소프트 파워 면에서도 미국이 21세기에도 압도적 지위를 유지하고 있다며 중국의 미국 위협설을 일축했다.[64]

## 패권 전략을 전환해야 하나?
### 갈림길에 선 미국

미국의 세계 리더 역할에 대한 의문은 사실 미국 내부에서 흘러나왔다. 미국 자유주의 패권의 이상 징후는 9·11테러를 시작으로 본격적으로 가시화됐다. 중동에 축적된 반미 정서가 미국의 심장부를 겨냥한 테러로 표출되고 이를 빌미로 부시 전 행정부가 시작한 이라크·아프가니스탄 전쟁이 장기화되면서 대외 문제 개입과 해외 군사 행동을 둘러싼 미국인들의 피로감은 극에 달했다. 엎친 데 겹친 격으로 세계 자본주의의 심장이나 마찬가지인 미국 월 스트리트에서 2008년 글로벌 금융위기가 촉발됐다. 견고해 보이기만 하던 미국 중심의 자유주의 질서가 이상 증세를 보이기 시작한 것이다.

연이은 국가적 충격에 따른 경기 침체 장기화와 양극화 심화는 국민들의 박탈감을 자극했고, 이는 기득권 정치경제 세력에 대한 분노로 이어졌다. 자유 세계의 리더라는 미국의 막중한 역할을 놓고도 정작 미국인들의 회의감은 커져만 갔다. '퓨 리서치 센터'가 2016년 4월 발표한 미국 내 여론조사 결과에 따르면 응답자 57%는 미국이 자국 내 문제 해결에 집중해야 하며 다른 나라들의 문제는 그들이 스스로 처리하도록 놔 둬야 한다고 답했다.[65] 이 설문은 2016년 미국 대선의 레이스가 막 달아오를 때 실시된 것이다. 테러 공격과 금융 위기, 미국이 혼란에 빠진 사이 중국의 급속한 성장 등 온갖 도전들이 한 데 뒤엉키면서 미국의 자유주의 패권은 분명 이전에 없던 어려움을 마주하고 있었다. 일련의 상황은 미국을 기존의 자유주의 패권 지속과 새로운 대 전략으로의 전환이라는 선택지를 놓고 고민에 빠뜨리기 충분했다. 그 갈림길 앞에서 2017년 1월 '미국 우선주의'를 주창하는 트럼프 대통령이 등장했다.

트럼프 대통령은 즉흥적이고 변덕스러운 인물로 종종 묘사됐다. 외교안보 정책과 관련해 일관성 있는 장기적 전략 없이 예측 불가한 결정을 일삼는다는 비판을 많이 받았다. 하지만 그를 운 좋게 백악관에 입성한 충동적 변덕쟁이로 치부한다면 미국을 둘러싼 시대적 변화의 흐름을 간과하는 우를 범할 수 있다. 숱한 논란 속에서도 그동안 트럼프 대통령의 언행을 살펴보면 나름의 일관성을 발견할 수 있다. 바로 과거 '세계 경찰'을 자처하던 미국의 모습을 상상하기 어려울 정도로 이기적인 국익 추구다. 트럼프 대통령의 핵심주장은 동맹, 파트너들과의 확실한 책임 분담과 불필요한 대외 관여축소를 통해 미국의 내실을 다지는 데 집중하겠다는 내용으로 요약할 수 있다. 이 같은 지향은 쇼비즈니스맨 트럼프를 대통령 자리에앉힌 미국의 시대정신을 반영한다. 마이크 펜스 부통령, 피터 나바로 백악관 무역제조정책국장, 마이크 폼페이오 국무장관 등 대외 강경파 성향의 인사들이 트럼프 행정부의 외교 안보 라인을 채우면서미국의 유턴은 가속화됐다.

트럼프 행정부는 첫 국가안보전략(NSS) 보고서에서 "미국 우선주의 국가 안보 전략은 미국의 원칙, 미국 이익에 대한 명확한 평가, 우리가 직면한 문제를 해결하겠다는 결의에 기반한다. 이념이아니라 결과를 따르는 원칙에 입각한 현실주의(principled realism) 전략이다"라고 명시했다.[66] 이 같은 관점에서 볼 때 미국 안의 문제가산적한 상황에서 국제적 문제에서 리더 역할을 한다는 것은 미국의주권과 특질을 깎아 먹는 자충수일 뿐이다. 세계화로 인한 상호 의존성 심화로 국가들이 서로 주고받는 영향 역시 커졌으므로 생존을 위한 이기적인 국익 추구는 더 이상 유효하지 않다는 자유주의적 견해와는 완전히 배치된다. 트럼프 대통령은 동맹이든 적대국이든 이들에게서 어떤 이득을 얻을 수 있는지 철저한 비용 편익 계산에 따라 다른 나라들을 대했다. 그는 "우리는 다른 나라를 부유하게 했지만 정작 우리 나라의 부와 힘, 자신감은 수평선 너머로 사라지고 있다"고 주장했다.[67]

트럼프 대통령은 자유주의 가치 증진이라는 냉전 종식 이후 미국의 국가적 전략의 효용성에 의문을 제기했다. 실질적 이익을 추구해야 한다는 그의 관점에서 볼 때 현재의 자유주의 국제 질서는 미국에 글로벌 리더 역할을 떠맡기면서 그에 대한 보수는 지급하지 않는 비생산적인 환경이다. 실익을 강조하는 만큼 트럼프 대통령은 기존의 미국 지도자들에 비해 국제 정치의 도덕을 따지는 경향 역시 덜했다. 국익에 이득이라면 러시아 같은 비자유주의 국가와도 협력할 수 있다고 주장했다. 중국이나 이란을 비판하면서도 이들의 불공정 행위나 국가 안보 위협 측면을 강조할 뿐 트럼프 대통령이 직접 앞장서서 두 나라에서 불거진 인권 탄압 문제를 강력히 비판하는 경우는 드물었다.

트럼프의 만사위이자 백악관 선임고문으로 '막후 실세' 역할을 한 재러드 쿠슈너의 발언은 트럼프 행정부의 추구점을 잘 드러낸다. 쿠슈너는 한 인터뷰에서 "그(트럼프)는 모든 다른 종류의 지도자들, 서구 민주주의만이 아니라 권위주의 성격의 지도자들과도 관계를 구축하고 있다"고 주장했다.[68] 이 같은 접근법을 놓고 트럼프 행정부의 전략은 역내 정세와 미국의 역할 등 다각적인 면을 고려하기 보다는 사안별로 이득이 되는 바를 추구하는 '전략적 거래주의(tactical transactionalism)'에 불과하다는 비판이 끊이지 않았다.[69] 부동산 개발업자 출신인 그가 외교안보 문제에 대해 어떤 종합적인 철학을 갖고 접근하기 보다는 말그대로 사업가가 기업 이익을 위해 거래를 하는 태도를 취하고 있다는 지적이다.

하지만 트럼프 행정부의 방향은 현실주의 학파의 주장과 일부 일치하는 면이 있다. 모든 국가가 생존을 위한 처절한 투쟁을 해야 한다는 현실주의 시각에서 볼 때 각국이 자기 이익과 권력을 추구하는 것은 자연스러운 일이다. 이런 관점에서는 좋은 국가와 나쁜 국가를 구분할 절대적 기준은 없으며, 마찬가지로 이념적 목표가 타국에 대한 군사적 개입이나 전쟁을 정당화할 수도 없다. 예컨대 포센 MIT 교수는 저서 《자제: 미국의 대전략을 위한 새로운 기반》에서 미국이 자유주의 패권의 이름 아래 군사력과 정치력을 과도하게 확장했으며 이제는 부담을 덜기 위해 소수의 긴급한 국익 확보에 집중해야 한다고 트럼프 대통령이 나타나기 전부터 촉구해왔다.[70]

미어샤이머 교수는 2016년 미국 대선 직후 '도널드 트럼프는 현실주의 외교 정책을 받아들여야 한다'는 제목의 한 기고문에서 "트럼프의 대통령직 수행이 심히 우려되는 여러 이유가 있지만 그가 올바른 선택을 한다면 미국 외교 정책을 근본적으로 더 낫게 변화시킬 수도 있다"고 전망했다.[71] 트럼프 대통령의 등장이 미국이 오랫동안 고수해 온 자유주의 패권을 버리고 보다 현실적인 안보 전략을 택하는 기회를 제공할 수도 있다는 설명이었다. 미국 외교의 대부 헨리 키신저 전 국무장관은 트럼프라는 사건은 '충격적 경험'이자 '특별한 기회'라고 강조했다.[72] 그는 미국의 리더십이 상대적으로 쇠퇴하던 국면에 세계가 트럼프 대통령이 제기한 낯선 질문들을 적절히 다룰 수만 있다면 오히려 바람직한 결과를 도출해 낼 수도 있다고 평가했다.

결과적으로 '트럼프 4년'은 전 세계적 혼돈으로 얼룩졌다. 트럼프 대통령의 동맹 무임 승차론과 일방적 의사 결정은 아시아와 유럽을 가릴 것없이 동맹들의 속을 끓였다. 트럼프 대통령이 국익이 무엇인지를 지극히 개인적이고 주관적인 기준으로 판단하면서 동맹국 내 미군 주둔처럼 미국의 국익과 직결된 사안들을 잘못된 방향으로 몰아붙이고 있다는 비판이 꼬리에 꼬리를 물었다.[73] 미국과 갈등을 빚어온 중국, 러시아, 이란도 그의 예측불가한 언행에 혀를 내둘렀다. 트럼프 대통령은 '힘을 통한 평화'를 다시 세우겠다고 주장하면서 이란 핵문제나 중국과의 무역 갈등처럼 적대국들과 이해관계가 부딪히는 사안들에 대해 외교적 조율을 하기 보다는 미국이 가진 정치 경제적 힘을 일방적으로 휘두르는 방식으로 대응했다. 트럼프 대통령의 전격적인 결정으로 사상 첫 북미 정상회담이 성사되기는 했지만 비핵화 협상은 양측의 복잡한 셈법 속에 교착상태로 빠져든 채 위태위태한 상태를 이어갔다. 트럼프 대통령에게 조심스러운 기대를 걸었던 일부 현실주의 학자들은 진작 등을 돌렸다. 월트, 미어샤이머 등의 학자들은 그가 자유주의 패권을 대체할 전략을 정교하게 다듬는 데 필요한 전문성과 일관성을 보이지 못하고 있는데다 비합리적인 수사로 논란만 키우고 있다고 개탄했다.[74][75]

대선을 앞두고 트럼프 반대 진영은 버락 오바마 전 행정부의 계승자 격인 바이든 당선자가 혼란을 수습하고 자유주의 세계 질서를 바로잡을 희망이라고 목소리를 높였다. 미국에서 코로나19 대유행과 백인 경관에 의한 흑인 사망 사건에 항의하는 시위 사태가 겹친 효과로 민주당의 대선 승리를 점치는 여론조사들도 속속 발표됐다. 하지만 트럼프 대통령의 저력도 만만치 않았다. 40% 수준●으로 꾸준히 유지된 트럼프의 '콘크리트 지지층'은 코로나19 사태 속에도 그에게 변함없는 지지를 보냈다.[76]

## 트럼프의 재선 실패와 바이든의 당선, 변화 가능성이 있는 것과 없는 것

2020년 미국 대선은 민주당 조 바이든 후보의 승리로 정리됐다. 그러나 이 결과와 관계없이 큰 틀에서 미국 자유주의 패권을 둘러싼 논란은 쉽게 사그러들지 않을 것이라는 데에 주목해야 한다.

트럼프 대통령은 재선에 성공하면 한층 더 자신감을 갖고 자신이 주장해 온 의제들을 밀어붙일 계획이었다. 공화당은 재선에 도전하는 트럼프 대통령을 당의 정식 대선 후보로 추대하는 전당대회에서 새로운 정강을 채택하지 않았다. 본격적인 대선 레이스를 앞두고 발표되는 정강은 각 당이 정권을 잡을 경우 국정 운영 방향을 살펴볼 수 있는 나침반이다. 공화당은 트럼프 대통령의 당선을 이끈

● 로이터와 입소스 여론조사 결과

지난 2016년 정강을 아무 수정 없이 그대로 채택하겠다고 밝히면서 단 1쪽짜리 결의안을 발표했다. "공화당은 대통령의 미국 우선주의 의제를 열렬해 지지해 왔으며 계속 그렇게 할 것"이라는 간단 명료한 선언이 담겼다.[77]

트럼프 재선캠프는 '트럼프 1기'의 주요 외교적 성과로 관세를 통한 미국 철강·알루미늄 산업 보호, 미국에 불공평한 무역 협정 재협상, 중국의 불공정 행위 단속, 동맹들에 대한 방위비 분담금 증액 압박 등을 꼽았다.[78] 트럼프 행정부의 관점에서 이 정책들은 미국을 악용하던 관행들을 바로잡고 관성화된 동맹 관계를 개혁해 '미국을 다시 위대하게' 만드는 일이었다. 재선캠프는 2기 의제를 발표하면서 이같은 기조를 강력하게 이어갈 것임을 분명히 했다. 특히 해외로 나가 있는 기업들을 미국 본토로 돌아오게 만들어 일자리를 늘리는 등 '중국에 대한 의존도 끝내기'를 이루고 동맹들에 공평한 몫을 지불하도록 해 '미국 우선주의 외교 정책'을 펼치겠다고 했다.[79] 또 '불법 이민 종식과 미국인 노동자 보호'를 위해 미국 기업들이 미국인 노동자를 저비용 외국인으로 대체하는 행위를 막겠다고 강조했다. 트럼프는 백악관을 지킨다면 이와 관련한 정책들을 더욱 구체적이고 적극적인 방식으로 실현해나갈 계획이었다. 국제 사회에 대해 동맹과 적대국을 가리지 않고 미국의 실질적 이익을 이끌어 낼 수 있는 '거래적' 접근법도 유지하려 했다.

트럼프 대통령의 재선은 미국 자유주의 패권의 끝이라는 경고가 이어졌다. 정치 리스크 컨설팅 업체 유라시아그룹의 클리프 컴천 회장은 〈워싱턴포스트〉에 트럼프 대통령이 재선에 성공한다면 사실상 '자유주의 세계 질서의 종말'이 우려된다고 주장했다. 그는 훗날 민주당의 재집권이 이뤄진다 하더라도 자유 질서를 떠받쳐 온 제도들이 되돌릴 수 없는 상처를 입을 것이라고 예상했다.[80] CNN 등 트럼프 대통령 비판에 앞장서 온 미국 언론들은 민주당이 11월 대선에서 백악관을 탈환하지 못한다면 세계 무대에서 미국의 후퇴가 가속화해 미국과 동맹을 연결해 주던 힘이 더 이상 작동하지 않는 상황이 올 수 있다고 경고했다.[81] 바이든 당선자가 미국 주도의 자유주의 질서를 지킬 '마지막 희망'이라는 주장이다.

그러나 트럼프 대통령이 들고 나온 '미국 우선주의'는 그의 재선 여부를 떠나 일회성 현상으로 그치지 않을 전망이다. 워싱턴에 차기 트럼프를 노리는 꿈나무들이 자라고 있기 때문이다. 펜스 부통령이나 폼페이오 국무장관 등은 트럼프 행정부의 굵직굵직한 외교 안보 정책들을 앞장서서 이끌며 존재감을 과시했다. 트럼프 대통령의 혈육인 장녀 이방카와 맏사위 쿠슈너 역시 백악관에서 공식 직함을 달고 트럼프 대통령을 밀착 보좌하며 정치적 영향력을 키웠다. 공화당은 '아웃사이더' 트럼프에 당초 거부감을 보이는 듯했지만 결과적으로 트럼프 대통령을 탄핵 위기에서 구해내면서 그에게 장단을 맞췄다.[82]

'트럼프2.0'이라고 불리며 존재감을 키우고 있는 차세대 정치인 중 하나가 조시 홀리 미주리주 상원의원이다. 40대 젊은 피인 그는 '낡은 세계 질서 아래서 미국이 베이징 제국주의자들에 의해 2위로 밀려나서는 안 된다', '세계무역기구(WTO)를 탈퇴해야 한다'처럼 트럼프 대통령보다 강경한 주장들을 펴 시선을 모았다. 트럼프가 백악관 자리를 지킨다면 이들은 그가 미국 우선주의를 강력히 밀어붙이는 데 충신 역할을 톡톡히 할 전망이었다. 재선에 실패한다 해도 미 의회에 포진해 목소리를 높이면서 향후 공화당의 주요 대권 주자로 주목받을 가능성이 높다. 이번 대선에서 7000만 표 넘는 득표로 미국 역사상 '최다 득표 패배자'가 된 트럼프 대통령이 2024년 대선에 재출마할 거란 예상이 벌써부터 나오고 있기도 하다.

민주당과 바이든 당선자는 트럼프 4년 동안 망가진 자유 민주주의 국제 질서를 수리하겠다고 천명했다. 이들은 미국의 도덕적 리더십을 회복하는 동시에 '자유 세계'를 지탱하는 민주주의 동맹을 다시 강화해 권위주의, 국수주의, 포퓰리즘에 맞서겠다고 약속했다. 바이든 당선자는 처음부터 "미국의 영혼을 복원하기 위해 출마했다"고 결의를 다졌다.[83] 1973년 상원에 입성한 그는 2009년 부통령 자리에 오르기 전까지 6선에 내리 성공한 잔뼈 굵은 정치인이다. 미국 정치계에서 둘째가라면 서러울 외교안보 분야 베테랑이기도 하다. 1997년부터 상원 외교위에서 활동하기 시작해 무려 세 차례나 위원장을 지냈다. 트럼프 대통령의 전임자인 버락 오바마 전 대통령과는 부통령으로서 8년간 호흡을 맞췄다. 그는 미국과 러시아의 뉴스타트(New START, 신 전략무기 감축협정) 체결을 비롯해 우크라이나 내전과 시리아 내전에 대한 대응, 급진 무장단체 이슬람국가(IS) 퇴치 작전 등 오바마 전 행정부의 주요 외교 정책을 주도했다.

민주당의 공약은 '트럼프 지우기'라고 설명할 수 있었다. 바이든은 기본적으로 자유 민주주의 가치 증진과 외교, 협력을 통한 갈등 해소에 방점을 뒀다. 그는 국제적 제도와 다자주의를 통해 미국의 리더십을 재건하겠다고 천명했다. 특히 백악관에 입성하는 대로 트럼프 행정부가 탈퇴한 파리 기후변화 협약, 이란 핵협정(포괄적 공동행동계획, JCPOA) 등 국제 사회와 맺었던 합의를 복원하고, 세계보건기구(WHO), 유엔 인권이사회(UNHRC), 유엔 인구기금(UNPF) 등의 국제기구에 다시 합류해 개혁을 이끌겠다고 약속했다. 트럼프 대통령이 협력을 거부하고 분열을 조장하는 대응을 해 코로나19 사태가 악화했다고 비판하면서 미국이 보건과 경제 위기를 수습하기 위한 국제 공조를 이끌겠다는 포부도 밝혔다. 일방주의와 양자주의 접근법을 버리고 국제 사회의 여러 행위자들이 참가하는 다자 무대에서 미국이 다시 적극적인 역할을 하겠다는 뜻이다.

　　미국의 전통적 동맹들과의 '파트너십 재건' 역시 바이든이 내세운 핵심 구호다. 민주당은 트럼프 대통령이 동맹들과 민주주의 가치에 대한 미국의 헌신을 놓고 의구심을 조장해 미국의 동맹 시스템을 냉전 종식 이래 최악의 시험에 들게 했다고 지적했다. 그러면서 동맹들은 미국의 영향력 배가와 활동 범위 확대, 부담 경감 등 막대한 전략적 이점을 제공하는 '대체할 수 없는 국가안보의 초석'이라고 강조했다.[84] 이들은 유럽 동맹들과 책임 분담 문제를 보다 협력적인 방식으로 다루면서 범 서구 동맹의 역량을 새롭게 다지겠다고 했다. 한국, 일본, 호주 등 아시아 지역 민주주의 동맹들과 관계 강화를 약속하기도 했다. 특히 한국에 대한 트럼프 대통령의 방위비 분담금 대폭 증액 요구를 '갈취'라고 비판했다. 그는 동맹들의 공정한 책임 공유를 증진하되 "절대로 폭력배들이 돈을 뜯는 행위(protection rackets)를 하듯 동맹들을 대하지 않겠다"고 약속했다.[85] 이런 주장에 미뤄볼 때 민주당 집권 시 미국은 자유주의 질서 수호를 기치로 국제주의(세계적 관여)를 다시 강화하는 움직임을 보일 전망이다. 동맹들에 대한 미국의 노골적인 방위비 분담금 증액 요구나 트럼프 행정부 내내 흘러나온 지역 주둔 미군 철수·감축설 역시 누그러질 가능성이 높다. '국제적 관여의 핵심 도구로서 외교를 향상시키는 것'[86]이 바이든의 목표다. 트럼프 대통령의 노골적인 책임 분담 요구와 일방적 결정들에 지쳐 있던 동맹국들에게 '바이든 대통령'은 한숨 돌릴 만한 소식일 수 있다.

　　민주당에서는 오바마 전 대통령이 높은 지지율 속에 성공적으로 임기를 마무리 지었던 만큼 그의 유산을 이어가자는 목소리가 높았다. 바이든 당선자는 오바마 행정부의 주역이다. 오바마 행정부는 자유주의에 기초한 미국 패권의 우월함을 신봉하는 한편 책임 경감과 미국 내부 재건을 위해 파트너 국가들과 협력을 강조하는 '뒤에서 이끈다(leading from behind)' 전략을 취했다.[87] 미국 내 문제가 산적한 만큼 냉전 종식 직후와 같은 적극적 대외 관여를 할 수는 없지만 여러 국제 문제를 놓고 리더의 역할을 계속하겠다는 의도였다.

　　바이든 선거캠프의 외교안보 팀에는 오바마 전 행정부에서 관련 직책을 맡았던 주요 인사들이 대거 함께했다. 토니 블링

컨 전 국무부 부장관(바이든 행정부 초대 국무장관 지명)과 제이크 설리번 전 부통령 안보보좌관(초대 백악관 국가안보보좌관 지명), 사만다 파워 전 유엔주재 미국대사, 커트 캠벨 전 국무부 동아시아태평양 담당 차관보, 수전 라이스 전 백악관 국가안보보좌관 등이 대표적이다. 외신들 사이에서는 트럼프 대통령이 미국과 세계에 일으킨 피해를 바로잡겠다는 바이든 당선자의 주장을 놓고 '바이든 독트린(Biden doctrine)', 오바마 전 행정부의 3번째 임기나 마찬가지라는 의미의 '오바마/바이든 3.0'같은 표현들이 등장했다.

하지만 정권을 탈환했다 할지라도 민주당이 얼마나 강력한 동력을 갖고 미국의 자유주의 패권을 복원할 수 있을지는 미지수다. 트럼프 대통령만 떠나면 미국과 세계가 '트럼프 이전'의 상태로 돌아갈 수 있을 것이라는 기대는 금물이라는 우려가 높다. 그 사이 세계가 전혀 다른 모습으로 변모한 까닭이다. 민주당 소속 대통령이 나온다고 해도 그가 물려받는 미국과 이들을 둘러싼 세계는 오바마 전 대통령 때와는 완전히 다르다. 지난 4년 사이 중국의 몸집은 더더욱 거대해졌다. '중국몽' 실현의 절차를 착착 밟은 중국은 경제·군사력은 물론 대외적 영향력 역시 오바마 전 행정부 때와 비교해 대폭 키웠다. 2020년 1월 브렉시트(영국의 유럽연합 탈퇴)가 현실화되면서 유럽연합(EU)은 분열의 기로에 섰다. 글로벌 경기 부진이 장기화되면서 전 세계에서 극우 포퓰리즘(대중 영합주의)과 민족주의가 기승을 부리고 있기도 하다. 코로나19 사태가 보여주듯 테러, 환경, 난민 같은 국경을 모르는 새로운 문제들이 세계인의 일상을 겨누는 새로운 위협으로 자리잡았다.

세계는 미국이 다시 이전 같은 모습으로 돌아오길 기다리며 멈춰 있지 않았다. 미국을 중심으로 나타나고 있는 고립주의 움직임을 뉴 노멀(new normal, 변화에 따른 새로운 표준)로 받아들이고 이에 대응하기 위한 자구책을 강구하는 움직임이 속속 나타났다. 미국과 함께 환태평양경제동반자협정(TPP)을 추진한 일본은 트럼프 행정부가 일방 탈퇴를 선언하자 미국을 제외한 채 나머지 국가들을 규합해 포괄적·점진적 환태평양경제동반자협정(CPTPP)을 발효했다. 러시아는 미국이 1987년 소련과 체결한 중거리핵전력(INF) 폐기 협정을 탈퇴하자 '맞폐기'를 선언하며 군사적 긴장감을 높였다. 유엔 안전보장이사회가 2020년 8월 미국이 제안한 이란 무기금수 연장 결의안을 거부한 사례는 미국의 일방주의에 대한 국제 사회의 염증을 고스란히 보여줬다. 당시 표결에서는 중국과 러시아가 예상대로 반대표를 행사한 가운데 미국의 서구 동맹인 프랑스, 영국 등을 비롯한 대다수 이사국이 줄줄이 기권표를 던져 안건을 부결시켰다. 미국이 일방적으로 이란 핵합의를 탈퇴했으므로 안보리의 이란 제재를 요구할 권한이 없다는 게 이들의 공통적 입장이었다.

유럽에서는 트럼프 행정부의 일방주의에 혀를 내두르며 더 이상 미국에 전적으로 안보를 의존할 수 없다는 '홀로서기론'이 일찌감치 제기됐다. 앙겔라 메르켈 독일 총리는 2017년 초 한 연설에서 "유럽이 스스로 운명을 개척해야 한다"고 천명해 70년 역사의 서구 동맹이 분수령에 섰음을 알렸다. EU의 양대 산맥 격인 독일과 프랑스가 유럽 군 창설을 본격적으로 논의 중이기도 하다. 에마뉘엘 마크롱 프랑스 대통령은 유럽이 미국 의존에서 벗어나기 위해 프랑스가 가진 핵 억지력을 방위 전략의 핵심으로 검토해야 한다는 주장을 내놓기도 했다. 브렉시트로 인해 프랑스는 현재 EU 27개 회원국 가운데 유일하게 핵무기를 보유한 나라다. 유럽은 서구 동맹 수호의 중요성을 강조하면서도 미국과의 관계가 구조적 변화에 직면했다는 점에 주목하는 분위기다. 미국의 초점이 중국이 위치한 아시아로 옮겨가면서 범 대서양 관계에 대한 미국의 집중도가 떨어질 수밖에 없다는 사실을 인지하고 있는 것이다. 호세프 보렐 EU 외교 안보 정책 고위 대표는 "미국과 중국의 전략적 경쟁은 다음 미국 대선에서 누가 승리하든 상관없이 글로벌 정치를 구조화할 지배적 요인이 될 것"이라며 "우리는 정신을 바짝 차리고 EU만의 접근법을 짤 필요가 있다"고 거듭 주장했다.[88]

그만큼 미국이 이전과 같은 강력한 글로벌 리더십을 발휘할 수 있는 여지도 줄었다. 민주당은 정권 교체에 성공하면 트럼프 행정부가 탈퇴한 국제 협약들에 곧장 복귀하고 동맹 관계를 재건하겠다고 별렀지만 말처럼 간단한 일이 아니다. 국제 사회는 수년을 공들여 맺은 합의들을 미국이 일방적으로 무효화하는 모습을 속수무책으로 지켜봐야 했다. 누가 백악관 주인이 되느냐에 따라 언제든 약속이 뒤집힐 수 있다는 사실이 명백해지면서 미국의 신뢰도는 치명타를 입었다. '퓨 리서치' 여론조사 추이를 보면 미국에 대한 세계인의 호감도는 오바마 전 대통령 재임 당시 64%였으나 2019년

53%까지 떨어졌다.[89] '갤럽' 설문에서는 미국의 글로벌 리더십에 대한 세계의 지지도가 오바마 임기 마지막 해인 2016년 48%에서 트럼프 행정부 3년을 거치면서 30~33%대로 주저 앉은 것으로 나타났다.[90] 오바마 행정부에서 백악관 국가안보회의(NSC) 고위직을 지낸 제프 프레스콧은 〈폴리티코〉에 "미국의 여러 국제 파트너들은 한발짝 물러나 미국과의 합의가 과연 장기적인 것인지 의문을 제기할 것"이라고 전망했다.[91] 트럼프가 떠난 미국이 다시 국제 사회에 손을 내밀어 리더십 복원을 시도한다 하더라도 다른 나라들은 불확실성에 대비해 자기 이익을 지킬 방안을 모색하는 일을 멈추지 않을 것이라는 지적이다. 때문에 백악관 주인이 바뀐다 하더라도 근본적으로 미국 정치권 전반에서 국가적 이미지를 재고하기 위한 초당파적 공조가 나타나지 않는다면 미국의 신뢰도를 회복하기가 쉽지 않을 것이란 우려가 제기되고 있다.

## 다시는 코로나19 이전으로
## 돌아갈 수 없을 것이다

결정적으로 코로나19 팬데믹이 전례 없는 사회 경제적 쇼크를 일으키며 전후 세계의 재편을 자극했다. 바이러스 억제를 위해 각국이 취한 이동 제한과 봉쇄 조치들은 국경 없는 자유 시장 경제를 추구해 온 국제 통상 질서의 본질을 송두리째 흔들었다. 서구 자유주의를 대표하는 미국과 유럽의 선진국들이 코로나19 최대 피해국 상위 명단에 이름을 올리면서 이들 통치 체계의 허점에 대한 의문이 꼬리를 물었다. 미국은 팬데믹 농안에도 일방적인 자국 우선주의 행보를 이어갔다. 유럽 발 여행객의 입국을 금지시켜 EU의 원성을 샀고, 부실 대응과 중국 편향성을 이유로 WHO 탈퇴를 선언했다. 올해 미국이 의장국을 맡고 있는 G7의 화상 회의를 몇 차례 개최한 일을 빼고는 미국이 주도한 국제 공조는 찾아보기 힘들었다. 미국은 대신 중국의 사태 은폐론과 유럽의 초기 대응 부실을 비판하며 책임 전가에 바빴다.

미국이 자기 방어에 빠져드는 사이 중국은 은폐와 허위정보 유포 논란에 휩싸였다. 미국과 중국은 세계를 전례 없는 충격에서 추스르기 위한 협력보다는 서로에 대한 네거티브 공세에 열을 올리며 이권 다툼에 골몰했다. EU는 27개 회원국들의 각자도생 대응에 어떻게든 고삐를 잡으려 아등바등했다. 공급망의 리쇼어링과 니어쇼어링 등 세계 가국은 앞다퉈 내부 지향적인 정책 카드를 테이블 위에 올렸다. 트럼프 대통령이 불을 지핀 '미국 우선주의'가 코로나19를 계기로 전 세계적인 자국 우선주의로 확대되는 모습이다.

미국에서도 국익 우선주의를 강조하는 목소리가 번져 나갔다. 버니 샌더스 상원의원, 엘리자베스 워런 상원의원 등 강경 진보 성향의 인물들은 대외 관여 축소와 보호 무역 등 트럼프 행정부의 미국 우선주의와 유사한 정책들을 내세웠다. 전 지구적 위협을 마주하고도 국제적 차원의 체계적 협력을 위한 리더십은 실종됐다는 개탄이 이어졌다. 어떤 나라도 뚜렷한 리더십을 발휘하지 못하면서 세계가 리더가 사라진 'G제로(G0)' 상태에 빠졌들고 있다는 진단이 현실화되는 듯했다.[92] 유라시아 그룹의 이안 브레머 회장은 이 같은 현상을 '내 나라 우선주의(my country first)'라고 표현했다.[93]

바이든 역시 보호주의 성격의 공약들을 앞세웠다. 민주당은 대선을 앞두고 발표한 정강에서 글로벌 무역 체계가 미국 노동자들에게 공정한 기회를 제공하고 있지 못하다고 지적하면서 기업들의 일자리 외주가 횡행했고 많은 나라들이 미국에 대해 '정직하고 투명한 파트너'가 되겠다는 약속을 저버렸다고 주장했다. 그러면서 "국내에서 미국의 경쟁력에 먼저 투자하기 전에는 어떤 새로운 무역 협정도 맺지 않겠다"고 못박았다.[94] 코로나19 사태가 노출한 공급망 위기에 대해서도 주목했다. 민주당은 "코로나19 대유행은 글로벌 공급망에 대한 지나친 의존의 위험성을 보여줬다"며 "우리 노동자들을 최우선에 두는 무역 정책을 추구하겠다"고 강조했다.[95] '바이 아메리칸(Buy American, 미국 것을 삽시다)'이라는 구호 아래 미국산 제품과 미국 기업들로 구성된 공급망 활용을 강조하기도 했다. 트럼프와 공화당이 '미국 우선주의'를 강조하며 앞세운 정책들과 놀랄 만큼 유사하다. 미국의 현대 정치사에서 자유주의 패권 확대에 앞장서 온 바이든마저 미국의 이익을 우선하는 기조를 내세웠다는 사실은 미국이 현재 보이고 있는 자기 중심적 보호주의 움직임이 트럼프라는 한 독특한 리더에 의한 일회성 조치가 아닌 거스를 수 없는 시대적 흐름에 토대를 두고 있다는 점을 시사한다.

미국이 글로벌 리더십을 다시 발휘하는 데 또 다른 장애물은 무엇보다 미국의 내부 상황이 녹록하지 않다는 사실이다. 코로나19 사태가 불거지기 전만 해도 미국 정세는 오랜 침체에서 벗어나 뚜렷한 회복세를 보이고 있었다. 미국의 실업률은 3.5% 떨어져 50년 사이 가장 낮은 수준을 보였고 뉴욕 증시는 연일 사상 최고치 경신 행진을 이어갔다. 하지만 팬데믹이 모든 상황을 반전시켰다. 코로나19 충격에 미국의 실업률은 2020년 4월 기준 14.7%로 1930년대 대공황 이래 최악으로 폭등했다. 기업과 가계를 가릴 것 없이 모두가 정부의 구제책만 바라보며 아우성쳤다. 엎친 데 덮친 격으로 흑인 조지 플로이드가 비무장 상태에서 백인 경찰관의 강압적 목 조르기 체포로 사망한 사건이 대규모 시위를 촉발하면서 미국 사회는 거대한 소용돌이에 휩싸였다. 미국 안에 쌓이고 쌓인 고질적 문제들이 코로나19로 인한 혼란을 틈타 한꺼번에 터져 나오는 듯했다.

〈워싱턴포스트〉는 미국이 1918년 스페인 독감, 1930년대 대공황, 1968년 인종차별 반대 대규모 시위를 한 번에 모두 합친 것 같은 혼돈을 겪고 있다고 표현하면서 리더십이 가장 요구되는 시기 대통령의 역할이 부재하다고 개탄했다.[96] 여론조사(갤럽 6월)에서 미국인들의 국가적 자부심은 20년 사이 최저 수준으로 떨어졌다.[97] 2021년 백악관의 주인이 될 인물은 사상 최악의 경제 위기와 사회 안전망 붕괴에 지정학적 경쟁 심화까지 대내외에서 폭풍이 휘몰아치고 있는 미국을 끌고 나가야 한다는 역대급 과제를 떠안는 격이다. 토머스 라이트 브루킹스 연구소 선임 연구원과 커트 캠벨 전 미국무부 동아태 차관보는 한 기고문을 통해 "바이든이 승리한다면 그의 포스트 팬데믹 의제는 단순한 복원 운동에 그쳐선 안 된다. 고도의 재설계가 필요하다"고 지적했다.[98]

미국의 혼란스러운 내부 사정은 미국 내 '글로벌 리더십 재건'을 꾀하는 세력의 최대 장애물이 될 전망이다. 9·11테러나 글로벌 금융위기 같은 미국 내부의 위기들이 트럼프 대통령을 만들어냈다는 점을 돌아보면 어느 때보다도 국내 문제들이 산적한 상황에서 미국이 다시 세계의 리더 역할을 맡겠다는 주장은 아이러니하다. 유라시아그룹은 "외교 정책은 단순히 선호에 따라 기능하는 것이 아니다. 여건과 사건이 대통령의 대외 조치 결정에 항상 결정적 역할을 했다"며 "포퓰리즘과 고립주의의 뿌리는 어떤 대통령이 나오든 세계 무대에 대한 그의 개입 역량을 제한할 것"이라고 지적했다.[99]

이런 상황에서 트럼프 대통령이 코로나19 사태 와중 유엔 총회에서 한 발언은 미국과 국제 사회 모두에 꺼림칙한 느낌을 남겼다. "수십 년간 똑같은 지긋지긋한 목소리들이 똑같이 실패한 해결책을 제시했고 자국민을 희생하며 글로벌 야망을 추구했다. 그러나 자국민을 보살펴야만 진정한 협력의 기반을 찾을 수 있다. 대통령으로서 나는 과거의 실패한 접근법을 거부했다. 나는 자랑스럽게 미국을 우선시했고 당신들 역시 자기 나라를 우선해야 한다. 그래도 괜찮다. 그게 바로 당신이 해야 할 일이다"[100]

# 미국은 아시아를
# 포기하지 않는다

3.

백악관 주인이 누가 되든 미국이 결코 놓을 수 없는 지역이 있다. 바로 '아시아'다.

아시아는 현재 세계 최대의 공장이자 소비 시장이다. 유엔에 따르면 아시아 태평양은 전 세계 인구의 60%(약 43억 명)를 품고 있다.[101] 세계 최대 인구 규모를 자랑하는 중국(약 14억 4,000만 명)과 인도(약 13억 8,000만 명)가 모두 이 일대에 위치한다. 전후 세계에서 아시아 태평양은 다른 어떤 지역보다도 빠르게 양질의 성장을 이뤘다. 아시아개발은행(ADB)은 2011년 발간한 '아시아 2050: 아시아 세기의 실현' 보고서에서 아시아가 빠른 성장세를 유지한다면 2050년까지 전 세계 국내총생산(GDP)의 52%를 차지할 것으로 전망했다.[102] 세계 경제포럼(WEF)은 시장 경제 체제로의 성공적 개혁과 과학·기술·교육 영역의 '브레인 파워' 활용이 아시아의 성공을 뒷받침하고 있다고 분석했다.[103] 앞으로 중산층에 진입하는 세계 인구의 약 90%가 아시아에서 나올 것이라는 전망도 제기됐다.[104]

생활 수준이 향상될수록 더 나은 삶을 위해 사람들이 필요로 하는 요소도 다양화되기 마련이다. 역내 시장에서 소비와 투자, 혁신의 기회가 확대되면 이는 곧 아시아 태평양 지역의 경제적 중요성과 글로벌 영향력 확대로 이어질 수 있다. 세계 최강대국 자리를 차지하려면 이 지역에서 주도권을 잡는 것이 필수적이라는 의미이기도 하다.

미국과 중국도 아시아의 중요성을 일찌감치 알아챘다. 커트 캠벨 전 미국 국무부 동아태 차관보는 2016년 미 상원 외교위원회 청문회에서 "21세기 역사의 가장 큰 부분은 아시아에서 기록될 것"이라고 주장했다.[105] 도널드 트럼프 미국 행정부는 국방부 전략 보고서에서 "인도 태평양은 미국의 미래에 가장 중대한 지역"이라고 선언했다.[106] 트럼프 행정부가 애용하고 있는 인도 태평양이라는 용어는 아시아 태평양과 인도양을 아우르는 개념으로, 아시아 일대에서 미국이 전략적으로 중요하다고 여기는 범위를 더욱 확대한 것이다.

중국 정부 역시 중국과 다른 아시아 나라들이 한 배를 탄 운명 공동체라는 점을 강조하고 있다. '중국몽'을 주창한 시진핑 중국 국가주석은 역내 국가들이 '아태몽(亞太夢, 아시아 태평양의 꿈)'을 함께 구현해 세계의 발전과 인류 복지에 기여해야 한다고 촉구했다.[107]

아시아는 다른 지역들 보다 코로나19 충격을 빠르게 회복할 것이라는 기대를 받고 있기도 하다. 역내 주요 국가들이 비교적 성공적인 방역을 통해 확산세를 조기에 통제했기 때문이다. 국제통화기금(IMF)은 2020년 아시아가 사상 처음으로 마이너스 1.6% 성장을 기록할 것으로 예상했다. 다만 2차 유행이 나타나지 않고 대대적인 부양 정책이 취해지면 2021년, 6.6%에 이르는 강한 경기 반등이 가능하다고 예상했다.[108] IMF는 2020년 6월 전망에서 올해 세계 경제 성장률이 −4.9% 후퇴한 뒤 이듬해 5.4% 성장할 것으로 예상한 바 있다. 미국과 유럽이 속한 선진국 그룹의 경우 2020년과 2021년 성장률을 각각 −8.0%, 4.8%를, 신흥국 그룹에 대해서는 −3.0%, 5.9%를 제시했다.[109]

글로벌 컨설팅 업체 맥킨지는 '다음 뉴 노멀은 아시아에서 떠오를 것인가?'라는 제목의 보고서에서 아시아 국가들이 1997년과 2008년 금융 위기 당시 보인 회복력을 고려할 때 코로나19 사태에도 장기적으로는 역내 강한 성장세가 지속될 것으로 예상했다. 그러면서 "우리는 이번 팬데믹을 진정한 아시아의 세기가 시작된 전환점으로 돌아보게 될 수도 있다"고 강조했다.[110]


## 아시아 태평양 지역의 중요성

아시아 일대는 미국과 중국 모두가 서로의 핵심 이익 지역임을 천명하고 있는 만큼 두 나라의 갈등 양상이 뚜렷하게 나타난다. 이곳은 한반도 분단과 남·동중국해 영유권 분쟁처럼 역내 국가들 간에 물리적 충돌 위험이 항상 도사리고 있기도 하다.

이 사안들은 이 지역의 주도권을 누가 잡는가와 밀접히 연관돼 있다. 예컨대 한반도는 역사적으로 대륙 세력과 해양 세력 사이의 연결점으로 여겨졌다. 남과 북의 갈등을 넘어 육지와 바다 세력 중 누가 아시아에서 전략적 우위를 차지하는가의 문제가 달린 지역이라는 의미다.

남중국해 논란 역시 바다와 섬을 누가 더 많이 손에 넣는가를 놓고 벌이는 단순한 땅따먹기 싸움이 아니다. 인도양과 서태평양을 연결하는 남중국해는 전 세계 해상 물류의 30%가 통과하는 중요한 무역로다.[111] 또 전 세계 해상 교역 원유의 30% 이상이 이곳을 통과하는데 이 교역량의 80%가 한국, 일본, 중국 등 역내 주요 경제국들로 향한다.[112]

때문에 남중국해는 중국은 물론이고 한국과 일본에도 수출입과 에너지 조달을 위한 필수 항로이자 경제 안보 면에서도 간과할 수 없는 요충지이다. 게다가 이 바다는 원유 110억 배럴과 천연가스 190조 큐빅피트가 매장된 것으로 추정되는, '해양 자원의 보물창고'다. 중국이 여러 동남아 국가들과 분쟁을 마다하지 않으면서 남중국해의 90% 지역에서 영유권을 주장하고, 미국이 이곳에서 공해상의 '항행의 자유'를 강조하고 있는 이유도 이런 가치 때문이다.

중국이 앞마당인 아시아 태평양 지역에서 국력 신장에 걸맞는 위상을 세우길 바라고 있다면, 미국은 그동안 구축해 놓은 역내 주도권을 지키기 위해 분투하고 있다. 미국은 중국의 급속한 발전이 아시아 태평양 지역을 시작으로 냉전 이후 미국이 주도해 온 국제 질서를 저해할 것을 우려한다. 일각에서는 아시아 일대에서 미국의 역할을 재고해야 한다는 주장도 나온다. 그동안 미국이 역내 주둔을 위해 치른 비용이 과도했으며 중국의 부상이 이 같은 여건을 더욱 악화시킬 수 있다는 지적이다. 하지만 여전히 미국에게는 아시아에 계속 집중해야 할 이유가 있다.

## 미국이 아시아에 집중하는 이유

아시아의 주요국들은 미국 주도의 자유주의 질서를 받아들였고, 이를 바탕으로 고속 성장을 이뤘으며, 지금까지 안정성을 유지하고 있다. 이것은 미국이 냉전 이후 글로벌 파워를 가질 수 있었던 이유 중 하나로,[113] 그렇기 때문에 미국은 아시아의 자유 민주주의 국가들에 대해 안보 보장과 경제적 지원을 계속 하면서 이들을 미국 중심의 국제 질서에 묶어두고 싶어 한다.

버락 오바마 전 미국 행정부가 아시아 재균형과 환태평양경제동반자협정(TPP)를 추진한 이유도 여기에 배경을 둔다. 힐러리 클린턴 전 국무장관은 지난 2011년 '미국의 태평양 세기'라는 주제의 연설에서 이라크와 아프가니스탄 전쟁을 치르며 중동을 중시해 오던 미국의 시선이 아시아 태평양으로 옮겨가고 있다고 선언했다. 이른바 미국의 '아시아로의 회귀(pivot to Asia)' 전략의 시작이었다. 그는 "21세기 세계의 전략적 경제적 무게 중심은 아시아 태평양이 될 것이 명백하다"며 "앞으로 수십 년간 미국의 최대 국정 과제 중 하나는 이 지역에서 외교, 경제, 전략적으로 상당한 투자 증대를 확충하는 것"이라고 말했다.[114]

오바마 행정부는 중국의 발전이 미국에도 바람직한 일이라며 중국과 협력적인 관계를 맺는 데 전념하겠다고 말했다. 그러나 속내는 역내 동맹과 파트너들을 결집해 군사적 경제적 영역 모두에서 중국을 견제하려는 것이란 관측이 많았다. 미국의 아시아 재균형 전략은 중국과의 협력을 도모하면서도, 중국을 미국이 이끄는 역내 질서 안에서 발전하도록 만들겠다는 복합적 목표를 가진 것이었다.

미국은 중국이 국력을 키우면서 대외 무대에서 공세적 활동을 펼칠 것을 경계했다. 2013년 시진핑 국가주석이 권력을 잡은 후로 중국이 적극적으로 군사력을 확대하고 자국이 주도하는 역내 기구를 설립하면서 이런 우려는 더욱 깊어졌다.

오랜 시간 중국은 자신들의 발전이 국제 사회의 평화와 번영에 도움이 된다고 강조해왔다. 1980년대 덩샤오핑이 개혁개방을 추진하며 내세운 '도광양회(韜光養晦, 묵묵히 실력을 키운다)'를 시작으로 '유소작위(有所作爲, 적극적으로 이뤄야 할 일을 한다)'를 거쳐 '화평굴기(和平崛起, 평화롭게 일어서다)'에 이르기까지 중국은 꾸준히 국력 강화를 추구하는 한편 이 같은 움직임은 절대 다른 나라에 위협을 가하지 않는다고 주장했다. 하지만 시진핑 주석의 '분발유위(奮發有爲, 분발해서 성취를 내다)'는 기존의 소극적인 자세에서 벗어나 적극적으로 중국의 이익을 추구하겠다는 의지를 보여준다.[115] 그가 제시한 중국몽은 '중국의 부흥'을 강조한다. 이는 19세기 서구와 일본의 침략을 받기 전 중국이 누리던 과거의 영광을 되찾겠다는 의지를 담고 있다. 중화민족의 행복을 드높이고 국제 무대에서 중국의 위상을 세우겠다는 뜻을 천명한 것이다.

중국몽의 일환인 일대일로 사업은 중국 주도의 인프라 구축 사업으로 아시아와 유럽, 아프리카를 육해상으로 연결하겠다는 포부를 담고 있다. 이를 통해 이 거대한 실크로드가 지나는 지역 전반에서 경제적 협력과 번영을 도모하겠다는 주장이다. 중국은 군사적 측면에서도 꾸준히 영향력을 확대하고 있다. 미국은 중국이 역내 바다에서 미국이 힘을 휘두르는 것을 막기 위해 제1열도선(일본·대만·필리핀·순다 열도를 잇는 가상의 선) 너머로 군사력 확장을 꾀하고 있다고 의심하고 있다.[116] 심지어 중국이 일본, 괌, 남태평양의 말루쿠 제도로 짜인 제2열도선 너머까지 군사적 영향력을 투영할 기회를 노리고 있다는 지적도 나온다.

이런 움직임을 볼 때 중국이 역내 지위 상승을 노리면서 미국과의 관계에서도 변화를 모색하고 있다는 분석은 귀담아들을 필요가 있다. 아시아에 다시 초점을 맞추는 미국의 전략과 이에 대항하며 군사 경제적 힘을 계속 키우려는 중국의 기조가 부딪히고 있는 상황은 이 지역에서 둘의 충돌 가능성을 갈수록 키우고 있다.


## 트럼프는 아시아를 경시하지 않았다

도널드 트럼프 미국 대통령의 '미국 우선주의'는 미국이 아시아에 대한 관여를 계속할 의지가 있는지 의문을 불러일으키기도 했다. 트럼프 행정부는 역내 미국의 핵심 동맹인 한국과 일본이 책임 분담을 충분히 하지 않고 있다고 비난했다. 오바마 전 대통령이 아시아 재균형 전략의 일환으로 고안한 TPP 역시 미국에 거추장스러운 짐으로 폄하해 탈퇴했다.

트럼프 대통령은 동맹국들에게 공동의 안보 위협을 해결하기 위해 더 많은 책임을 나눠 질 것을 강력하게 요구했다. 그리고 한편으로는 '자유롭고 공정하며 상호적인 무역을 증진해야 한다'는 명목으로 경제 영역에서까지 동맹들의 양보를 얻어내려 했다. 한·미 자유무역협정(FTA) 개정 협상을 추진했고 일본에 대해서는 다자 간 협정이 아닌 양자 FTA 체결을 압박했다.

그러자 트럼프 대통령에게 질책이 쏟아졌다. 동맹국이 미국의 이익에 보탬이 되느냐 손해를 입히느냐를 주관적으로 평가하고, 그를 바탕으로 동맹국들을 몰아붙인다는 것이었다. 미국이 안보에 대해 이전과 같은 헌신을 보이지 않고 있으며 이런 움직임이 역내 국가들 사이 불신과 오판 가능성을 높여 불필요한 분쟁을 부추길 수 있다는 우려도 나왔다. 트럼프 대통령이 돈으로 환산할 수 없는 동맹의 가치를 무시하고 있으며 중국이 아시아 태평양에서 더 많은 영향력을 행사할 길을 열어주고 있다는 지적도 이어졌다. 일본의 대표적 싱크탱크인 일본재건계획(RJIF) 회장이자 국제 전문가인 후나바시 요이치는 〈타임〉 기고문에서 미국이 '역내 안보 제공자'에서 '불안정 조성 세력'으로 변모하고 있다고 말했다.[117]

하지만 동맹에 대한 다소 거친 언사에도 아시아 태평양 지역의 주도권을 쥐겠다는 미국의 강력한 의지는 변함없었다. '자유롭고 개방된 인도 태평양 전략(Free and Open Indo Pacific Strategy)'이 그중 하나다. 이 정책의 내용을 보면 이전 미국 행정부의 아시아 재균형 기조와 같은 의도를 지니고 있다. 오히려 오바마 대통령이 추진한 아시아 정책의 범위를 태평양을 넘어 중국을 감싸고 있는 인도양까지로 확대했다. 기존에 쓰이던 '아시아로의 회귀', '아시아 재균형' 같은 개념을 대체해 아시아 일대에 관여하겠다는 의지가 읽혔다.

트럼프 행정부의 국가 안보 전략은 한국과 일본과의 동맹이 역내 국방·안보 전략의 기반이라는 점을 명시하고 있다. 또 이들 오랜 동맹에 대한 미국의 안보 보장 의지도 반복적으로 밝힌다. 미 국방부는 2019년 인도 태평양 전략보고서에서 "미국은 인도 태평양의 역내 안정을 위한 세력으로서 핵심 역할을 계속할 것"이라며 "이를 위해 신뢰할 만한 전투 전진(combat-forward) 태세 유지, 동맹 강화와 새 파트너십 구축, 지역 네트워크 강화가 필요하다"고 적었다.[118] 트럼프 행정부는 한국과 일본에 대해 주둔 미군 감축이나 방위비 분담금 증액을 압박했다. 하지만 한편으로는 미국이 이들에 고급 군사 장비를 제공하고 있다면서 한국, 일본도 미국에 보다 긴밀한 군사 협력을 약속했다고 강조했다.[119]

주한미군의 경우 미 의회가 아예 정부 마음대로 규모를 줄일 수 없게 법제화 했다. 그래서 병력을 감축하려면 미 국방장관이 이 조치가 국가안보에 부합하며 동맹들과 적절한 논의를 거쳤다는 점을 의회에 증명해야 한다.

역내 미군 주둔에 대한 트럼프 행정부의 관점은 폼페이오 국무장관의 주장에서 잘 드러난다. 그는 독일 주둔 미군 감축 결정에 관해 '사이버·상공 같은 현대전이 중요한 시대에 주둔 군인 수가 몇 명인지 따지는 것은 비합리적'이라고 지적하면서 미국은 중국의 도전에 대처하기 위해 인도태평양 지역에 적절하게 자원을 배치하길 원한다고 강조했다.[120] 군인의 머리 수로 방위력을 따질 수 없다는 주장이다. 조지 W. 부시 행정부 당시에도 이라크 전쟁의 여파로 인해 주한 미군 감축·재배치 논의가 불거졌다. 당시 미국의 논리 중하나가 군사 기술이 발달하여 주둔 미군 수를 줄이더라도 효과적인 방어가 가능하다는 것이었다.[121] 결과적으로 한·미는 주한미군을 2004년 3만7,500명 규모에서 2008년까지 단계적으로 1만2,500명을 줄이기로 합의했다. 양국은 이후 2008년 주한 미군을 2만8,500명으로 유지하기로 하고 이를 지켜왔다.

최근 들어 미 국방부는 국가방위전략(NDS)에서 중국과 러시아와의 '전략적 경쟁' 시대에 걸맞게 미군 운용을 최적화할 필요가 있다고 강조하면서 전 세계 미군 재배치를 검토해 왔다.[122] 이를 통해 미군의 준비태세와 유연성을 강화하고 작전상 '예측 불가능성'을 키우겠다는 전략이다. 인도태평양 사령부는 단연 미군이 이같은 전략 목표를 달성하기 위한 핵심 지역으로 꼽힌다. 안네그레트 크람프-가렌바우어 독일 국방장관은 미국의 대선 결과와 관계없이 앞으로 큰 틀에서 미국과 중국의 지정학·지경학적 경쟁이 계속될 것으로 예상하면서 미국이 아시아 태평양에 초점을 맞추기 위해 군 역량과 태세를 재검토할 수밖에 없을 것이라고 내다봤다.[123]

트럼프 대통령의 말보다 실제 움직임에 주목한 전문가들은 실상은 그가 아시아 지역에 현존하는 미국 중심의 동맹 체계 유지에 전념했다고 입을 모았다. 노르웨이국제문제연구소(NUPI)의 패트릭 컬렌 수석연구원은 '트럼프 하의 아시아 재균형'이라는 주제의 연구에서 트럼프 대통령이 수사적으로는 아시아 태평양 지역 동맹들을 경시하는 듯이 굴지만 역내 동맹국 정상들과 실질적 교류를 하는 자리나 미 정부 실무책임자들이 내놓는 입장을 보면 미국이 기존의 오랜 정책 기조에 여전히 전념하고 있다고 분석했다.[124] 트럼프 대통령의 전략 역시 미국이 이전부터 추진한 역내 동맹 체계 현대화와 파트너십 확대의 연장선에 있다는 설명이다. 이런 면에서 그의 동맹 때리기는 미국의 내부 재건이 필요한 시기 아시아 지역의 안보 체계를 유지하기 위해 더 많은 책임 분담이 필요하다는 뜻을 거칠게 표현했다고 볼 수 있다.

　　트럼프 행정부의 대외 정책 접근법을 이해하는 데 빼놓을 수 없는 요소 중 하나는 바로 1대1로 상대를 대하겠다는 양자주의의 선호다. 오바마 전 대통령이 일본과 함께 밀어붙인 TPP는 다자주의를 통해 아시아 재균형 전략을 실현하겠다는 전략의 핵심 정책이었다. 그는 TPP를 통해 미국을 중심으로 전 세계 GDP의 약 40%에 이르는 경제권을 결속시키고, 역내 국가들이 경제적으로 중국에 지나치게 의존하게 되는 상황을 예방하려 했다. 때문에 트럼프 대통령이 취임 직후 TPP를 폐기하는 등 다자 간 협정을 기피하는 행보를 펼치자 중국이 이를 틈타 역내 영향력을 강화하고 나설 거란 우려가 이어졌다. 중국은 이미 일대일로와 아시아인프라투자은행(AIIB), 역내포괄적경제동반자협정(RCEP) 등을 통해 역내 국가들과의 다자 협력을 주도하겠다는 뜻을 적극적으로 나타냈다.

　　트럼프 행정부 역시 미국과 역내 국가들의 양자 관계를 바탕으로 3자 관계, 다자 관계를 강화해야 한다는 점을 명시하기는 했다. 대중 견제 작전을 강화하면서 다자 협의체의 필요성을 제기하고 나서기도 했다. 하지만 역내 국가들을 다루는 기본적 틀은 양자주의에 초점이 더 맞춰졌다. '거래의 기술'을 자부하는 사업가 출신 트럼프 대통령은 다자 협정은 다른 나라들이 미국의 희생을 대가로 이득을 노릴 위험이 큰 반면 1대1 협상을 하면 미국이 훨씬 우위를 점할 수 있다고 주장했다.

미국의 양자주의 선호는 복잡하게 얽혀 있는 글로벌 가치사슬을 고려하지 않는 전략으로, 효율성을 증진하기 보다는 각국의 이익 추구만 부추겨 결과적으로 국제 경제를 저해할 거란 비판도 많았다. 하지만 트럼프 행정부의 초점은 '미국의 이익'을 극대화하는데 맞춰졌다. 미 국무부는 인도태평양 지역을 주요 경제 강국들이 위치한 미국에 긴요한 곳으로 명시하면서 인도태평양 전략은 TPP와 비교해 '보다 고품질의 양자 무역 협정' 위주의 전략으로 역내 미국의 이익을 향상시킬 목적을 갖는다고 주장했다.[125]


## 대외 관여를 줄이자는 학자들
## 그러나 아시아만은 예외다?

트럼프 대통령의 유별난 언행 아래서도 미국은 아시아와 세계에서 우월적 지위를 지켜 중국을 견제하겠다는 뜻을 명확히 했다.

대중 전략을 보면 이전 행정부보다 훨씬 날카로운 자세를 취했다. 트럼프 행정부의 2018년 국가국방전략 보고서는 중국을 역내 질서의 변경을 추구하는 '수정주의 세력(revisionist power)'으로 못 박았다. 이어 "중국은 약탈적 자본환경으로 이웃 나라들을 위협하고 남중국해를 무장시키려는 전략적 경쟁자"라고 명시하고 "이제 미국 국가 안보상 주요 우려는 테러리즘이 아니라 국가 간 전략적 경쟁"이라고 강조했다.[126] 중국의 불공정 행위와 이웃국을 위협하는 활동을 정면으로 비판하면서 미국이 개방된 시장, 공정한 무역, 공해에 대한 평등한 접근권 등을 증진해 역내 성장을 촉진하겠다고 천명하기도 했다.[127] 백악관은 "중국과 러시아는 세계를 미국의 가치와 이익에 배치되는 형태로 만들려 한다. 중국은 인도·태평양 지역에서 미국을 몰아내고 자국의 국가 주도적 경제 모델의 적용을 확대하며 자신들에게 유리하게 역내 질서를 다시 짜려 한다"고 주장했다.[128]

트럼프 행정부는 실제로도 강한 군대 재건이라는 기조 아래 전반적인 국방 예산 증액과 군사력 강화를 추진했다. 2020 회계연도 국방수권법(NDAA)에서 총 7,380억 달러로 역대 최대 규모의 국방 예산을 승인하고 군 장비 투자와 군대 현대화, 전투 준비 태세 개선 등을 약속했다. 미 국방부는 중국과 러시아와의 경쟁에 대비해 전 세계 미군 재배치가 필요하다는 점을 거듭 강조했다.

제임스 매티스 전 국방장관과 조셉 던포드 전 합참의장은 지난 2017년 6월 미 해군 함선 60%와 육군 전력 55%가 아시아 태평양 지역에 있다면서 이 지역에 최신 무기 시스템을 계속 배치할 예정이라고 밝혔다.[129] 미국 안보 분석가 폴 부캐넌은 군사전문지 〈스타스 앤 스트라이프스〉에 "트럼프는 오바마의 태평양으로의 회귀를 오히려 강화하고 있다"며 북핵 위험과 중국의 동·남중국해 영유권 주장으로 인해 미국이 계속해서 이 지역에 대한 집중을 높여갈 것으로 진단했다.[130]

냉전 종식 이후 미국이 행해온 자유주의 개입 전략을 끝내고 대외 관여를 줄여야 한다고 보는 이들은 트럼프 행정부에 조심스러운 기대를 걸었다. 이런 관점을 가진 학자들은 미국이 해외 군사 행동을 줄이되 미국의 핵심 이익이 되는 지역에서 적대적인 세력이 부상할 때에만 개입을 해야 한다고 주장한다.[131] 미어샤이머 교수와 월트 교수는 이른바 '역외 균형(offshore balancing)'을 자유주의 패권 전략보다 우월한 미국의 대전략으로 제시해 왔다.[132] 이 전략은 또 다른 패권국이 나타나 미국을 위협하는 상황이 아니라면 해외에 대한 직접 개입을 자제하면서 역내 동맹들이 스스로 안보 문제를 처리하도록 하자는 내용을 골자로 한다. 이를 통해 자원을 아끼고 9·11테러와 글로벌 금융 위기로 약화된 미국의 내부적 힘을 재건하는 데 집중하면 장기적인 관점에서 패권 유지에 훨씬 효과적이라는 게 이들의 주장이다.

그런데 눈에 띄는 점은 미국의 대외 개입 축소를 촉구하는 전략가들조차도 유독 아시아 지역에 대해서는 지속적 관심을 강조하고 있다는 사실이다. 전략상 변화가 있더라도 아시아 지역 내 주도권 유지는 여전히 미국의 핵심 이익에 해당하기 때문이다. 월트 교수는 미국이 유럽과 중동에 대한 광범위한 개입을 피해야 한다면서도 잠재적 패권국 조짐을 보이는 중국이 위치한 아시아에서는 예외적으로 미군 주둔 유지와 대중 견제를 위한 연합 주도가 필요하다고 강조했다.[133] 포센 교수 역시 미국이 세계 곳곳에 찍어 놓은 발자국을 줄이면서 유라시아 지역의 패권국 출현 억제 같은 가장 시급한 안보 위협에 집중해야 한다고 주장했다. 그는 동시에 미국이 일본처럼 부유한 동맹국들과 관계를 개혁해 이들과 책임을 공유하고 미국의 국방 지출 부담을 줄여야 한다고 지적한다.[134] 트럼프 대통령이 한국과 일본을 '부자 나라'라고 칭하면서 방위비 분담금을 더 내야 한다고 압박한 것과 닮은 주장이다.

이런 측면에서 트럼프 대통령의 역내 미군 재배치 엄포나 방위비 분담금 인상 요구는 충동적이고 비합리적인 움직임이라고 깎아내릴 수만은 없다.


## 트럼프 정권의 대 유럽, 대 중동 정책

트럼프 행정부는 아시아에서는 미국의 주도권 확대를 꾸준히 시도한 반면 유럽과 중동 지역에 대한 관여 축소를 계획했다. 트럼프 대통령은 서구권의 집단 안보 체제인 나토를 놓고 유럽 동맹들에 더 많은 기여를 할 것을 공개적으로 압박했다.

나토의 책임 분담 문제는 유럽 지도자들과 친근한 관계를 유지하던 오바마 전 대통령 때도 이미 갈등의 소지가 역력했다. 오바마 행정부 역시 유럽 동맹들의 탈 군사화 움직임과 국방 지출 축소로 나토 동맹이 서구 안보를 함께 지탱하는 데 어려움을 키우고 있다며 우려를 표명했었다. 트럼프 대통령은 훨씬 직설적인 표현을 써 가며 유럽 동맹들이 각국 국내총생산(GDP) 대비 2%를 방위비로 쓰기로 한 약속을 지키지 않고 미국에만 안보를 기댄다고 비판했다. 급기야는 유럽에서 미군이 가장 많이 주둔하고 있는 독일에서 미군을 감축하겠다고 발표했다.

일부 현실주의자들은 유럽처럼 잠재적 패권국이 더 이상 존재하지 않는 지역에는 미국이 굳이 대규모 군대를 주둔할 필요가 없으며 역내 동맹들에 스스로 안보를 돌볼 책임을 맡겨야 한다고 본다. 나토 지도부나 유럽국들 역시 미국의 일방주의를 경계하면서도 미국이 지적하는 책임 분담 문제를 인정하고 있다. 서구 동맹의 안보 역량을 지속 가능한 방향으로 개선하려면 회원국들이 방위비 지출 증액을 통해 책임을 나눌 필요가 있기 때문이다.

중동 지역에 대해서도 트럼프 행정부는 오바마 때와 비교해 훨씬 현실주의적인 접근법을 취했다. 시리아 내전에 대해 트럼프 대통령은 개입을 최소화하려는 자세를 취했다. 이 분쟁이 미국의 핵심 이익에 해당하지 않으므로 미국 입장에선 내전 종식 절차를 주도하기보다 미국에 실질적 위협을 가하는 테러 세력을 퇴치하는 일에 초점을 맞추겠다는 의도였다.

트럼프 행정부 역시 몇 차례 중동에서 군사 행동을 단행한 사례가 있었다. 2017년 4월 시리아 정부의 화학무기 사용을 응징하기 위한 보복 공습이나 2019년 IS의 수괴 아부 바르크 알바그다디 제거 작전, 2020년 1월 이란 혁명수비대 거셈 솔레이마니 사령관

사살 명령 등이 대표적이다. 그러나 이들 조치는 상황에 따른 단발적 성격이 컸고, 광범위한 군사 개입으로 이어지지는 않았다. 그마저도 북한과 중국을 의식하면서 대내외적으로 미국의 힘을 세계에 상기시키려는 정치적 계산에 근거한 조치였다는 지적이 나왔다.

트럼프 대통령은 중동에서 미군을 집으로 데려오겠다고 주장하면서 사우디 아라비아 같은 부유한 역내 동맹국들에 지역 안보 문제에 더 손을 쓸 것을 주문했다. 일각에서는 미국이 2018년 IS와의 전쟁 승리를 선언했음에도 역내 불안정이 이어지고 있어 미국의 역할이 필요하다는 우려가 나오지만 현실주의자들의 의견은 달랐다. 월트 교수는 2018년 한 기고글에서 '미국이 드디어 중동 내 역외균형전략의 기본적 논리를 간파한 대통령을 갖게 됐다'고 주장했다.[135] 전반적으로 볼 때 트럼프 대통령은 중동 갈등에 적극적으로 관여하겠다는 뜻을 보이지 않았으며 역내 국가들에 스스로 적대 세력을 억제할 책임을 맡을 것을 촉구했다는 평가다.


## 트럼프 정권의 대중 정책 기조는

앞선 장에서 살펴봤듯 코로나19 사태는 트럼프 행정부가 더욱 강력한 대중 견제를 펼치는 촉매제로 작용했다. 아시아 지역에 대한 미국의 시선집중도 강화됐다.

미국은 인도태평양 전략을 넘어 새로운 '대중 전략적 접근법'과 '경제번영 네트워크(EPN)' 개념을 들고 나와 중국 포위망을 짜겠다는 뜻을 드러냈다. 중국의 도전에 맞서기 위해 동맹과 파트너들로 구성된 네트워크를 구축하겠다면서 특히 아시아 태평양 지역의 핵심 동맹인 한국, 일본, 호주 등의 국가들에게 미국의 전략과 발을 맞추라고 압박했다.

중국의 불공정 행위와 정보 기술 절도를 저지하기 위한 조치를 계속 강화하겠다는 뜻 역시 재확인했다. 군사적으로도 '힘을 통한 평화'라는 구호를 거듭 강조하면서 중국의 군사력 확장에 맞서 3대 핵전력(전략폭격기, 잠수함발사 탄도미사일(SLBM), 대륙간탄도미사일(ICBM)) 현대화와 사이버, 우주 공간 역량 강화에 박차를 가하겠다고 밝혔다. 트럼프 대통령이 재선한다면 이 같은 대중 전략이 자연스럽게 이어지며, 아시아 태평양 지역에서 미국과 중국의 대립 구도 역시 한층 더 뚜렷해질 전망이었다.

애초에 트럼프 행정부는 기존의 미국 정부들에 비해 이념성이 덜하다는 면에서 중국과 '대타협'을 할 수도 있다는 가능성이 떠오르기도 했다. 트럼프 대통령은 기업가 출신답게 비용편익에 기반한 비즈니스적 접근법으로 다른 나라들과 '거래'를 하려 했다. 때문에 트럼프 대통령은 자유 민주주의 이념의 도덕적 우월성을 신봉하던 기존의 미국 지도자들보다 협상이 용이한 상대[136]이며, 미국에 실질적 이익을 가져오는 합의라면 자유 민주주의 가치를 따르지 않는 나라라도 거래할 수 있는 인물이라는 평가였다.

트럼프 대통령이 북한에 대한 미국의 오랜 '전략적 인내'를 끝내고 김정은 북한 국무위원장과 사상 첫 북미 정상회담을 개최한 것도 이 같은 배경이 있었다. 일각에선 트럼프 대통령과 시진핑 주석의 국익 우선적 성향이 오히려 미·중 화해의 기회라는 관측도 있었다. 이제 막 대면을 시작한 두 정상이 상대 선수 파악과 기선 제압을 위한 우여곡절의 시간을 거친 끝에 국가적 이익 차원에서 관계 개선을 다시 도모할 거란 전망이었다. 트럼프 대통령의 터프한 언사를 놓고 헤비급 거래를 숱하게 체결한 사업가 출신인 그가 협상을 여는 나름의 방식이라는 평가가 나오기도 했다.[137]

트럼프 대통령이 이념적 정당성을 따지기보다는 거래를 통해 얻을 수 있는 실제적 이익을 최우선한다는 점은 중국에도 미국과의 관계 설정에 독특한 기회일 수 있다. 제임스 울시 전 미국 중앙정보국(CIA) 국장은 한 외신 기고문에서 중국이 미국에 아시아 태평양 지역에서의 현상 유지를 보장하는 대신 미국은 중국 내부 정치경제 구조를 저해하지 않기로 약속하는 일종의 '대 타결(grand bargain)'이 가능할 수도 있다고 주장했다.[138]

미국과 중국의 정면 대결 국면은 2020년 1월의 1단계 무역 합의를 기점으로 소강 상태였다. 미국이 추가적인 대중 관세 계획을 보류하고 이미 부과한 관세 일부를 철회하는 대신 중국은 농산물 등 미국산 상품과 서비스를 대규모 구입하기로 했다. 여러 난관이 남아 있긴 했지만 미·중 모두 계속 협상을 이어갈 의사를 밝혔었다. 트럼프 대통령은 코로나19 사태가 불거진 뒤에 강도 높은 중국 때리기를 하면서도 시진핑 주석 개인에 대한 인신 공격은 유독 자제했다. 대중 전략 보고서에서도 대중 견제의 목적이 미국의 이익 훼손을 멈추기 위한 것이라고 강조할 뿐 중국의 내부 체제 변화 자체를 추구하지 않겠다고 명시했다.

대중 전략 보고서는 "미국의 정책은 중국의 국내 통치 모델을 바꾸기를 전제하지 않는다…그보다는 중국 공산당의 악성 행동과 중국 내부 통치의 문제점에서 기인한 부수적 피해를 이겨내 우리의 이익을 수호하고 우리의 제도를 강화하기 위해 고안됐다"고 밝히고 있다.[139] 이는 중국이 미국에 이득이 되는 거래를 제안한다면 수락할 가능성을 열어 놓겠다는 뜻으로 해석할 수 있다. 이런 측면에서 트럼프의 대중 강공은 재선 도전을 앞둔 선거 전략의 일환으로 여겨지기도 했다. 코로나19 사태로 중국에 대한 부정적인 여론이 높은 만큼 대선 때까지는 중국 때리기로 지지율을 끌어올리고, 이후 재선에 성공하면 경기와 시장 심리 회복을 위해서라도 다시 협상 모드로 돌아오겠다는 계획이었다. 실제로 트럼프 대통령은 '11월 대신만 아니었다면 중국은 물론 북한, 이란과도 진즉 협상을 하고 있었을 것'이라고 주장했다.


## 민주당이 백악관을
## 탈환한 뒤에는 어떻게 될까?

큰 틀에서는 민주당 정권 역시 아시아 태평양 지역에 계속 집중할 가능성이 높다. 앞서 논의했듯이 이 지역은 미국의 국내 경제나 대외 영향력 측면 모두에서 패권 유지에 필수적인 곳이기 때문이다. 게다가 중국이라는 미국의 최대 경쟁국이 이 지역에 있다. 아시아 태평양 지역에 대한 재관여를 가장 먼저 천명하고 나선 것은 민주당 오바마 정권이다. 미국의 직접적 이해관계가 달린 곳인 만큼 백악관 주인이 누구인지에 관계 없이 미국이 아시아 태평양 지역을 포기하는 일은 상상하기 어렵다.

물론 민주당이 백악관을 탈환한 후 아시아 태평양 지역 내 미국의 전략상 변화는 있을 수 있다. 중국에 대한 기존의 외교적 관여를 추구하면서도 편을 모아 더욱 강력한 대중 압박에 돌입하는 것이다.

조 바이든 당선자는 기본적으로 대중 강경파는 아니다. 50년 경력의 베테랑 정치인이자 오바마 전 행정부에서 부통령을 지낸 그는 미국의 오랜 대중 관여 정책의 산 증인이자 시진핑 주석을 비롯해 중국의 여러 주요 정치인들과 교류한 경험이 풍부하다. 그는 상원의원 시절 중국에 대한 '항구적 정상 무역관계(PNTR)' 부여 법에 찬성했다. 이 법은 2001년 중국이 세계무역기구(WTO)에 가입하는 밑바탕이 됐다.

그가 2인자를 지낸 오바마 전 행정부는 중국에 대해 기본적으로 윈-윈(win-win)이 가능하다는 인식 하에 협력과 경쟁을 융합한 접근법을 취했다. 궁극적으로 중국을 미국 주도의 아시아 질서에 융합시킬 수 있다는 믿음이 그 바탕을 이뤘다. 바이든 당선자는 이 같은 경력을 바탕으로 누구보다도 중국을 잘 다룰 수 있다고 자신했다. 그는 지난 2018년 한 간담회에서 "나는 세계의 다른 어떤 지도자 보다도 시진핑과 비공식 만남으로 많은 시간을 보냈다. 그와 나, 통역가만 함께 한 비공식 만찬만 25시간은 된다"고 너스레를 떨었다.[140]

바이든은 2019년 말 유세까지도 "중국이 우리 밥그릇을 빼앗는다고? 말도 안되는 소리. 글쎄다. 그들은 나쁜 자들이 아니다. 우리 경쟁 상대가 아니다"라고 말하곤 했다.[141] 중국은 내부 분열과 부패 문제를 해결하기도 바쁘다는 주장이었다. 그는 대선 공약에서도 기후 변화 등의 글로벌 이슈나 북한 핵문제 같은 역내 문제를 놓고 중국과 기꺼이 머리를 맞대겠다는 뜻을 확실히 밝혔다.

중국 일각에서는 미국 자유주의 기득권 세력의 전형인 그가 미·중 관계에 트럼프 대통령보다 예측 가능하고 이성적인 방향으로 접근할 것이라는 평가가 나왔다. 중국 관영 〈글로벌타임스〉는 민주당이 백악관을 차지한다고 미국과 중국의 갈등이 사라지는 것은 아니겠지만 적어도 어디로 튈지 모르는 트럼프 행정부보다는 역내 정세를 훨씬 안정적으로 유지할 거란 전망을 실었다.[142] 이에 따라 일각에선 바이든 대통령 시대에는 최근 악화일로를 걸어 온 미국과 중국 간 갈등이 조금이나마 누그러질 거란 기대감이 나오기도 한다.

하지만 민주당에도 코로나19가 경종을 울렸다. 미국 대선을 코앞에 두고 팬데믹이 발발하면서 민주당의 대중 전략에도 뚜렷한 변화가 감지됐다. 미국 사회 전반에 강한 반중 여론이 형성된 탓이다. 트럼프 대통령의 행보를 놓고 내내 충돌하던 공화당과 민주당은 유독 중국 때리기 만큼은 당을 가리지 않는 공통된 분위기를 형성했다.

민주당 안에서도 지난 4년 간의 글로벌 환경 변화를 반영해 미국이 보다 적극적으로 지정학적 경쟁에 임해야 한다는 주장이 힘을 키웠다. 중국의 대외 공세가 강화됨에 따라 오바마 전 행정부에서 외교안보 관련직을 맡은 인사들 사이에 과거의 대중 관여 원칙에 대한 자성의 목소리가 흘러나오고 있었다. 바이든 측근들도 참여하고 있는 비공식 당내 모임 '2021 민주당(2021 Democrats)'은 '자유 세계'의 성공을 더 이상 담보할 수 없기 때문에 미국이 전략적 변화를 통해 중국이나 러시아 같은 권위주의 정권에 적극적으로 맞서야 한다고 주장했다.[143] 이들은 트럼프 대통령의 방향에 동의하지는 않지만 그가 중국을 압박하기 위해 취한 전략들을 자유 민주주의 수호라는 사명을 증진하는 데 활용할 여지를 주목했다.

바이든 역시 민주당의 전통적인 대중 유화 노선을 벗어나 대중 강공책을 펼칠 조짐을 나타냈다. 민주당은 최신 정강에서 "중국 정부의 행동과 관련해 우리가 경제, 안보, 인권 면에서 상당한 우려를 갖고 있는 부분에 대해 분명하고 강력하며 지속적으로 반발해 나갈 것"이라고 약속했다.[144] 또한 민주주의 가치에 대한 미국의 지지를 명확히 하겠다는 뜻도 천명했다. 바이든 당선자는 핵심 공약으로 자유 세계 국가들을 규합한 '글로벌 민주주의 정상회의(a global Summit for Democracy)' 개최를 내걸었다.[145] 권위주의에 맞서 자유주의 가치를 지키며 인권 탄압과 부패에 맞서겠다는 게 목표다.

이와 관련해 기술 기업과 소셜미디어 플랫폼 같은 민간 부문에 이들의 기술이 중국에 악용되는 사태를 방지하겠다는 '구체적인 약속'을 하도록 만들겠다고도 했다. 홍콩에 대해서는 이들의 민주주의 체제에 대한 적극적 지지를 밝히면서 홍콩 탄압에 관여한 중국 기업과 관료들을 제재할 것임을 분명히 했다. 신장 위구르 자치구 인권 탄압 논란을 놓고도 국제 사회 여론을 모아 중국을 비판하는 일에 앞장서겠다고 했다.

중국과의 경제적 갈등을 놓고도 트럼프 대통령 못지않은 단호한 입장을 밝혔다. 민주당은 환율 조작, 철강·알루미늄 등의 상품에 대한 덤핑, 불공정 보조금 지급 행위로 미국의 제조업을 약화시키는 중국 및 타국들에 대해 '공격적 행동'을 취하겠다고 약속했다.[146] 또 트럼프 대통령보다 제대로 지적 재산권 절도, 사이버 스파이 활동 등에 맞서겠다고 경고했다. 바이든은 트럼프 행정부의 1단계 무역 합의에 대해 중국의 국영 기업 보조나 약탈적 관행 같은 논란의 핵심을 비껴갔다고 비판해 왔다.

민주당은 중국에 대해 미국에 자충수가 될 수 있는 일방적 무역 전쟁을 벌이지 않을 것이며, 미·중 갈등이 세계 안정을 해치는 사태를 유발하지 않도록 하겠다고 선을 긋고 있기는 하다. 주목되는 점은 민주당이 일련의 대중 의제를 추진하는 데 있어 무엇보다도 동맹들과 공조를 강조하고 있다는 사실이다.

바이든 당선자는 중국과의 경제적 힘겨루기 측면에서도 동맹들과 '함께'를 주장하고 있다. 중국과의 향후 경쟁에서 승리하려면 '가학적 경제 관행'에 맞서기 위해 전 세계 민주주의 국가들의 경제적 힘을 결속해야 한다는 것이다.[147] 민주당은 "우리는 중국 또는 국제규범을 저해하는 어떤 나라의 시도에라도 맞서기 위해 전 세계 친구와 동맹국들을 결집할 것"이라고 다짐하면서 한국, 일본, 호주, 태국, 필리핀 등을 핵심 협력국으로 지목했다.[148]

또 중국에 대한 의존도를 줄이고 '공급망 안보'를 확충하기 위해 동맹들과 함께 무역의 규칙을 개선하겠다고 강조했다.[149] 바이든의 공약들은 EPN과 블루닷 네트워크 등을 통한 트럼프 행정부의 반중 경제 전선 구상과도 닮아 있다. 차이가 있다면 트럼프 행정부가 공조 시도 속에서도 각각의 동맹들에 대한 비용편익적 접근법을 버리지 않은 반면 바이든 당선자는 다자 협력에 대한 신념을 바탕으로 더욱 강하게 가치를 공유하는 나라들의 단합을 강조했다는 것이다.

트럼프 행정부가 대중 강공을 펼치면서도 동맹들의 '무임 승차'를 손보겠다며 동맹 결속의 문제를 놓고 갈팡질팡하는 모습을 보였다면 민주당은 다자 협력을 강조하면서 분명하게 동맹 복원과 규합을 추진하겠다고 한다. 그만큼 대중 견제 전략에서도 훨씬 적극적으로 한국, 일본 등 역내 동맹들에 협조를 요구하고 나설 가능성이 크다.

미국이 동맹, 파트너들과 협력해 중국 견제를 위한 글로벌 연합 형성에 나선다면 중국으로선 꽤나 부담스러운 상황이 된다. 리처드 하스 미국외교협회(CFR) 회장은 〈월 스트리트 저널〉에 "(대선에서) 누가 이기든 향후 5년 미국의 대중 정책은 지난 5년보다 더욱 강경해질 것"이라며 "중국이 변했고 중국에 대한 미국의 생각도 변했기 때문"이라고 강조했다.[150]

민주당은 "우리는 중국 또는 국제 규범을 저해하는
어떤 나라와도 맞서기 위해 전 세계 친구와 동맹국들을
결집할 것"이라고 다짐하면서 한국, 일본, 호주, 태국,
필리핀 등을 핵심 협력국으로 지목했다.

조 바이든 미국 대통령 당선자

## 미─소 냉전 시대의 악몽이 재현될까?

일각에서는 '미국이 자유주의 가치에 반하는 중국을 엄단하기 위한 일종의 도덕적 임무를 수행해야 한다고 마음먹는다면 주도권을 겨루는 수준에 머물고 있는 미·중 갈등 구조가, 과거 미국과 소련의 냉전처럼 강한 이념 대립으로 번질 수도 있다'며 우려한다.[151] 이 경우 미·중 사이에 놓인 나라들은 훨씬 더 큰 딜레마에 처하게 된다.

이런 측면에서 자유주의 패권의 복원을 노리는 민주당 정권 아래서 오히려 미국과 중국의 대치 국면이 더욱 뚜렷해질 가능성도 배제할 수 없다. 이처럼 대중 강경 기조는 공화당과 민주당을 가리지 않고 미국 정치권의 공동 의제로 떠오른 상태다. 결국 접근법의 차이는 있겠지만 큰 틀에서 미국의 중국 견제와 아시아 집중 전략은 이어질 공산이 크다. 미·중 경쟁과 갈등이 일회성으로 그치는 것이 아니라 앞으로 국제 질서의 흐름을 좌우할 요인으로 지속될 거란 얘기다.

미국의 대중 전략 성공 여부는 동맹들의 자발적 공조를 얼마나 효과적으로 이끌어 내는가에 달렸다. 트럼프 행정부의 경우 방위비 등 책임 분담 문제를 놓고 동맹들을 깎아내린 것이 동맹 규합에 역효과를 냈다는 점을 부정할 수 없다. 영국의 정치 평론가 자난 가네시는 〈파이낸셜타임스〉 기고글에서 "냉전은 단순한 미사일 경주가 아니라 일종의 인기 콘테스트"라며 "우리가 또 다른 냉전에 들어서고 있는 것이라면 트럼프 대통령은 승리하기에 유별날 정도로 부적합하다"고 설명했다.[152] 2차 대전 직후처럼 미국의 국력이 절대적으로 막강하다고 할 수 없는 상황에서 동맹들을 불러 모으려면 이들에게 미국이 중국보다 독단적이지 않고 매력적이라는 확신을 줄 수 있어야 한다는 지적이다. 이런 측면에서 중국을 때리고 싶지만 동맹들도 손보고 싶던 트럼프 대통령의 행보는 중국이 자신들의 영향력을 키우기에 용이한 여건을 조성한 면이 있다.

같은 문제는 민주당 정권에도 제기된다. 미국의 대중 포위 전략에 가담할 경우 역내 동맹들이 무릅써야 할 중국의 경제적 보복 문제를 해소해주지 못한다면 미국과 동맹들 간 갈등은 끝없이 누적될 뿐이다. 데이비드 맥스웰 미국 민주주의수호재단(FDD) 선임연구원은 〈미국의 소리〉 방송에서 미국이 동맹을 당연시 여길 수 있던 시간은 지났다며, 미국이 한국에 미군의 사드(THAAD, 고도 미사일 방어 체계) 배치를 압박하면서 중국의 경제 전쟁으로부터 한국을 보호하지 않았었다고 지적했다.[153] 사드는 오바마 전 미국 행정부가 강력히 추진한 정책이다. 트럼프 대통령은 비용 부담 문제를 제기하면서도 사드 배치를 무르지 않고 이행했다.

미국이 대중 견제 전선의 핵심 멤버로 고려하고 있는 한국, 일본, 호주 등은 모두 중국에 경제적으로 큰 의지를 하고 있다. 이들은 모두 중국의 반발을 사는 움직임을 취했다가 중국의 경제 보복으로 호되게 당한 기억이 있다. 미국이 이들의 우려를 식힐 뚜렷한 대안을 마련하지 못한다면 동맹과 파트너들의 불안감도 깊어질 수밖에 없다. 일본, 호주, 인도가 미국과 함께 대중 견제 성격의 '쿼드'

협력체를 추진하면서도 정작 공동 성명 발표나 구체적인 행동에는 머뭇거리는 이유도 여기에 있다.

이런 측면에서 차기 미국 리더십이 아시아 태평양 지역에서 확실히 주도권을 잡길 바란다면 동맹들의 딜레마를 달랠 구체적이고 실효성 있는 방안을 제시해야 한다. 반대로 미국이 정작 스스로는 자기 중심적 대외 전략을 펼치면서 동맹이라는 명분만을 앞세워 대중 견제 참가를 압박한다면 역내 긴장은 더욱 높아질 수 있다. 한국을 비롯한 아시아 태평양 지역의 미국 동맹국들에 쉽지 않은 시간이 다가왔다.

# 시진핑의 중국몽은
# 세계의 꿈이 될 수 있을까

**4.**

"오랫동안 인내해 온 중국은 엄청난 변화를 이루었다. 다시 일어섰고 부유해졌으며 강해졌다. 재부흥이라는 눈부신 전망을 받아들이게 됐다. 이는 중국 특색 사회주의의 경로와 이론, 체계, 문화가 계속 발전하면서 다른 개발도상국들이 현대화를 이룰 새로운 길을 개척했음을 뜻한다 … 중국의 아들딸들이 국가 부흥이라는 중국몽 실현을 위해 한마음으로 분투하는 시대가 될 것이다. 중국이 중심 무대로 가까이 움직여 인류에 더 큰 공헌을 하는 모습을 보게 될 것이다"

_시진핑 중국 국가주석[154]

미국이 진통을 겪는 사이 중국은 원대한 국가적 꿈을 이루겠다는 목표를 향해 나아갔다. 그 뒤에는 '시 황제'로 등극한 시진핑 국가주석을 중심으로 한 일관적 리더십이 있다. 시 주석은 2017년 제19차 중국 공산당 전국대표회의(당대회)에서 중국이 '재부흥'을 이루고 국제 사회의 중심에 서겠다는 구체적인 포부를 천명했다.

2013년 중국 공산당 최고지도자 자리에 오른 시 주석은 2018년 집권 2기 체제를 시작하면서 중국몽 실현을 위한 본격적인 움직임에 돌입했다. 그는 2018년 전인대에서 헌법의 국가주석 임기 제한 조항을 철폐하고 사실상 영구 집권의 길을 걷고 있다.

## 중국이 가진 2개의 100년 계획

중국 지도부는 중국몽을 현실로 만들기 위한 구체적인 장단기 목표를 세우고 단계별로 실행해 나가고 있다. 중국몽은 크게 '2개 100년'이라는 계획으로 정리된다.

첫 번째 100년 계획은 1970년대 당시 최고 지도자인 덩샤오핑이 중국 현대화의 목표로 제시한 '샤오캉(小康)' 사회를 중국 공산당 창당 100주년인 2021년까지 실현하는 것이다. 샤오캉은 부유하지도 빈곤하지도 않지만 모든 중국인들이 생활에 필수적인 요소들을 충분히 갖춤으로써 앞으로 더 나은 삶을 누릴 수 있는 상태를 말한다.[155] 2020년까지 중국의 1인당 국내총생산(GDP)을 2010년의 두 배 수준으로 만들겠다는 목표가 핵심이다.[156] 이 밖에도 엥겔 지수●, 도시화 지수 등의 개선을 종합적으로 고려한다.

두 번째 100년 계획은 중화인민공화국(현재의 중국) 건국 100주년인 2049년까지 '부강한 현대 사회주의 국가 이룩'이 목표다. 내용을 구체적을 살펴보면, 샤오캉 사회를 바탕으로 2020~2035년 사이 경제력과 기술력을 대폭 끌어올려 중국을 글로벌 혁신 국가로

● 가계 지출에서 식료품에 쓰이는 비용의 비율

자리매김하고,[157] 동시에 중산층 확대, 도시·농촌의 지역 발전과 생활 수준 불평등 완화 등을 통해 모두의 번영을 위해 나아간다. 뒤이은 2035~2049년은 중국이 부강한 사회주의 현대화 국가로 탈바꿈하는 시간이다. 국내적으로는 경제, 정치, 문화, 사회, 생태 등 모든 방면에서 새로운 수준을 달성하고, 대외적으로는 중국의 국력과 국제적 영향력 면에서 글로벌 리더가 된다. 이렇게 공동의 번영을 성취해 중화민족이 행복하고 안전하며 건강한 시대를 연다는 것이 궁극적인 목표다.

중국몽의 일환으로 중국 정부는 2015년부터 '중국 제조 2025' 전략을 추진하고 있다.[158] 기술 혁신과 품질 향상으로 첨단 제조 산업을 육성해 중국을 '저비용 제조업'의 본산에서 높은 경쟁력을 갖춘 고부가 가치 창출 국가로 도약시킨다는 목표다.

국방 영역에서도 중국몽 실현을 위한 노력이 부단히 이뤄지고 있다. 시 주석은 2020년까지 군의 기본적인 기계화와 정보 기술화를 이룬 뒤 2035년까지 군의 현대화를 완성하겠다고 강조했다. 이를 바탕으로 2050년까지 중국 인민해방군을 세계 일류 수준의 군대로 변모시키겠다는 포부다.[159] 대외적으로는 일대일로 사업과 이를 지원하기 위한 실크로드펀드(SRF) 조성, 아시아인프라투자은행(AIIB) 발족에 나섰다. 또 2014년 베이징 아시아태평양경제협력체(APEC) 정상회의, 상하이 아시아교류 및 신뢰구축회의(CICA) 정상회의, 2016년 항저우 주요 20개국(G20) 정상회의, 2017년 샤먼 브릭스(신흥 5개국. 중국, 브라질, 러시아, 인도, 남아프리카공화국) 정상회의

등 여러 국제회의를 잇따라 주도하며 대외 입지를 강화했다.[160]

중국몽의 배경에는 지난 70년에 걸친 중국의 막대한 경제력 증대가 있다. 중국은 2010년 이미 일본을 따돌리고 세계 명목 GDP 2위의 경제 대국으로 발돋움했다.[161] 각 나라 국민들의 실질적인 구매력을 따지는 구매력평가(PPP) 기준 GDP로는 2014년 미국을 뛰어넘어 세계 1위다.[162] 개혁개방 초기인 1980년대 310달러에 불과하던 1인당 GDP는 2019년 처음으로 1만 달러를 달성[163]하면서 샤오캉 실현에 성큼 다가섰다. 중국 경제는 시 주석이 2014년 '신창타이(新常態, 고속 성장기를 지나 중고속의 안정적 단계에 들어섰다는 의미)'를 선언한 이후로도 꾸준히 6%대 연간 성장률을 유지했다.


## 중국의 세계관

그렇다면 시 주석이 중국몽을 통해 다시 찾겠다는 중국의 모습과 그가 그리는 중국이 글로벌 리더로 활약하는 세계는 과연 어떤 곳일까? 국제 사회가 중국의 부상이 가져오는 긍정적인 효과를 기대하면서도 이들의 의도에 대해 우려의 눈초리를 보내는 이유도 이 물음과 연결돼 있다.

시 주석은 2017년 당 대회에서 "5000년이 넘는 역사를 가진 이 나라는 찬란한 문명을 이뤄 인류에 막대한 공헌을 하고 세계에서 가장 위대한 나라 중 하나가 됐다. 하지만 중국은 1840년 아편전쟁으로 내부 혼란과 외세 침략의 어둠 속으로 빠져 들었다. 전쟁으

로 황폐화된 인민들은 고국이 찢어지는 것을 보며 빈곤과 절망 속에서 살았다"고 지적했다.[164]

　5000년 역사의 중국 문명은 유교 문화, 한자 사용, 역내 왕조 체계의 틀 등을 제공하면서 동아시아 질서에서 중심적 역할을 해왔으나 아편전쟁을 시작으로 영국, 프랑스, 러시아 등 서구 열강과 일제의 침략에 시달리며 분열했다. 2차 세계대전 종전과 1949년 신중국 건국으로 치욕의 세기는 막을 내렸지만 과거 찬란한 중화제국의 모습은 사라지고, '빈국'이라는 오명만 남았다.

　미국 덴버대 미·중 협력 센터장인 자오쑤이성 교수는 중국의 세계관을 다룬 연구에서 "중화제국이라는 역사적 유산을 가진 중국은 자국 중심적 세계관에 익숙하지만 제국주의 외세 침략으로 '치욕의 세기'를 겪었다"고 설명한다.[165] 이런 역사적 기억은 중국인들의 결속을 강화하는 한편 지도자들이 과거의 지위를 되찾아야 한다고 다짐하는 데 강력한 동기를 부여했다.

　국력을 키운 나라라면 으레 그렇듯 급격한 경제 발전을 이룬 중국 역시 국제 사회에서 목소리를 키우려 하고 있다. 문제는 중국의 부활 의지 속에 엿보이는 중국 중심적 사고다. 과거 중화제국 중심의 동아시아 질서에는 지금처럼 동등한 주권국이라는 개념이 없었다. 서구권의 중국학계 대가로 꼽히는 존 킹 페어뱅크 하버드대 교수는 역내 국가들이 이른 바 '천자(天子)'라고 표현되는 중국 황제 중심의 위계 질서를 형성하고 있었다고 설명한다.[166] 이에 따라 중국과 이웃의 소국들은 일종의 조공 체계를 형성했다.[167] 조공국들은 상위 국가로서 중국의 우월한 지위를 인정하고 정기적으로 대규모 헌납을 해야 했다. 하지만 이 관계를 인정함으로써 중국이라는 대국과 정식으로 폭넓은 사회경제적 교류를 할 수 있었고, 중국 황제의 인가를 본국에서 정치적 정당성을 확보하는 데 활용하기도 했다.[168]

중국의 세계관은 '유교식 위계질서'를 그대로 반영하고 있기도 하다. 중국 문화의 바탕을 이루는 유교는 모두가 잘 짜인 위계 질서 속에서 자신의 본분을 알고 이에 최선을 다하는 것을 중시한다. 이는 혼란한 가운데 사회 질서와 정치적 안정, 사람들 간의 도덕을 유지하기 위한 필수적인 덕목으로 받아들여졌다.[169] 그리고 중국 역사를 통틀어 가장 긴 분열의 시기로 꼽히는 춘추 전국 시대를 지나 통일 왕조가 이어지는 과정에서 황제를 중심으로 천하가 조화로운 질서를 이뤄야 한다는 세계관을 형성하는 데 밑거름이 됐다.

19세기 낯선 유럽 열강들과의 조우는 이처럼 자국 중심의 유교적 질서에 익숙하던 중화제국으로선 받아들이기 힘든 사건이었다. 서구 국가들은 외교와 교역을 위해 동등한 주권국으로서 평등한 대우를 받길 요구했기 때문이다. 두 차례의 아편전쟁 패배와 난징 조약, 베이징 조약 체결 등 불평등한 강화조약 체결로 국가의 문을 여는 과정에서 중화제국은 천자의 질서에서 멸시하던 외부자들에 잇따라 굴복하는 치욕을 겪었다.

물론 현대의 중국이 과거와 같은 개념의 '천자' 지위 복원을 꿈꾸고 있다고 넘겨짚을 수는 없다. 이전과 달리 주권 개념이 보편화되었기 때문에 적어도 표면적으로는 국제 사회에서 국가 간의 수

직적 관계가 받아들여지지 않기 때문이다. 신 중국의 지도부도 시대가 변했음을 인지하고 있다.

시 주석은 지난 당대회에서 '인류 운명 공동체'를 거듭 강조하면서 중국이 적극적으로 국제협력과 다자 무역 체계, 국제 협치를 증진하겠다고 주장했다. 그는 "중국은 국제 관계의 민주화와 모든 나라의 평등을 지지한다. 중국은 국제관계에서 유엔의 적극적 역할과 개발 도상국들의 대표성 및 목소리를 강화하는 노력을 지지한다. 중국은 책임 있는 대국으로서 역할을 계속하며 글로벌 협치 체계를 개혁하고 개발하는 데 적극적으로 참여할 것"이라고 말했다.[170] 대국이라는 중국의 정체성을 강조하면서도 다른 나라들의 평등한 권리를 존중하겠다는 약속이 눈에 띈다.

중국은 재차 중국몽에 담긴 '선의'를 강조하고 있다. 중국은 '평화로운 부상'을 추구하며 이는 전 세계 평화와 번영에도 좋은 일이라는 주장이다. 시 주석은 "누구도 중국이 스스로의 이익을 저해하는 일을 감내하길 기대해선 안 된다"고 경고하면서도 "중국은 본질적으로 방어적인 국방 정책을 추구한다. 중국의 발전은 다른 어떤 나라에도 위협을 가하지 않는다. 어떤 수준의 발전을 이루든 중국은 절대 패권이나 확장을 추구하지 않을 것"이라고 밝혔다.[171]

이 같은 기조에 비춰볼 때 시 주석이 이전 지도부보다 훨씬 적극적이고 목표 지향적 정책을 펼치고 있긴 하지만 큰 틀에서는 국제 사회의 불안을 조성하지 않는 평화적 부상에 전념할 것이라는 분석이 제기되기도 했다. 중국 역시 국가의 지속적 발전을 위해선 대외 안정이 무엇보다 중요하다는 점을 잘 알고 있다는 설명이다.

영국의 동아시아 전문가인 크리스토퍼 휴즈 워릭대 교수는 과거 일본과 독일이 힘을 키우면서 매우 노골적으로 군국주의●에 빠져들었던 데 비해 중국은 세계의 협력과 조화를 강조하고 있다고 설명한다.[172] 아이켄베리 교수 같은 같은 자유주의 학자들은 "중국이 비록 자유주의 국가는 아니지만 중국이야말로 현존하는 국제 질서와 기관들을 통해 급격한 발전을 이뤄낸 최대 수혜자"라고 지적한다.[173] 때문에 중국이 현 시스템 안에서 목소리를 높이려 나설지는 몰라도 그 자체를 거부하거나 굳이 대체제를 만들 이유가 없다고 보기도 한다.


## 새로운 질서 안에서 중국은

중화질서의 우월함을 강조하는 일부 중국 학자들은 '천자'의 중화제국이 여러 허약한 국가 중 하나로 전락하면서 동아시아의 안정적 질서가 깨졌다고 주장한다.[174] 이들은 중화질서가 천자의 선의에 기반해 역내 안정을 제공했다고 평가하면서 서구 제국주의 열강이 주권국 간의 동등한 권리를 명목으로 들이밀며 자신들 위주의 국제 시스템에 불공평한 방식으로 중국을 편입시켰다고 비판한다. 이 같은 견해들은 과거 중국이 패권적 지위를 바탕으로 역내 질서

●　　국가 정책과 국민 생활 전반을 군사력 향상에 동원하는 방식

의 중심이 되던 지위를 기필코 되찾겠다는 강한 의지를 시사하기도 한다. 그러나 역내 다른 나라들 입장에선 과거와 달리 전후 시대 근대화를 겪으면서 이미 주권국으로 각자의 정체성을 확립한 만큼 이같은 접근법을 받아들이기 어렵다.

중국 정부가 강조하는 '평화로운 발전'과 '인류 운명 공동체'는 표면적으로는 아시아 지역은 물론 전 세계의 번영과 안정에 바람직한 개념으로 보인다. 문제는 중국의 말이 아니라 실제 '행동'이다. 중국은 정말로 '선의'의 대국이라고 할 수 있을까? 냉전 종식 이후 미국 중심의 질서 아래에서 반 세기 가까이 지내온 세계가 중국의 새로운 리더 역할을 받아들일 수 있을까? 중국의 거침없는 영향력 확대를 바라보며 떠오르는 의문들이다. 중국몽 저변에 깔려 있는 중국 중심의 사고는 이웃 나라들이 중국 지도부의 진짜 의도를 놓고 의심의 시선을 거두지 못하게 한다. 중국 정부가 써 온 유화적 표현과 달리 중국이 대외적으로 보인 구체적 조치들은 역내 국가들 사이 실질적인 위기감을 조성하고 있기도 하다.

한국에 대한 중국의 사드 제재는 대중 경제 의존도가 높은 국가가 중국의 이해관계에 부합하지 않는 정책을 추진할 경우 이들을 압박하기 위한 수단으로 기꺼이 경제적 힘을 휘두르겠다는 경고였다. 지난 2016년 한국이 미군의 사드 배치를 결정한 뒤 중국은 혹독한 경제 보복을 가했다. 당시 중국의 한한령(중국 내 한류 제한 조치)으로 중국에 진출한 한국 기업들은 물론 중국인을 상대하는 비중이 높은 국내 관광 사업도 큰 타격을 입었다.

중국의 표적은 한국만이 아니다. 중국은 2010년 일본과 센가쿠 열도(중국명 댜오위다오)를 둘러싼 양국 간 영유권 분쟁이 뜨거워지자 첨단 기기 생산에 필수적인 자원인 희토류의 대일 수출을 규제했다. 필리핀과도 2012년 남중국해 스카보러 섬(중국 이름 황옌다오)을 놓고 긴장이 고조됐을 때 필리핀의 주요 수출품인 바나나 등 열대과일의 검역을 대폭 강화해 사실상 수입을 막아버린 사례가 있다. 한국과 일본, 필리핀은 모두 전체 수출에서 중국이 차지하는 비중이 25%, 18%, 11% 수준으로 높은 반면 이들 나라에 대한 중국의 수출 비중은 2~6% 수준에 불과하다.[175] 일련의 상황을 두고 미국 국방부는 '중국의 무역 지배력과 무역을 무기로 활용하려는 의지'를 여실히 보여줬다고 비판했다.[176]

중국은 이른바 '핵심 이익'으로 국가의 근본적 체계와 안보 수호, 주권과 영토의 온전함 보전, 경제사회의 지속가능한 발전 유지를 제시하면서 이와 관련된 문제는 타협의 여지가 없다고 주장하고 있다. 그러면서 핵심 이익을 둘러싼 중국의 전략은 기본적으로 중국에 대해 공격적 태도를 취하고 있는 나라들로부터 국익을 보호하기 위한 방어적 성격을 띤다고 강조한다. '하나의 중국(대만은 주권국이 아닌 중국의 일부라는 관점)' 원칙, 홍콩 특별 행정 자치구에 대한 '일국양제(한 나라 두 체제)' 원칙, 남중국해 영유권 문제 등을 둘러싼 중국의 적극적 조치 역시 국익 침해를 막기 위한 것이지 중국의 영향력을 확장하려는 의도가 아니라고 주장한다. 한발 더 나아가서는 다른 모든 나라들처럼 중국 역시 생존과 안보를 최우선시할 뿐인데

미국과 그 동맹들이 중국을 부당하게 '악마화'하며 역내 불안을 부추기고 있다고 비판한다.[177]

문제는 중국과 다른 나라들의 핵심 이익이 같을 수 없다는 사실이다. 국가 간 입장에 따라 이견이 있을 수밖에 없는 영역들에 대해 '양보 불가' 방침을 천명하고 보복을 경고하는 것은 관련된 문제들을 놓고 중국과 대립하고 싶지 않다면 중국이 주장하는 바를 따르라는 강압적 자세로 받아들여질 수 있다. 중국 관영 언론들은 국가적 핵심 이익의 필수 요소로 영토 통합을 강조하면서 대만, 마카오, 홍콩을 비롯해 신장 위구르 자치구, 티베트 등은 이견의 여지가 없는 중국의 일부라고 말한다. 또 이들 지역과 관련해 해외 국가들이 제기하는 기본권 유린 논란을 놓고 중국의 '내정'에 간섭하지 말라는 입장을 굽히지 않고 있다.


## 중국의 속내는 무엇인가

중국의 힘이 세질수록 핵심 이익이라는 개념의 범위가 넓어지고 그 모호성 역시 더해지고 있다. 중국은 주권 보전과 영토적 통합을 주장하는 영역을 대만이나 홍콩을 넘어 남중국해와 동중국해상으로 넓혀가고 있다. 중국 입장에서는 경제의 지속가능한 발전을 위해 천연 자원 확보와 주요 해상 수송로에 대한 통제력 강화가 필수적이기 때문이다.[178]

이처럼 중국이 주장하는 핵심 이익이 내재하는 자의성은 다른 국가들과 분쟁 가능성을 키울 수밖에 없다. 이런 상황에서 중국의 군사력 증대는 중국이 역내 분쟁과 관련해 더욱 공세적 자세를 취할 수 있는 발판을 제공한다. 미국 안보연구소 CAN의 로저 클리프 연구원은 중국 군사력을 분석한 저서에서 경제력 증대와 더불어 중국의 군비 지출 역시 대폭 늘어나고 있다고 지적한다.[179] 중국 인민해방군이 1990년대 이래 무기 현대화는 물론이고 전투 준비 태세 역시 적극적으로 개선하고 있다는 설명이다. 이에 발맞춰 영유권 문제를 둘러싼 중국의 태도도 갈수록 공격적인 양상을 보이고 있다는 우려가 나온다.

중국이 대외 경제 프로젝트를 추진하는 방식 역시 불안감을 조성하고 있다. 중국 정부는 일대일로가 역내 연결성과 협력을 증진함으로써 참가국들의 공동 번영을 목표로 한다고 강조해 왔다. 고대 유라시아와 서역의 주요 문명 사이에 교역로를 개척한 선조들의 '실크로드 정신'을 본받아 아시아와 유럽, 아프리카 간 상호 호혜적인 협력을 증진하자는 주장이다.

일대일로는 전 세계 무역과 GDP의 3분의 1, 세계 인구의 60%를 아우르는 거대한 규모의 사업이다. 참가국 간 고속도로, 철도, 해로, 항공로 등 교통 인프라 개발을 통해 국제적인 물류·에너지 연결망과 자유무역 지대를 형성하고 교육, 과학, 기술, 문화, 환경 등 다양한 영역에 걸쳐 국제협력을 꾀하겠다는 것이 중국 정부의 계획이다.[180]

이런 가운데 중국의 궁극적인 목적은 따로 있다는 지적이 끊이지 않는다. 중국이 일대일로가 지나는 대륙과 해양 전반에 걸쳐 자신들이 주도할 수 있는 관리 체계를 구축함으로써 역내 질서를 자국 중심으로 재편하려는 의도를 갖고 있다는 것이다. 특히 이 사업에 참가하는 나라들을 상대로 '부채 함정 외교(debt-trap diplomacy)'를 구사하고 있다는 비판이 많다. 중국이 개발도상국들에 각국의 일대일로 인프라 구축에 필요한 돈을 대거 빌려준 뒤 이 채무를 바탕으로 이들 나라에 정치 경제적 영향력을 행사하려 한다는 비판이다.

스리랑카의 경우 지난 2017년 일대일로 사업 아래 남부 지역에 함반토타 항구를 지으면서 중국으로부터 빌린 막대한 빚을 제때 갚지 못해 결국 이 항구의 운영권을 중국에 99년간 맡기게 됐다. 남아프리카공화국의 안보연구소(ISS)는 이를 개발도상국이 중국이 처놓은 채무의 덫에 걸려 국가의 전략적 자산을 중국에 저당 잡힌 사례로 거론했다.[181] 그러면서 중국에 대한 융자 의존이 국력이 취약한 아프리카 국가들에 주권적 위협을 가할 수 있다고 경고했다. 겉보기에는 중국이 엄격한 자금 조달 조건을 요구하는 서방에 비해 자애롭고 편리한 방식으로 돈을 대주는 것 같아 보이지만 결과적으로 채무국을 빚더미에 몰아넣음으로써 '공짜 점심은 없다'는 사실을 보여줬다는 설명이다.

비영리 기구 국제개발센터(CGD)는 일대일로 참가국 가운데 아프리카 지부티, 몰디브, 라오스, 몬테네그로, 몽골, 타지키스탄, 키르기스스탄, 파키스탄 등 8개국이 이와 같은 채무 위기에 빠질 위험이 특히 우려된다고 분석했다.[182] 미국 정부는 이 같은 상황을 놓고 중국이 군사적 위협에 더해 경제력을 도구로 삼아 역내 국가들을 예속시키려 한다고 비판하고 있다. 중국 정부는 일대일로 사업의 재정적 지속 가능성과 투명성을 보장하겠다고 거듭 강조하면서 참가국들의 채무 우려를 불식하려 했다. 그러나 참가국들이 중국에 진 막대한 부채를 적절하게 관리할 제도적 장치가 부족하다는 지적이 끊이지 않고 있다.[183] 중국이 일대일로로 '부채 함정'을 쳐놨다는 비판을 떨쳐내려면 다자 개발 은행을 통해 공식적인 대출 원칙을 세우는 등 일대일로 사업의 접근 방식을 근본적으로 재고해야 한다는 당부가 나온다.

## 미국이 주춤하는 사이, 힘을 키우는 중국

숱한 논란 속에서도 국제 무대에서 중국의 입김이 점점 더 세질 거란 전망은 계속되고 있다. 중국의 부상이 미국의 절대적 패권이 불안한 조짐을 보이는 상황에서 이뤄지고 있기 때문이다. 트럼프 행정부는 미국에 대한 다른 나라들의 불공정 행위를 바로잡겠다며 중국은 물론 한국과 일본, 나아가서는 서구 동맹들을 상대로도 관세 위협을 서슴지 않았다. 미국 제조업을 다시 살리고 일자리를 창출하겠다며 기업들에 미국 내 생산공장 건설을 촉구하고 있기도 하다. 미국이 아시아 태평양 국가들과 추진하던 환태평양경제동반자협정(TPP)을 탈퇴한 데 이어 유럽연합(EU)과 체결하려던 범 대서양 무역투자동반자협정(TIPP) 논의까지도 중단했다. 그동안 국제 질서를 주도해 온 미국이 스스로 고립주의에 빠져들기 시작하면서 글로벌 리더십이 부재한 상황이라는 우려는 이제 하루이틀 나오는 얘기가 아니다. 이탈리아가 2019년 중국의 일대일로에 공식 참가한 것은 이 같은 흐름을 잘 반영하고 있다.

미국이 다자간 경제 협력 체계에서 발을 빼면서 일대일로가 사실상 유럽과 아시아라는 큰 경제권을 아우르는 유일한 실체적 프로젝트가 된 만큼 무역과 인프라 구축 등을 통해 경제 성장을 꾀하는 나라들이 중국의 손을 잡는 것은 당연한 선택이라는 지적이 나왔다.[184] 다자 협약을 파기하고 일방주의 노선을 취하고 있는 트럼프 대통령의 좌충우돌이 "결과적으로 시진핑 주석이 '중국을 다시 위대하게'라는 꿈을 이루게 해 줄 것"이라는 비꼼까지 제기됐다.[185]

중국 역시 이 같은 힘의 공백 상황을 활용해 글로벌 리더로서의 이미지를 강화하려 해왔다. 시진핑은 지난 2017년 1월 중국 국가주석으로서는 처음으로 전 세계 정치경제 지도자 수천 명이 모이는 다보스포럼(WEF, 세계 경제 포럼)에 참석해 연설했다. 국제 사회는 이 연설을 놓고 중국이 긍정적인 방향으로 새로운 리더 역할을 할 수 있을 거란 기대감을 표했다. 당시는 트럼프 대통령이 막 취임하고 미국에 대한 전 세계의 불공정 행위를 손보겠다고 이를 갈고 있던 시기였다.

시 주석은 WEF 연설에서 "보호주의 추구는 스스로를 어두운 방에 가두는 것과 같다"며 세계화가 야기한 여러 부작용에도 불구하고 자유 무역과 투자, 개방을 계속 증진해야 한다고 강조했다.[186]

**115**

중국의 아들딸들이 국가 부흥이라는 중국몽 실현을 위해
한마음으로 분투하는 시대가 될 것이다.
중국이 중심 무대로 가까이 움직여
인류에 더 큰 공헌을 하는 모습을 보게 될 것이다.

**시진핑** 중국 국가주석

이를 두고 전 세계적으로 미국의 고립주의 움직임에 대한 우려가 본격화하고 있던 상황에서 역설적이게도 중국이 세계화의 리더, 수호자로 떠올랐다는 분석이 이어졌다. WEF 창립 멤버인 독일 경제학자 클라우스 슈밥은 당시 〈뉴욕타임스〉에 "거대한 불확실성과 변동성으로 가득찬 세계에서 국제 사회는 중국이 모두에게 신뢰와 안정을 제공하는 호응적이고 책임감 있는 리더십을 계속 발휘해 주길 기대하고 있다"고 말했다.[187]

## 중국은 꿈을 이룰 수 있을까?

하지만 중국의 실질적 행태를 보면 세계화의 선두주자 자처는 어불성설이라는 비판이 나온다. 중국의 불공정 행위에 대한 미국의 볼멘소리가 억지만은 아니기 때문이다.

중국 정부가 개혁개방을 강조하고 있긴 하지만 해외 기업들에 대한 차별 대우와 경제 활동의 불투명성은 오랫동안 문제점으로 거론됐다. 중국 내 외국인 투자와 외국 기업 활동의 제한, 중국 진출 기업들에 대한 기술 이전 강요와 지적 재산권 침해, 중국 국영 기업에 대한 보조금 지급은 끊임없이 불만을 키우고 있다. EU 역시 중국이 WTO 가입 이후 일부 개혁과 경제 자유화를 추진했음에도 투명성 부족, 해외 기업 차별, 국가의 시장 개입, 지적 재산권 침해 등의 문제를 해결하지 못했다고 꼬집고 있다.

영국 킹스칼리지런던 대학의 로렌스 프리드먼 명예교수는

중국의 모순적 언행에도 불구하고 중국의 리더십에 대한 국제 사회의 기대감이 커지는 상황을 놓고 〈월 스트리트 저널〉에 "트럼프에 반대하기 위해 시진핑을 감싸고 있다"고 개탄했다.[188]

자유 민주주의 국가들이 보기에는 '만리방화벽'으로 불리는 중국의 검열과 감시도 고질적인 문제다. 이는 사회적 문제를 넘어 경제 이슈에 대해서도 여론을 통제하는 시도로 확대되고 있다. 경제 성장률은 자꾸 둔화하고 미국의 대중 관세 때리기가 심화하자 중국에서는 온라인상 경제 뉴스에 대한 검열이 한층 강화된 것으로 알려졌다.[189] 경기 악화로 사람들의 살림이 어려워지면 집권 세력의 역량에 대한 의문이 생기기 마련이다. 중국은 이 같은 문제에 특히나 예민할 수밖에 없다. 중국 공산당의 장기 집권이 가능한 배경에는 중앙 주도의 강한 경제 성장이 있었기 때문이다. 경기 불안은 공산당의 통치 기반을 흔드는 일로 비화할 수 있는 만큼 중국 정부로선 어떻게든 가리고 싶은 문제다.

중국은 자국을 겨냥한 미국의 경제적 제재를 놓고 미국이야말로 근거 없이 국가적 이기주의로 국제 질서를 어지럽히고 있다는 역공을 가했다. 중국은 화웨이, 틱톡 같은 중국 기술 기업들이 중국 공산당의 스파이 활동에 쓰이고 있다는 미국의 주장은 근거가 없다고 규탄했다. 왕원빈 중국 외교부 대변인은 "시장 경제 규칙의 위반은 미국이 외치는 공정성과 자유에 부합하지 않는다. 미국의 위선과 이중 잣대를 드러낼 뿐"이라며 "WTO의 개방성, 공정성, 투명성, 비차별 원칙에도 위배된다. 중국은 이를 강력히 반대한다"고 말했다.[190] 미국과 서방의 중국 때리기 시도가 있을 때마다 중국 정부는 비슷한 논리를 들고 나와 자국이 부당한 행위의 피해자라는 점을 강조하고 있다.

하지만 중국은 인터넷 검열 정책 아래 구글, 페이스북, 트위터, 인스타그램, 유튜브 등 미국의 주요 기술 기업의 중국 내 사업을 이미 수년째 제한하고 있다. 중국 정부는 서구 플랫폼을 통한 정부 비판적 콘텐츠 공유와 반정부 세력의 소통을 국가 안보에 대한 위협으로 본다. 때문에 서구 기술 기업이 사이버 공간에서 패권을 추구하며 중국 내정에 대한 외세의 간섭을 조장하고 있다고 주장한다.

시진핑 주석은 민주적인 글로벌 인터넷 체계를 구축하려면 모든 나라가 독립적으로 인터넷 시스템을 개발하고 관리할 권리를 누려야 한다고 강조했다.[191] 하지만 정작 중국의 행태는 세계적 리더십을 발휘하겠다는 자신들 주장과 모순된다는 비판이 나온다. 엘리자베스 이코노미 미국외교협회(CFR) 선임 연구원은 〈가디언〉 기고문에서 "중국 정부의 사이버 정책은 힘을 키운 중국이 자유나 표현의 가치를 중시하는 자유주의 세계에 도전자을 던진 것이다"며 "인터넷 주권을 옹호하면서 정작 자국의 사이버 세계는 해외 정보와 투자로부터 차단하고 스스로를 세계화의 챔피언으로 홍보하려는 중국의 시도는 역설적"이라고 지적했다.[192]

# 코로나19로
# 시험대에 오른 중국

5.

코로나19 팬데믹이 미국과 유럽을 덮치기 직전인 2020년 2월 중순 독일 뮌헨에서는 '탈서구화(Westlessness)'라는 낯선 주제로 안보 포럼이 열렸다.●

탈서구화는 중국 같은 비서구 국가의 부상과 서구 진영 내 응집력 약화로 인해 서구식 자유주의를 중심으로 하던 세계 질서가 쇠퇴하고 있는 현상을 일컫는다. 일종의 서구 세계의 자기 반성적 주제인 셈이다. 서구 내부적으로는 극우 포퓰리즘이나 자국 우선주의가 기승을 부리면서 나토가 대변하는 범 서구 동맹에 균열이 일고 있다는 우려가 높아져 왔다. 국제적 차원에서는 중국과 러시아 같은 비자유주의 성향의 국수주의 국가들이 힘을 키우며 서구식 질서의 대체를 노리고 있다는 지적이 잇따랐다.

그동안 서구 진영은 시간이 지나면 권위주의 국가들도 서구 중심의 자유 질서에 편입될 것이라는 '자유주의의 궁극적 승리'를 자신했다. 탈서구화라는 표현이 등장할 정도의 위기 의식은 서구의 이 같은 오랜 믿음이 흔들리고 있음을 시사했다. MSC 보고서는 서

● 뮌헨안보회의(MSC): 1963년 설립된 세계 최대 규모의 안보 관련 논의의 장이다.

구가 상호 이해 관계가 일치하는 영역에서 중국을 비롯한 권위주의 국가와 협력을 모색하는 동시에 이들 비자유주의 체계에 맞설 경쟁력을 갖추기 위해 단합하는 이중 전략을 취해야 한다고 촉구했다. 기후변화 같은 세계적 규모의 새로운 위협들은 서구 혼자서는 풀 수 없기 때문에 비민주주의 진영을 견제하면서도 이들과 협력이 필요하다는 제언이다.[193]

　　하지만 MSC 회의 분위기는 주최 측의 의도와는 사뭇 달랐다. 서구의 새로운 방향성을 논의하기 위한 의도였던 회의는 미국과 유럽의 계속되는 불협화음과 중국 때리기로 얼룩졌다. 도널드 트럼프 대통령의 미국 우선주의를 속수무책으로 지켜봐야 했던 유럽은 미국과의 동맹 관계 안에서 자립심을 키워야 한다는 주장을 제기해 왔다. 에마뉘엘 마크롱 프랑스 대통령은 MSC 회의 중 연설에서 "항상 미국을 거칠 수는 없다. 안 된다. 우리는 유럽의 길을 생각할 수 있어야 한다"고 말했다.[194] 유럽은 미국이 유럽연합(EU)을 상대로 관세 위협을 제기하고, 함께 성사시킨 각종 국제 협약들을 일방적으로 탈퇴한 데 반발해 왔다. 트럼프 대통령은 무역 분쟁을 이유로 EU를 '적'이라고 표현하고 나토를 '구식'으로 깎아내렸다. 미국은 유럽 국들에도 미국에 불공정한 관행이 만연하다는 이유로 수차례 관세 부과를 추진했다. 나토 회원국들을 향해서는 노골적으로 방위비 증액을 압박하고 역내 미군 재편성 주장까지 들고 나왔다. 불안한 시선으로 미국의 행보를 바라보던 유럽의 불만이 날이 갈수록 커지고 있었다. 그러나 미국은 유럽과의 불화를 부인하면서 중국에 세계 정세 불안의 책임을 따지는 행보를 이어갔다. 폼페이오 미 국무장관은 "범 대서양 동맹의 사망은 지독한 과장이다. 서구는 승리하고 있다. 함께 승리하고 있다"고 일축했다.[195]

미국 측은 회의 내내 중국이 유럽에 스파이 용도로 쓰일 수 있는 화웨이 통신 네트워크를 구축하면서 서구 동맹을 위협하고 있다고 대중 공세에 집중했다. 독일 본 대학의 구 쉬우 사회과학대 교수는 중국 관영 〈신화통신〉에서 탈서구화 논의에 대해 "글로벌 문제를 주도하는 데 있어 유럽과 미국의 영향력이 상실되고 있다는 분위기가 있다"며 "유럽과 미국 사이 신뢰와 연대의 상실이 나타나고 있다"고 분석했다.[196] 아이로니컬하게도 당시 회의에서 대화와 협력을 호소하고 나선 건 중국이었다. 왕이 중국 외교부장은 "미국과 중국이 같이 앉아서 진지한 대화를 함으로써 서로 다른 사회적 체계를 가진 두 강대국이 조화 속에 살 수 있는 길을 찾아야 한다"며 "중국은 준비가 됐다. 미국이 우리와 함께 해 주길 바란다"고 호소했다.[197] 그렇게 탈서구화를 둘러싼 갑론을박이 흐지부지 막을 내리고 채 한 달이 되지 않아 코로나19가 서구 세계를 강타했다.


## 결과적으로 코로나19는
## 중국에게 호재로 작용했다

코로나19 팬데믹은 중국에 양날의 검 같은 사건이다. 이 사태는 공산당 일당 지배 체제 아래 쌓이고 쌓인 중국 사회의 폐해를 적나라하게 드러낸 위기이면서 한편으로는 중국이 대외적 존재감을 키울 기회였기 때문이다.

코로나 사태 초반만 하더라도 외신과 해외 전문가들 사이에는 무소불위 공산당 권력이 결국 중국의 내부 병폐로 위기를 맞았다는 시선이 많았다. 코로나19 발병은 2019년 12월 말 중국 후베이성 우한에서 처음 보고됐다. 리원량 등 우한의 몇몇 의사들은 일찌감치 의문의 중증 급성 호흡기 증후군이 확산하고 있다고 우려를 제기했다. 그러나 중국 정부는 경고를 받아들이기는커녕 이들이 유언비어를 퍼뜨리고 있다며 처벌했다. 중국 내 코로나19 확산이 본격화한 이후로는 현지 실태가 외부로 새어 나가지 못하도록 언론과 의료계, 시민사회를 단속, 검열하고 온라인상의 정보 공유와 의견 교환을 통제했다는 의혹이 속속 제기됐다. 이러한 중국 정부의 초반 은폐 때문에 일반인들에게 바이러스에 관한 정보가 충분히 전달되지 못했고 감염 규모와 심각성이 축소돼 후일 전 세계적으로 감염증이 퍼졌다는 비판이 속출했다.

중국 정부가 바이러스 감염을 막기 위해 취한 대대적인 봉쇄 조치는 권위주의 체계의 냉혹함을 고스란히 보여줬다. 중국 정부는 전국적인 이동 제한과 폐쇄 조치를 실시하면서 공권력과 기술을 적극적으로 동원해 사람들의 일거수일투족을 엄격히 감시했다. 국제사회는 중국 정부의 대응이 인권을 유린하고 사생활을 침해하고 있다고 비판했다. 국제 인권 단체 휴먼라이츠워치(HRW)는 무차별적인 격리와 이동 제한 때문에 취약 계층이 생필품을 확보하고 의료적 지원을 받는 데 어려움을 겪고 있다고 우려를 표명했다. 부모가 격리된 사이 장애 아들이 홀로 방치돼 있다가 사망하거나 암에 걸린 남성이 봉쇄 조치로 인해 생활 유지에 필수적인 약을 구하지 못하고 있다는 참혹한 사례들이 보고됐다. 중국 정부의 대응을 둘러싸고 꼬리에 꼬리를 무는 논란을 놓고 서구 전문가들은 코로나19가 시진핑 체제 아래 더욱 공고해진 중국의 중앙 집권 체계와 수직적 통치 구도를 시험대에 올렸다고 지적했다.[198]

그러나 코로나19가 중국을 넘어 전 세계로 번지면서 상황이 반전되기 시작했다. 맨 처음 바이러스 확산을 겪은 중국은 4월을 기점으로 확산세가 뚜렷이 둔화하는 모습을 보였다. 최초로 코로나19가 보고된 우한은 4월 8일, 약 80일 만에 공식적으로 봉쇄가 해제됐다. 같은 기간 유럽과 미국에서는 생지옥이 펼쳐졌다. 유럽에서는 이탈리아, 미국에서는 뉴욕 주를 중심으로 확진자가 폭발적으로 증가했다. 순식간에 이탈리아, 스페인, 영국, 프랑스에서 공식적으로 집계된 코로나19 사망자 수가 3만 명을 넘어서며 발원지로 여겨지는 중국 피해의 곱절에 이르렀다. 유럽 국가들과 미국은 3월 중순부터 중국이 그랬던 것처럼 '락다운(lockdown)'을 선포하고 전국적인 이동 제한과 휴업 조치, 국경 통제에 들어갔다. 5월 들어 확산세가 잦아드는 듯 했지만 봉쇄 조치가 풀린 뒤 곧바로 재확산이 일면서 코로나19와의 긴긴 싸움은 계속됐다. 확산 초기 많은 서구 국가들이 마스크 등 개인 보호 장비 부족으로 어려움을 겪었고 취약한 의료 체계의 현실을 적나라하게 마주했다. 바이러스 확산이 한창인 상황에서도 마스크를 써야 하는지 말아야 하는지, 봉쇄 조치를 얼마나 지속해야 할지 방역 방침을 둘러싼 국론 분열이 일었다.

혼란에 빠진 서구를 바라보며 중국 정부는 코로나19 대응을 통해 중국식 시스템의 뛰어남을 보여줬다고 자찬했다. 시 주석은 9월 코로나19 승리를 선언하면서 이번 싸움은 중국식 사회주의의 힘을 보여줬다고 천명했다.[199] 자오리젠 중국 외교부 대변인은 "중국 특유의 강점과 효율성, 속도가 널리 호평을 받았다"며 중국이 엄격한 조치들로 바이러스 확산을 통제하면서 세계의 전염병 대응에 '새로운 기준'을 세웠다는 평가를 받았다고 자부했다.[200]

실제로 중국은 도시 봉쇄 외에도 방역에 필요한 자원을 초단기간에 확충하는 저력을 발휘했다. 발원지인 우한에서 병상이 부족해지자 2월 한달 만에 10여 개의 임시 병원을 건설했다. 폭발적인 마스크 수요를 맞추기 위해 공장을 풀가동시키고 다른 분야의 제조업체들까지 마스크 생산에 동원한 결과 한 달 만에 마스크 일일 생산량을 12배 끌어 올렸다. 중국 정부는 강력한 중앙 집권적 체계 덕분에 신속하게 필요한 자원을 적시적소에 동원하고 확산 방지에 효과적인 통제 조치를 취할 수 있었다고 주장했다.

나라 안의 급한 불을 먼저 끈 중국은 전 세계를 대상으로 하는 '마스크 외교'에 팔을 걷어부쳤다. 중국은 코로나19 사태 이전에도 세계 마스크 생산의 50%를 차지하고 있었다.[201] 여기에 먼저 감염증 확산을 겪으면서 대폭 확대한 생산 역량을 활용해 수많은 코로나19 피해국들에 마스크 등 보호 장비를 공급하겠다고 나섰다.

같은 시간 미국은 연방 및 지역 정부들이 어떻게든 마스크 재고를 확보하기 위해 안간힘을 쓰고 있었고, 일부 유럽국은 아예 국외로 마스크 수출을 금지해버렸다.

마우리시오 마사리 EU 주재 이탈리아 대사는 EU에 도움을 요청했지만 어떤 회원국도 반응하지 않았다며 "오직 중국 만이 응답했다"고 개탄했다.[202] 세르비아의 알렉산다르 부치치 대통령은 대국민 연설에서 "유럽의 연대라는 건 존재하지 않는다. 동화 속 얘기에 불과하다"며 "유일하게 우리를 도울 수 있는 곳에 특별 서한을 보냈다. 바로 중국"이라고 분개했다.[203] 세르비아는 EU 가입을 추진 중인 상태인데 EU는 코로나19가 확산하자 '회원국 우선 공급'을 이유로 의료장비의 역외 수출을 일시적으로 중단했다.

중국 정부뿐만 아니라 민간 부문도 가세해 보건 위기에 취약한 개발도상국들을 도왔다. 중국 최대 전자 상거래 기업 알리바바의 창업자 마윈은 자선 재단을 통해 150여 개 나라와 세계보건기구(WHO)에 코로나19 진단 키트와 마스크 등 보호장비를 지원했다.


## 리더십도 모범도
## 보이지 못한 미국의 대응

중국의 활약은 미국의 행보와 비교됐다. 도널드 트럼프 미국 행정부는 코로나19 대응에서도 일방주의적 자세로 일관해 국제 사회의 눈총을 샀다. 미국은 EU와 충분한 사전 협의 없이 유럽발 여행

객의 미국 입국을 전면 금지해 동맹을 경시하고 있다는 논란에 또다시 불을 붙였다. 글로벌 보건 대응을 총괄하는 유엔 산하 세계보건기구(WHO)에 대해서는 중국 편향성과 늑장 대응을 이유로 탈퇴를 선언했다. 미국은 WHO 연례 회의인 세계보건총회(WHA)에서 백신에 대한 보편적 접근권 보장을 지지하겠다면서도 제약업체들의 특허권을 보장해야 한다고 주장하며 백신을 완전한 공공재로 다뤄야 한다고 보는 나라들과 엇박자를 냈다. WHO가 백신의 안정적 조달과 배분을 위해 발족한 국제협력체 COVAX(코백스)에 대해서도 불참 의사를 밝혔다.

미국 정부는 국제기관이 아닌 자체적인 대외 원조 기구인 국제개발처(USAID) 등을 통해 120여 개국에 방역 지원을 하며 미국이 국제적 대응을 선도하고 있다고 주장했다. 그러나 이번 사태를 계기로 미국이 더 이상 '글로벌 리더'가 아니라는 점이 분명해졌다는 비판을 피할 수 없었다. 미국 전문가들 사이에서조차 '코로나19 팬데믹이 미국의 리더십을 시험하고 있는데 현재로선 '낙제점'이라는 비판이 일었다.[204] 미국이 전후 세계의 리더 역할을 할 수 있던 이유는 단순히 부와 힘을 갖췄기 때문이 아니라 글로벌 문제에 대한 공동의 대응을 주도하는 역량을 갖추고 있었기 때문인데 미국이 이 같은 면모를 전혀 발휘하지 못하고 있다는 지적이었다.

반면 중국은 적극적으로 리더의 면모를 드러내려 했다. WHO에 추가적인 자금 지원을 발표하고 중국이 개발하는 백신은 '전 세계 공공재'가 될 것이라고 선언하며 보란듯이 미국과 정반대 행보를 밟았다. 미국이 글로벌 방역 지원에 있어서도 개별 국가를 상대하는 양자주의 접근법을 취한 반면 중국은 다자 외교를 적극적으로 활용하는 모습을 보였다. 상하이협력기구(SCO), 중·동부유럽(CEE) 모임, 브릭스 등 다자 협의체와 연달아 화상 회의를 개최해 공동 대응을 논의하고 방역 노하우를 공유했다. 시 주석은 EU 지도부와도 화상으로 특별 정상회의를 개최하며 코로나19 여파를 극복하기 위한 협력의 뜻을 밝혔다. 왕이 중국 외교부장은 일련의 다자 회의에 참석할 때마다 "다자주의를 지키고 글로벌 협치를 향상시켜야 한다. 유엔 중심의 국제 체제를 지키고 자기 중심적인 일방주의를 단호히 거부해야 한다"고 거듭 밝혔다.[205]

중국이 코로나19 대응 과정에서 국제 사회에 강조한 점들은 시진핑 주석이 그동안 '인류 운명 공동체' 건설을 주장하며 역설한 내용의 연장선이다. 프레드릭 캠프 미 대서양위원회 회장은 〈CNBC〉 기고문에서 "중국이 코로나19 시기와 그 이후를 설계하기 위해 상당히 집중하는 것으로 보인다"며 "반면 미국은 일관적 대응을 하지 못했고 장기적인 전략이나 동맹들과 긴밀한 협력도 부족한 상황"이라고 지적했다.[206] 일각에서는 코로나19 사태가 중국이 다른 나라들로부터 신뢰와 도덕적 지지를 구축할 수 있는 기회라는 주장이 나오기도 했다. 2001년 9·11테러, 2008년 글로벌 금융위기, 유로존 채무 위기 등 주요 글로벌 위기는 매번 중국이 대외 입지를 강화하는 계기로 이어졌다는 시각이다.[207] 중국에 기대를 거는 이들은 봉쇄 조치를 선제적으로 벗어난 중국이 적극적인 리더십으로 글

로벌 대응을 이끌어 공급망과 물류 흐름을 안정화하고 재정 지원이
필요한 나라들을 도와야 한다고 촉구했다.


## 세계는 중국의 대응을 어떻게 평가하나

그러나 중국의 '진의'가 또 발목을 잡는다. 서방에서는 중국
과 협력할 필요가 있다는 인식 속에서도 중국의 움직임이 서구 세
계를 분열시키고 영향력을 키우려는 정치적 계산에 근거한다는 의
구심이 끊이지 않았다.

호세프 보렐 EU 외교안보 고위 대표는 "중국은 미국과 달리
자신들이 책임감 있고 신뢰할 만한 파트너라는 메시지를 적극적으
로 밀어붙이고 있다"고 평가하면서도 "여기에는 '관용의 정치'를 통
한 영향력 행사 시도 같은 지정학적 요인이 작용하고 있다"고 주장
했다.[208] 중국이 코로나19 지원을 활용해 유럽의 연대를 훼손할 수
있다는 지적이다. EU는 중국이 코로나19 사태를 둘러싼 책임을 피
하고 국제적 이미지를 개선하기 위한 허위 정보를 유포하고 있다고
재차 문제를 제기했다. 미국에서도 중국이 이번 사태를 활용해 공산
당 통치 체계가 서구식 자유 민주주의보다 우월하다는 점을 홍보하
면서 서구권의 분열을 부추기고 있다는 비판이 나왔다.

미국 정부는 작정하고 강하게 중국을 비난했다. 미국은 중국
이 '개방성, 투명성, 책임성'을 운운하면서 정작 바이러스의 기원과
연관이 의심되는 시설들에 대한 조사와 원본 바이러스 샘플 공유를

미국과 중국의 전략적 경쟁은 미국 대선에서
누가 승리하든 상관없이 글로벌 정치를 구조화할
지배적 요인이 될 것이다. EU는 정신을 바짝 차리고
우리만의 접근법을 짤 필요가 있다.

호세프 보렐
EU 외교 안보 정책 고위 대표

거부하고 있다고 주장했다. 또 코로나19 확산 초기 국내 이동만 통제했을 뿐 해외로 나가는 항공편을 막지 않아 전 세계를 바이러스에 감염시켰다고 주장했다. 중국이 피해를 은폐하기 위해 사상자 규모를 축소하고 이번 사태에 대한 국내적 토론을 검열하고 있다고도 지적했다. 트럼프 대통령과 폼페이오 국무장관이 앞장서서 코로나19가 기존에 알려진 바와 같이 중국 우한의 재래시장에서 시작된 것이 아니라 인근의 바이러스 연구소에 유출됐다는 의혹을 제기하기도 했다. 중국 정부는 미국의 주장은 '근거 없는 비방'이라며 오히려 미국 정부가 자신들의 방역 실패 책임을 회피하기 위해 중국을 희생양 삼아 코로나19를 정치화하고 있다고 반박했다.

의혹을 대하는 중국 정부의 반응은 또 다른 논란거리가 됐다. EU는 중국과 러시아의 코로나19 관련 허위정보 유포 활동에 관한 보고서를 발간했는데 제작 과정에서 중국의 거센 반발로 어쩔 수 없이 표현을 순화한 사실이 드러났다. 중국은 자국 정부의 코로나19 대응에 비판적 내용을 실은 미국 언론사 기자를 추방하기도 했다. 중국의 일부 관영 매체와 관료들은 한발 더 나가 '코로나19가 사실은 미국에서 기원했을 수도 있다', '미군이 우한에 바이러스를 가지고 들어왔다' 등의 의혹을 들고 나왔다.

이 같은 움직임은 중국 정부가 자신들의 코로나19 대응에 떳떳하지 못하다는 점을 오히려 부각시킨다는 지적이 일었다. 리처드 맥그리거 호주 로위연구소 중국 담당 수석 연구원은 "(코로나19 대응의) 성공과 실패는 중국 공산당이라는 동전의 양면"이라며 "중국 정부가 사태 후반의 성과를 승리로 내세우는 대신 애초에 자체적 실패에 대해 개방적이었다면 코로나19 위기를 계기로 중국의 글로벌 이미지가 개선됐을 수도 있다"고 논평했다.[209]

가치의 문제도 짚고 넘어가야 한다. 중국의 권위주의 체제가 코로나19 대응에 아무리 효과적이었다 한들 그 과정에서 드러난 폐쇄성은 중국의 글로벌 리더십을 마냥 환영할 수 없게 했다. 한국이나 대만처럼 코로나19에 성공적 대응을 했다는 평가를 받는 자유민주주의 국가들이 있다는 사실은 이번과 같은 위기 상황에서 국제사회가 지향해야 할 가치가 과연 무엇인가에 대한 질문을 던졌다. 유럽의회는 '중국의 민주주의 이웃들'이라는 주제로 펴낸 보고서에서 한국과 대만은 국민의 건강을 지키면서 경제 활동과 일상 생활에 대한 제한을 최소화한 성공적 사례라며, 권위적 수단 없이도 효과적이고 투명하게 코로나19 위협을 관리할 수 있음을 보여줬다고 분석했다.[210] 독일 매체 〈도이체벨레〉는 "인간에게는 건강과 신체적 온전성에 관한 것 이상의 권리가 있다. 표현의 자유 같은 보편적 인권은 보이지 않지만 똑같이 필수적"이라며 "중국이 이런 권리를 실천하려면 한참 멀었다"고 꼬집었다.[211]

## 선진국의 한계를 드러낸 코로나19 상황

중국 입장에서도 할 말은 있다. 팬데믹 확산의 책임에서는 서구 역시 결코 자유롭지 않다. 중국이 코로나19 대응에서 보인 폐쇄성이나 인권 침해적 조치들은 비판받아 마땅하다. 하지만 바이러스 확산의 책임을 전적으로 중국에 돌리는 시각은 철저히 서구적인 관점으로 사태의 일면을 보는 우를 범하고 있다.

바이러스가 전 세계로 확산한 배경에는 세계화의 보편화라는 현실이 있었다. 국경을 넘나드는 상업 활동과 관광은 세계인들의 일상으로 자리잡아 있었다. 세계가 하나로 밀접하게 연결돼 있는 만큼 바이러스의 발원지는 중국일지라도 확산을 억제하고 사태를 관리하는 데는 모두의 노력이 필요하다는 뜻이다. 이런 면에서 미국과 유럽 역시 초기 안일한 대응을 둘러싼 비판을 나 몰라라 할 수 없다.

미국과 대부분 유럽국들은 코로나19 사태 초반에 마치 남의 집 불구경하는 듯한 태도를 보였다. 중국이 도시를 폐쇄하고 사람들의 이동을 제한하는 모습을 지켜볼 뿐 미국과 유럽은 초기 이렇다 할 예방 조치를 취하지 않았다. 일부 국가들이 중국을 콕 집어 국경을 차단하기는 했지만 발열 검사나 동선 확인처럼 모든 입국자를 철저히 관리하기 위한 조치들이 재빨리 도입되지 않았다. 각국에서 확진자가 조금씩 보고되고 있던 때에도 미국과 유럽에서는 여느 때와 같이 대규모 인원이 모이는 스포츠 경기와 축제가 아무런 제한 없이 이어졌다. 멀지 않은 과거 사스(SARS, 중증급성호흡기증후군)와 메르스(MERS, 중동호흡기증후군) 사태를 겪은 아시아 국가들이 신속하게 마스크 착용을 일반화한 데 비해 미국과 유럽은 이에 대한 거부감을 좀처럼 떨치지 못했다.

코로나19 사태 초반 미국과 유럽의 수동적 반응은 '서구 예외주의(western exceptionalism)'라고 표현할 수 있는 자만심에서 기인한다는 비판이 나온다. 전염병 같은 재난들은 선진 서구 세계의 바깥에서 일어나는 자신들과는 동떨어진 일로 치부하는 인식이 만연했다는 지적이다. 뉴질랜드 오타고대학의 역학전문가 마이클 베이커 교수는 '과학, 이념과 팬데믹'을 주제로 열린 한 해외 토론회에서 이를 '자기 만족적 예외주의'라고 바꾸어 표현하면서 '아시아에서 벌어진 일이 우리한테까지 피해를 줄 리는 없다'는 생각이 서방국들이 신속한 대응에 실패한 요인이라고 비판했다.[212]

이는 전후 세계 질서를 이끌어 온 서구 자유 진영의 뿌리깊은 우월감과도 연결된다. 중국 같은 비자유 진영 국가들에 대한 서구의 강한 배타심이 팬데믹 국면에서도 이들이 취한 조치나 권고를 깎아내리는 일로 이어졌다는 지적이 나온다.[213]

중국과 우리는 다르다는 안일한 인식 속에 대응을 지체한 대가는 가혹했다. 결과적으로 서구 세계는 중국보다 더욱 엄격한 봉쇄령과 경제 폐쇄 조치를 취해야 했다. 뉴욕 한복판에서 부패한 시신 수십 구가 실린 트럭이 발견되고 스페인 요양원에서 방치된 채 숨진 노약자들이 발견되는 등 비극이 잇따랐다. 중국에 대해 비판을 제기한 문제들을 자신들이 고스란히 반복한 셈이다.

개인의 자유와 인권을 강조해온 서구 사회에서 정작 중국인이나 아시아인을 향한 무차별적 제노포비아(외국인 혐오)가 터져 나오기도 했다. 유명 정치인들과 주요 언론이 '중국 바이러스, 우한 바이러스' 같은 표현을 공공연하게 사용하고 중국의 식문화와 위생 관넘을 둘러싼 비판을 줄지어 제기했다. 팬데믹 기간 미국과 유럽에서 중국계나 아시아계를 표적으로 한 인종 차별적 폭력 행위도 잇따라 보고됐다. 앤드루 리우 미 빌라노바대학 교수는 〈가디언〉 기고글에서 서구 정치인들이 '중국'으로 뭉뚱그린 모호한 대상을 책임을 전가하기 편리한 희생양으로 삼고 있다며, 이는 인종차별을 조장할 뿐만 아니라 현대 사회 경제 시스템의 총체적 위기라는 팬데믹 사태의 본질을 흐린다고 우려했다.[214]

　　코로나19 사태가 노출한 미국과 유럽 사회의 민낯은 중국 공산당이 내부적으로나 대외적으로나 손상된 이미지를 회복하는 데 활용할 좋은 소재였다. 내로라하는 서구 국가들이 부실 대응으로 도마에 오르면서 중국 내부적으로 공산당의 입지가 오히려 강화됐으며, 미국이 제기한 코로나19 중국 책임론이 중국의 국수주의와 내부 결집을 자극하고 있다는 진단이 이어졌다.[215] 중국은 서구가 제기하는 중국 책임론을 도덕적으로 불합리한 일로 묘사했다. 서구가 인종 차별적 수사를 앞장 세워 자신들의 책임을 외부에 전가하려 한다는 비판이다. 서구권에서는 바이러스 확산이 한창인 상황에서 이에 항의하는 대규모 시위가 비화하며 사회적 혼란이 극에 달했다. 이를 두고 중국은 서구 사회의 고질병이 일시에 터져 나오고 있다고 꼬집었다. 특히 미국을 향해 미국의 글로벌 패권은 기울고 내부적으로는 보이지 않는 계급을 나누는 엘리트 자본주의 체계의 모순이 한계점에 이르렀다고 비판했다.

## 미·중 사이에서
## '마이웨이'를 고민하는 유럽

그러는 사이 서구 진영 안의 갈등의 골은 점점 더 벌어졌다. 미국이 중국을 향해 강공에 돌입한 반면 유럽은 공개적으로 또 다른 냉전을 원하지 않는다는 뜻을 밝혔다. EU 지도자들은 팬데믹을 계기로 한층 더 '유럽의 길'의 중요성을 강조하고 나섰다. 중국의 부상뿐만 아니라 미국과의 전통적 공조에 균열이 일고 있는 상황을 대처하기 위해서다. 70년 서구 동맹 체계에도 불구하고 미·중 경쟁 구도에서 유럽이 무조건 미국의 편을 들 것을 전제해선 안 된다는 위기 의식이기도 하다.

서구 지도자들 사이에서는 중국을 경계하면서도 위기 관리를 위해서는 협력을 계속해야 한다는 목소리가 높아지고 있다. 독일과 프랑스는 코로나19 사태 동안 중국의 투명성 문제를 지적하면서도 정상 간 전화통화를 진행하며 대화의 끈을 놓지 않았다. 앙겔라 메르켈 독일 총리는 "중국은 글로벌 플레이어가 됐다. 우리는 경제 협력이나 기후 변화에 맞서는 일에서 파트너다. 하지만 매우 다른 정치 체계를 가진 경쟁자이기도 하다"며 "서로 대화를 하지 않는 것은 명백히 잘못된 생각"이라고 말했다.[216]

EU는 미국처럼 '신 냉전'을 초래할 수 있는 전략적 경쟁이나 광범위한 경제적 디커플링을 추구하지 않는다는 점을 거듭 밝혔다. 우르줄라 폰데어라이엔 EU 집행위원장은 "중국은 협상 파트너이자 경제적, 체제적 경쟁자"라며 "EU와 중국의 관계는 전략적으로 가장 중요하면서 가장 어려운 것이기도 하다"고 밝혔다.[217] 보렐 EU 외교 안보 대표는 "외부 기대와 압력이 아니라 EU로서 원하고 필요한 것을 나침반으로 삼아야 한다"며 "우리는 유럽으로서 '마이웨이'를 가야 한다. 유럽의 길은 같은 생각을 하는 나라들과 협력하면서 강대국들이 전장으로 삼으려고 하는 다자 체계를 협력의 공간으로서 지키는 일을 포함한다"고 강조했다.[218]


## 중국은 이 위기를 어떻게 극복할까?

서구 중심 질서의 불안 조짐이 중국에 대외적 입지를 넓힐 기회를 주고 있다면 중국에 대한 가장 큰 위협은 바로 중국 내부에 있다. 코로나19 여파에 따른 경제적 충격이 중국 사회 혼란을 부추기면 이는 곧 공산당 집권 체제에 대한 도전으로 이어질 수 있기 때문이다.

중국의 빠른 성장 이면에는 양극화와 지역 간 개발 격차에 따른 불평등, GDP 대비 245.4%[219](2019년 기준)에 이르는 막대한 총 부채 비율, 금융과 부동산 시장 버블 같은 부작용이 존재한다. 이것들은 한 데 섞여 언제 터질지 모르는 사회경제적 긴장감을 키우고 있다.

코로나19 사태는 중국에도 전례 없는 경제적 위기를 안겼다. 올해 1분기 중국의 경제 성장률은 -6.8%을 기록하며 문화대혁명●

●    마오쩌둥이 주도한 급진적 사회주의 운동

중국은 글로벌 플레이어가 되었으며, 우리는 경제 협력이나
기후 변화에 맞서는 일에서 파트너 위치에 있다.
그러나 한편으로 중국은 매우 다른 정치 체계를 가진
경쟁자이기도 하다.

앙겔라 메르켈 독일 총리

이 종료된 1976년 이래 처음으로 역성장에 빠졌다. 중국 최대 의사 결정 기구인 전국인민대표대회(전인대)는 불확실성을 이유로 사상 처음으로 연간 경제성장률 목표치를 제시하지 못했다. 이미 '신창타이'에 접어든 중국 경제에 코로나19 사태가 부담을 가중하면 시진핑의 '중국몽' 계획에도 차질이 생긴다.

그나마 중국은 코로나19 충격 속에서도 경제 성장률이 전 세계에서 가장 양호한 수준을 기록할 전망이다. 국제통화기금(IMF)은 2020년 6월 전망에서 중국의 국내총생산(GDP) 성장률이 2020년 1.0%를 나타낸 뒤 2021년 8.2%로 대폭 개선될 것으로 예상했다.[220] 미국, 일본 등 선진국들은 물론 러시아, 인도 등 신흥국들이 줄줄이 2020년 심각한 마이너스 성장을 면치 못할 전망이지만 중국만큼은 플러스 성장률을 방어해 낼 것으로 평가한 것이다.

코로나19 대확산을 가장 먼저 겪은 중국은 4월께 다른 나라들보다 먼저 바이러스 억제에 성공했다. 이후 경제가 다시 가동되기 시작하면서 'V자 회복●'이 뚜렷하게 나타났다. 중국 국가통계국에 따르면 중국의 2분기(4~6월) 경제 성장률은 전년 대비 3.2% 증가하며 1분기 충격에서 뚜렷한 회복세를 보였다. 코로나19가 전 세계를 강타한 이후 주요국 중에서 가장 먼저 경기 반등을 이뤄냈다. 같은 기간 세계 곳곳에서는 잇따라 역대 최악의 경제 성적표가 발표됐다. 2분기는 미국과 유럽에서 바이러스 억제를 위해 대대적인 봉쇄가

●　급격한 경기 침체 뒤 빠른 반등을 보이는 것

도입된 기간이다. 미국은 해당 기간 성장률이 −32.9%를 기록하면서 1947년 관련 수치를 작성하기 시작한 이래 73년 만에 최저치를 보였다. 유로존* 경제 역시 −12.1% 성장률을 보이며 사상 최악이란 꼬리표를 달았다.

　　중국의 경기 반등세가 얼마나 동력을 유지할 수 있을지는 지켜봐야 한다. 외부 여건이 녹록하지 않기 때문이다. 중국 내부의 소비와 생산 활동이 재개되긴 했지만 중국의 지속 가능한 성장을 위해서는 글로벌 경제가 함께 살아나야 한다. 하지만 전 세계가 경기 위축에 빠진 상황에서 코로나19 2차 유행까지 현실화하면서 글로벌 공급망의 선순환에 차질이 이어지고 있다. 특히 미국과 유럽 선진국 등의 수출 시장에서 수요가 되살아나지 않는다면 중국의 생산 활동에도 영향을 미칠 것이라는 우려가 높다.[221] 미국과의 갈등으로 지정학적 긴장이 갈수록 높아지고 있다는 점도 악재다. 세계은행(WB)은 국제 무역이 혼란에 빠진 상황에서 바이러스의 기원과 대응 책임을 놓고 미국과 중국의 이견이 더욱 심화하면 양국 간 무역이 더더욱 위축될 것이라고 우려했다.[222] 이런 시나리오는 중국은 물론 미국과 전 세계 경제에 악몽이다.

　　한편으로 코로나19 위기가 중국의 내부 응집을 오히려 강화할 것이라는 전망도 나온다. 중국의 역사학자 장리판은 NBC에서

---

●　　유로화를 사용하는 19개국. 오스트리아, 벨기에, 키프로스, 핀란드, 프랑스, 독일, 그리스, 슬로바키아, 아일랜드, 이탈리아, 룩셈부르크, 몰타, 네덜란드, 포르투갈, 슬로베니아, 스페인, 에스토니아, 리투아니아, 라트비아

"시 주석이 과거 마오쩌둥이 그랬던 것처럼 이번 위기를 이용해 당을 비상 사태 혹은 전시 체제로 돌려 권력을 더욱 집중시킬 수도 있다"고 분석했다.[223]

중국 지도부는 장기적 싸움을 의미하는 '지구전'에 임하는 자세로 코로나19 사태의 사회경제적 충격을 극복하겠다는 뜻을 이미 천명했다. 중국 공산당은 7월 정치국 회의에서 불확실성과 불안정성으로 경제가 복잡하고 어려운 상황에 놓여 있다고 강조하면서 "우리가 마주한 많은 문제들은 중장기적인 것이기 때문에 지구전처럼 싸워야 해소할 수 있다"고 명시했다.[224] 지구전(持久戰)은 현대 중국의 건국 아버지 격인 마오쩌둥 전 국가주석이 항일전쟁이 한창이던 1938년 주창한 개념이다. 당시 그는 '중국의 예속이 불가피하다' 또는 '중국의 신속한 승리가 가능하다'는 두 가지 대세론을 뿌리치고 장기전을 통한 승리 전략을 포괄적으로 제시했다. 중국 공산당 지도부가 다시 지구전을 들고 나온 배경 역시 미국의 대중 공세와 코로나19 사태에 맞서 '중국몽'의 과업을 이루기 위해서는 긴 안목의 대응 전략이 필요하다는 인식 때문으로 풀이된다.

시진핑 주석은 2019년 미국과의 무역 갈등이 심화하자 "우리는 지금 새로운 대장정에 있다"고 천명하기도 했다. 대장정(大長征)은 1934~1935년 중국 공산당이 국민당 군대를 피하기 위해 남동부 장시성에서 북부 산시성까지 약 1만2500km를 이동한 사건이다. 중국 공산당에게 이 사건은 적이 아무리 강하고 힘든 싸움일지라도 승리할 수 있다는 정신을 상징한다. 중국에서는 미국과의 무역 전쟁이 중국의 부흥을 이루기 위한 기나긴 과정에서 극복해야 할 어려움이라는 점에서 대장정과 비슷하다는 주장이 나오고 있다.[225]

　　왕웬 중국 인민대 교수는 〈글로벌타임스〉 기고문에서 "중국과 미국의 대결은 결승선이 보이지 않는 마라톤과 같다"며 지금은 중국의 실패나 중국의 성공적 부상을 운운하기에 너무 이르다고 주장했다.[226] 그는 치열한 국제적 경쟁은 중국의 지속 가능한 발전과 공산당 리더십에 대한 '시험'이라고 지적하면서 중국이 조급함을 경계하며 전진을 계속해야 한다고 강조했다.

# 세계 경제,
# 탈세계화의
# 충격에 빠지다

**6.**

"코로나19는 세계화의 관에 박는 마지막 못과 같다. 세계화는 2008년 글로벌 금융위기에 미국과 중국의 무역 전쟁, 브렉시트(영국의 유럽연합 탈퇴)로 이미 큰 타격을 입었다. 코로나19는 이런 상태의 세계화를 전혀 새로운 차원으로 이끌고 있다"

_카르멘 라인하트 하버드대 교수[227]

세계은행(WB) 수석 이코노미스트인 카르멘 라인하트 하버드대 교수는 지난 5월 〈블룸버그〉 인터뷰에서 코로나19 사태가 각국이 세계화에 따른 높은 상호 의존성을 버리고 전례 없는 수준으로 '각자도생'의 길을 찾아 나서는 결정타가 됐다고 진단했다.

글로벌 경제가 옴짝달싹할 수 없는 혼수 상태에 빠져들자 이를 지탱하던 세계화의 생명력에도 빨간 불이 켜졌다. '전 세계적 집단 발병이 세계화에 역풍을 일으키고 있다'[228], '코로나19가 세계화를 죽였는가?'[229], '코로나바이러스 이전에 우리가 알던 세상은 다시는 돌아오지 않을 것이다'[230]등 세계화가 이번 대유행으로 전례 없는 위기를 맞았다는 진단이 쏟아졌다.

## 동력을 잃어가는 세계화

국경을 모르는 자유 무역과 무한한 시장 확장은 현대 인류에 꽤 오랫동안 당연한 것으로 받아들여져 왔다. 세계화는 신자유주의가 보장하는 자유 시장이라는 배경과 교통, 통신 기술의 발전에 힘입어 승승장구했다. 시장 만능주의와 사회 불평등처럼 세계화의 역기능을 둘러싼 논란도 숱하게 일었다. 그러나 세계화가 단기간에 수많은 인류를 빈곤에서 구제하고 생산성 향상과 소비재 가격 인하로 인간의 삶의 질을 대폭 개선했다는 점 역시 부정할 수 없다. 특히 한국을 비롯해 해외 시장을 상대하는 수출 주도 경제로 단기간에 고도 성장을 이룬 나라들은 세계화의 주요 수혜자다.

'탈세계화(deglobalization)' 조짐은 코로나19 대유행 이전부터 나타나고 있었다. 2008년 미국 월 스트리트 발 글로벌 금융 위기는 자본의 이익 극대화를 어떤 가치보다도 최우선시 해 온 신자유주의 세계화에 경종을 울렸다. 이 사건은 세계화가 부유한 기업들의 배만 채웠을 뿐 평범한 가계와 노동자들 사이에는 오히려 불평등과 상대적 박탈감만을 키웠다는 비판이 터져 나오는 계기가 됐다.

동시에 사람들의 불안한 심리를 파고드는 국수주의와 포퓰리즘(대중 영합주의)이 기승을 부리기 시작했다. 급기야 신자유주의의 선봉이나 마찬가지이던 미국과 영국이 트럼프 대통령의 미국 우선주의와 브렉시트라는 내부 지향적 노선을 앞장서서 선포했다. 일련의 현상은 세계화가 동력을 잃었다는 뚜렷한 징후라는 우려가 잇따랐다.[231]

2018년 본격화한 미국과 중국의 무역 갈등은 세계화에 더욱 짙은 먹구름을 드리웠다. 미국은 관세 인상과 자국 기업 우대 같은 노골적인 보호무역 조치를 취한 데 이어 2018년 중순부터 적극적으로 중국을 표적으로 관세 때리기에 돌입했다. 수백 수천 억 달러 규모에 달하는 중국산 수입품에 10~25% 사이의 관세가 속속 매겨졌다. 중국도 미국의 으름장에 물러서지 않으면서 똑같이 보복 관세 카드를 꺼내 들었다. 미국과 중국의 관세 난타전 속에 세계무역기구(WTO)는 2019년 말 연간 무역 성장 전망치를 1.2%로 6개월 전(2.6%)보다 1.4% 낮춰 잡았었다. 그러면서 '무역 갈등'을 세계 경제의 가장 큰 위험 요인으로 꼽았다.

국제통화기금(IMF) 역시 코로나19 사태가 터지기 전까지 미·중 무역 전쟁을 세계 경제의 최대 위협 요인으로 지목하고 있었다. IMF는 2019년 10월 전망에서 무역 장벽 심화와 불확실성 증대로 2019년 세계 경제 연간 성장률이 2008~2009년 글로벌 금융 위기 이후 가장 낮은 수준인 3.0%를 기록할 것으로 내다봤다. 특히 미국과 중국의 무역 갈등이 2020년 세계 국내 총생산(GDP)을 0.8%포인트 갉아먹을 수 있다고 지적했다. 관세 인상 조치와 무역 정책을 둘러싼 불확실성이 투자와 수요를 저해하면서 글로벌 교역과 제조 산업의 둔화를 야기하고 있다는 경고가 이어졌다.[232]

미국과 중국은 2020년 1월에 가까스로 1단계 무역 합의에 서명하면서 관세 전쟁을 진정 국면으로 이끌었다. 미국은 중국에 대한 추가적인 관세 부과 계획을 취소하고 일부 중국산 제품에 매겼던 관세율을 인하했다. 중국은 그 대가로 미국산 농산물과 상품, 서비스를 대규모로 사들이기로 약속했다. 하지만 이 역시도 팽팽한 긴장감이 흐르는 휴전에 불과했다. 트럼프 대통령은 2단계 무역 협상을 곧이어 추진하겠다며 남아 있는 대중 관세를 다음 협상 도구로 활용하겠다고 공언했다.

반면 중국은 1단계 합의의 이행을 지켜보면서 다음 협상 진행 여부를 고려하겠다고 강조하면서 온도차를 보였다. 크리스탈리나 게오르기에바 IMF 총재는 당시 합의에 대해 "두 경제 대국 사이의 균열을 치유하려면 할 일이 많다"고 지적하면서 지정학적 긴장 고조와 무역 갈등으로 인한 '불확실성(uncertainty)'을 2020년대의 핵심 과제로 지목했다.[233]

그로부터 고작 몇 주 뒤 세계는 중국을 시작으로 코로나19 팬데믹이라는 역대급 불확실성에 속수무책으로 휩쓸렸다. 트럼프 대통령의 표현대로라면 미·중 1단계 무역 합의의 잉크가 채 마르기도 전에 사단이 났다. 코로나19는 이미 불안불안한 모습을 보이고 있던 세계화에 결정적 한 방을 날렸다. 런던 정경대(LSE)의 린다 웨객원교수는 "코로나19가 이미 나타나고 있던 탈세계화 추세를 가속화했다"며 기업들 사이에는 미·중 무역 전쟁, 브렉시트 등 지정학적 긴장 요인들로 국경을 넘나드는 공급망에 충격이 빚어질 수 있다는 우려가 이미 높은 상황이었다고 논평했다.[234]

미국과 중국 두 경제 대국 사이의
균열을 치유하려면 할 일이 많다.
2020년대의 핵심 과제는
지정학적 긴장 고조와 무역 갈등으로 인한
'불확실성uncertainty'을 관리하는 것이다.

크리스탈리나 게오르기에바
IMF 총재

## 전염병과 무역 갈등에 신음하는 세계 경제

코로나19 사태는 기업과 나라들이 세계화가 선사한 상호 연결성의 수혜를 당연한 것처럼 누려온 결과가 무엇인지, 또 세계화가 예상치 못한 충격에 얼마나 취약한지 가혹하게 보여줬다. 코로나19 확산을 막기 위한 대대적인 봉쇄 조치와 이동 제한은 전 세계를 쉬지 않고 흐르던 물리적 흐름을 순식간에 정지시켰다.

WTO는 글로벌 차원에서 정상적인 경제 활동과 일상 생활이 중단되면서 2020년 세계 상품 무역이 최대 32% 급감할 수 있다고 경고했다. 유엔 무역개발 협의회(UNCTAD)는 국제적으로 이뤄지는 해외 투자를 의미하는 외국인직접투자(FDI) 규모가 30~40% 주저앉을 것으로 내다봤다. 세계화의 생명줄인 국경을 초월한 자본의 흐름이 무방비 상태로 망가진 것이다. 세계관광기구(UNWTO)는 팬데믹이 절정에 달한 지난 4월 20일 기준 사실상 모든 나라가 국제 여행을 전면적 또는 부분적으로 제한하는 조치를 취했다고 발표했다. 지구상 모든 여행 목적지들이 100% 문을 걸어 잠갔다는 얘기다.[235]

수요와 공급의 선순환으로 작동하는 글로벌 경제도 휘청댔다. 방역을 위해 취한 사업체 운영 중단과 인구 격리 조치에 따른 노동력 공급 감소는 곧바로 기업 생산에 차질을 야기했다. 사업체 폐쇄로 인한 실직과 휴직으로 일감이 끊긴 사람들이 쏟아져 나오고, 강력한 전염병에 대한 두려움이 소비 심리를 위축시키면서 수요 측면에서도 충격이 이어졌다.

세계은행(WB)은 2020년 6월 전망에서 연간 세계 경제의 마이너스 5.2% 역성장을 예상했다. 코로나19 사태가 터지기 전인 1월 예상치(2.5%)에서 무려 7.7%포인트를 낮춰 잡았다. 아이한 코세 WB 전망 담당 국장은 "코로나19 침체는 여러 면에서 독특하다. 2차 세계대전 이래 선진국들이 겪은 최악의 침체가 될 것"이라며 "신흥, 개발 도상국들에서 적어도 지난 60년 사이 처음으로 생산 위축이 나타날 것"이라고 밝혔다.[236]

IMF 역시 지난 6월 연간 세계 경제 성장률을 2008년 글로벌 금융위기 이래 최악의 수준인 -4.9%로 전망했다. 불과 5개월 전 전망치보다 8.2%포인트나 낮은 수치다. 기타 고피나스 IMF 수석 이코노미스트는 "각국이 팬데믹 억제를 위해 필요한 격리와 사회적 거리두기를 실행하면서 세계가 대 봉쇄(Great Lockdown) 아래 놓였다며, 현 상황은 1930년대 대공황과 2008년 금융위기 때보다 훨씬 심각한 최악의 침체라고 우려했다.[237]

코로나19는 인류의 일상 속에 파고 들어 있던 글로벌 가치사슬(Global Value Chain, GVC)을 송두리째 뒤흔들며 세계화를 병들게 했다. GVC는 세계화에 따라 상품과 서비스의 생산부터 공급, 배포, 판매에 이르는 모든 과정이 전 세계 걸쳐 이뤄지는 체계를 일컫는다. 일상 생활 속에서 쉽게 접할 수 있는 저렴한 가격의 갖가지 상품들은 모두 이 복잡하게 얽혀 있는 사슬을 거쳐 우리 앞에 제공된다. 예들 들어 A국가에서 추출된 원자재는 우선 가공을 위해 B국가로 수출된다.[238] B에서 가공된 상품은 C의 제조 공장으로 다시 수출

돼 중간재로 만들어진다. 중간재는 또 D로 넘어가 최종재로 완성된다. 이 과정에서 C와 D는 제조에 필요한 여타 재료를 또 다른 나라로부터 수입한다. 완성된 최종재는 마지막으로 E국가로 수출돼 최종적으로 소비된다. 이처럼 거미줄처럼 복잡하게 뒤엉킨 GVC의 모습은 어떤 한 단계에서 차질이 빚어질 경우 다른 참여자들도 직간접적 영향을 받을 수 있음을 뜻한다.

문제는 세계가 이 공급망을 중국이라는 하나의 장소에 지나치게 의존하고 있었다는 점이다. 유엔 통계국에 따르면 2018년 기준 중국은 글로벌 제조업 생산의 28%[239]를 차지하는 자타공인 세계 최대의 공장이다. 코로나19로 중국이 멈춰 서자 중국에 공급망을 의존하던 기업들은 속수무책의 상황으로 내몰렸다. 지난 2월 중국의 자동차 부품 업체들이 생산을 중단한 여파로 현대차 등 한국 내 완성차 기업들의 생산에도 일시적으로 차질이 빚어진 것이 단적인 예다.[240] 주요 생산라인의 90% 이상[241]을 중국에 두고 있던 아이폰 제조사 애플은 중국 내 생산 차질과 소비 부진으로 매출 타격이 불가피하다고 일찌감치 인정했다.

스위스 제네바 국제경제대학원의 리처드 볼드윈 교수는 이같은 상황을 두고 중국발 '공급망 전염병(supply chain contagion)'이 발생했다고 지적했다. 또 가장 먼저 코로나19 사태를 겪은 중국이 선제적으로 경제 정상화에 들어가긴 했지만 여전히 봉쇄를 완전히 빠져나오지 못하고 있는 미국과 유럽에서 중국산 수입이 줄면서 중국 산업계가 재감염(reinfecting) 위험을 마주하고 있다고 우려했다.[242]

엎친 데 덮친 격으로 간신히 봉합해 놓았던 미·중 갈등이 다시 요란한 파열음을 내기 시작했다. 미·중이 코로나19 사태의 책임이 누구에게 있느냐를 놓고 첨예하게 대립하면서 이들의 1단계 무역 합의마저 파기되는 것 아니냐는 우려가 시장에 시름을 더했다.

코로나19로 다시 불거진 이들의 공방전은 무역 갈등은 물론 중국의 홍콩 국가보안법 시행과 신장 자치구 소수민족 탄압을 둘러싼 논란, 남중국해 영유권 주장 문제에 이르기까지 그동안 양국이 얼굴을 붉혀오던 여러 문제들로 순식간에 퍼져 나갔다.

미·중 갈등 심화는 코로나19 충격이라는 불길에 휩싸인 세계 경제에 기름을 쏟아 붓는 일과 마찬가지였다. 바이러스로 이미 극심한 혼란을 겪은 세계 무역 흐름과 글로벌 가치사슬에 추가적인 부담을 안기기 때문이다. WB는 코로나19 사태로 미·중 1단계 합의 이행에 차질이 빚어질 가능성을 우려하면서 "세계 경제가 취약한 시기에 두 나라가 불확실성을 고조시키고 추가적인 무역 위축을 촉발할 수 있다"고 지적했다.[243] IMF가 집계하는 세계불확실성지수(WUI)는 2020년 1분기에 사상 최고치를 기록했다.[244] 이 지수는 글로벌 경제분석 기관 이코노미스트 인텔리전스 유닛(EIU)가 143개국에 대해 작성하는 분기별 보고서에서 '불확실성'이라는 단어가 쓰인 회수를 집계해 산정한다.

미·중도 1단계 합의가 내포하는 의미를 누구보다 명확하게 인지하고 있다. 미국은 중국과의 전방위적 갈등 국면에서도 이 합의만큼은 유지되고 있다는 점을 거듭 강조했다. 대중 강경파인 피터

나바로 백악관 무역제조업 정책국장이 언론 인터뷰에서 미·중 1단계 합의가 '끝장났다'는 취지의 발언을 한 뒤 증시가 급락세를 보이자 트럼프 대통령이 직접 나서서 사실이 아니라고 해명하는 해프닝이 벌어지기도 했다. 1단계 합의 존속 여부에 대한 증시의 민감성을 의식한 처사였다. 리커창 중국 총리는 5월 전국인민대표대회에서 코로나19 사태 속에서도 중국이 미국과의 합의를 이행할 것이라고 재차 밝혔다.

## 탈중국이 시작될까?

'계란을 한 바구니에 담지 말라' 글로벌 무역망이 순식간에 흐트러진 모습을 바라만 보고 있어야 하던 기업과 국가들이 뼈저리게 느낀 교훈이다. 미·중 갈등과 코로나19 대유행이라는 이중 충격을 연타로 겪은 기업과 국가들은 '외풍'의 충격에 대비하려는 움직임에 속도를 냈다.

글로벌 가치사슬의 취약성이 부각된 상황은 각국의 공급망 재편과 심지어 주요 생산 기지를 본국으로 불러들여야 한다는 불안감을 부추겼다. 미국과 중국의 대립이 장기화 조짐을 보이고 있는 데다 고도로 연결된 사회에서 이번 팬데믹과 같은 갑작스러운 충격이 다시 또 발생하지 말라는 법이 없다는 위기감 때문이다.

위험을 분산하고 피해를 최소화하려면 공급망을 다양화해야 한다는 목소리는 갈수록 높아지고 있다. 공급망 다변화 움직임과 함께 생산 기지를 되도록 본국과 가까운 지역으로 이동시키는 '니어쇼어링' 전략도 검토되고 있다.

미·중 무역 갈등으로 일부 기업들은 두 나라의 힘 겨루기에서 괜한 피해를 보지 않기 위해 이미 공급망 재편을 고민하고 있었다. 그러던 차에 코로나19 사태는 기업들의 시선을 중국 바깥으로 돌리는 확실한 계기를 마련했다. 불확실성이 높아지고 있는 여건에서는 아무리 생산 비용이 저렴하다고 하더라도 한 나라 혹은 한 지역에 생산 공장을 집중한다면 감수해야 할 위험이 너무 크기 때문이다. 스위스 픽테 자산 운용의 페트릭 츠바이첼 수석 이코노미스트는 '코로나19 이후의 세계화'라는 보고서에서 "단일 소스에 대한 의존도를 줄이면서 공급원을 다양화하고 재고를 더 비축하면 공급망을 좀 더 탄력적으로 만들 수 있다"고 설명했다.[245] 그러면서 이 같은 조치로 생산 비용이 다소 증가할 수도 있겠지만 공급망 훼손에 대한 일종의 '보험'을 갖출 수 있다고 강조했다.

글로벌 경영 컨설팅사 '커니' 역시 공급망 회복력 갖추기를 강조한 보고서에서 코로나19 사태로 글로벌 공급망에서 위험을 분산하려는 움직임이 더욱 강해질 것이라고 전망했다.[246] 미·중 무역 전쟁을 마주한 기업들이 중국 대신 베트남과 멕시코 등 아시아와 남미의 저비용 국가들에서의 제품 수입을 늘리고 있다는 설명이다.

영국의 경제분석기관 〈EIU〉는 '미·중 무역 갈등에 코로나19까지 겪은 기업들이 중국 이외의 아시아 지역으로 공급망을 넓히고 미국과 유럽에도 준독립적인 역내 공급망을 구축할 것'으로 내다봤다.[247] 일련의 추세가 이어진다면 베트남, 멕시코, 인도처럼 낮은 가격으로 생산이 가능한 나라들이 수혜를 누리게 될 거란 전망이 제기되고 있다.

　　오랜 시간에 걸쳐 구축된 높은 대중 의존도를 한순간에 낮출수는 없는 만큼 '차이나 엑소더스(China exodus, 중국 대탈출)'가 당장 실현될 가능성은 낮다는 시각도 있다. 글로벌 가치사슬은 이미 중국 위주로 복잡하게 얽혀 있는데 평상시 안정적으로 작동해 오던 공급망을 다른 장소에 아예 처음부터 조성하는 일에는 막대한 비용과 시간이 들기 때문이다. 그러나 중국은 여전히 상대적으로 저렴하면서도 거대한 노동 시장이라는 이점을 보유하고 있다. 또한 15억에 가까운 전 세계 1위 규모의 인구를 갖춘 거대한 소비시장이다.

　　일각에선 미국과의 무역 갈등과 코로나19 사태를 통해 얻은 교훈을 바탕으로 중국이 기업 환경을 개선하기 위한 획기적 조치를 취할 거란 기대감이 떠오르기도 한다. 중국 주재 미국상공회의소의 앨런 비비 회장은 이런 측면에서 향후 기업들이 공급망을 다양화하면서도 중국 시장에서의 기회 역시 놓치지 않기 위해 '차이나 플러스 원(China + 1)' 전략을 도입할 것이라고 예상했다.[248] 이 같은 전략을 필요에 따라 '차이나 플러스 + 알파(a)'처럼 훨씬 다각적인 방식으로 추진할 길이 열려 있다는 분석들도 이어지고 있다.[249]

　　기업들은 공급망 다각화와 더불어 갑작스러운 위기 발생 시 공급망의 원활한 흐름을 최대한 보장하기 위한 비상 계획도 수립하고 있다. 글로벌 컨설팅업체 '맥킨지'는 코로나19 여파에 따른 공급망 회복에 관한 보고서에서 제품의 핵심 구성 요소를 선정한 뒤 만약에 대비해 대체 가능한 공급원을 미리미리 식별해 두라고 권고했다. 또 글로벌 가치사슬 전반에서 가용 재고를 파악하고, 생산과 유통 과정에서 직원들의 안전을 보장할 수 있는 역량을 갖춰야 한다고 강조했다.[250]

## 차이나 엑소더스, 그 다음은 경제적 거리두기?

한편에서는 기업들을 아예 본국으로 귀환시키는 전략인 '리쇼어링'이 주목을 받고 있다. 특히 코로나19 사태에서 빚어진 전 세계적 '마스크 대란'은 의료장비 같은 필수 자재의 본국 내 생산망 확충을 국가 안보의 일환으로 인식하게 했다. 유럽 리서치그룹 사이언스비즈니스의 존 웨일스 국장은 "각국 정부가 회복력과 전략적 자율성 강화를 추구하면서 사회적 거리두기에 이어 경제적 거리두기 현상이 나타날 것"이라고 우려했다.[251] 첨단 기술 발전에 따른 자동화로 기업들이 값싼 노동력을 찾아다닐 필요가 줄었다는 점은 이같은 추세를 더욱 자극할 전망이다.

도널드 트럼프 미국 대통령은 리쇼어링 바람의 대표 주자였다. 대중 의존도 축소와 기업들의 본국 귀환 촉진은 그가 중국과 벌여 온 신경전의 핵심 전략이다. 이전부터 '미국산을 구입하고 미국인을 고용하자(Buy American, Hire American)'고 주장한 그는 코로나19

사태를 계기로 더욱 목소리를 높였다. 그는 "팬데믹은 미국의 경제적 독립성 구축의 중요성을 보여줬다"며 "핵심 공급망을 리쇼어링하고 미국의 과학기술 발전을 지켜야 한다"고 주장했다.[252]

트럼프 행정부는 중국에서 미국으로 돌아오는 자국 기업들에 국가가 직접 이전 비용을 대주는 방안도 검토하고 나섰다. 미국 의회에서도 공화당과 민주당 사이 보건의료용품 같은 필수 자재의 중국 의존도를 줄이기 위해 국내 생산 역량을 재고해야 한다는 초당파적 공감대가 형성되고 있다.[253] 바이든 역시 당신 시 취임 100일 내 공급망 재검토를 실시해 필수 재화 생산망의 해외 의존도를 낮추겠다고 공약했다.[254]

일본도 가세했다. 아베 신조 전 총리는 4월 코로나19 경기부양책을 발표하면서 중국에 나가 있는 일본 기업들, 특히 고부가 가치 제조업체들에 대해 공급망 다양화와 본국 귀환을 재정적으로 지원하겠다고 발표했다.[255] 일본은 아베노믹스(일본의 경기 부양 정책)를 추진하면서 법인세 인하 등을 통해 자국 기업들의 리쇼어링에 공을 들인 바 있다. 유럽에서도 전면적 자급자족은 바람직하지 못하지만 핵심 산업을 일부 선별해 자체적 역량을 키울 필요가 있다는 주장이 힘을 얻고 있다. 이른 바 '전략적 자주성(strategic autonomy)'을 강화하자는 구상이다.[256]

메르켈 독일 총리는 글로벌 공급망의 '전면적 국내화'는 해법이 아니라고 선을 그으면서도 의료 등 국가 시스템 차원에서 핵심적인 부문을 식별해 국내 생산 능력을 키워야 한다고 강조했다.[257]

브루노 르 메이어 프랑스 재무장관 역시 특정 상품들에 대해 대중 의존도를 줄일 필요가 있다며 의료나 첨단기술 분야의 주권 확충을 위해 '전략적 가치 사슬'을 짜야 한다고 역설했다.[258]

이들은 기본적으로 국제협력 강화가 중요하다고 보지만 지나친 대외 의존도로 인해 유럽의 의사 결정이나 주요 경제 활동이 심각한 지장을 받는 상황을 예방할 필요가 있다고 본다.


## 현실적으로 세계화를 포기하기는 어렵다

이처럼 세계화의 핵심으로 여겨지던 '무한 시장 확장' 흐름에서 벗어나려는 움직임은 분명 거세지고 있다. 하지만 세계화의 종말을 선언하기에는 조금 이른 감이 있다. 현재 나타나고 있는 글로벌 공급망 재편은 기존 세계화의 허점을 보완하기 위한 개혁의 성격이 강하지 이를 세계화에 대한 전면적 거부라고 보기는 무리라는 관측도 나온다.

보호주의 기조가 움트고 있지만 미국과 중국은 물론 일본, 인도, EU 등 덩치가 큰 경제국들은 여전히 세계 시장에 깊이 발을 담그고 있다. 나이키, 맥도날드, 애플 같은 글로벌 기업들은 이미 우리 일상에서 흔히 찾아볼 수 있는 일부로 자리잡았다. 국제 물류 기업 DHL이 자본, 교역, 정보의 흐름과 인적 이동의 정도를 측정해 발표하는 '글로벌 연결 지수(Global Connectedness Index)'는 지정학적 긴장과 무역 분쟁 속에서도 2017~2018년에 사상 최고 수준을 유지하며

세계화의 끈질긴 생명력을 보여줬다.[259]

최근 미·중 갈등과 코로나19 사태로 보호 무역이 세계의 시선을 끌고 있지만 세계화를 지탱해 온 자유 무역을 지켜내려는 시도들도 점점 구체화되고 있다. 소란한 가운데서도 굵직굵직한 다자 간 자유 무역 협정이 물밑에서 꾸준히 추진됐다.

2018년 12월 미·중 무역 전쟁이 한창이던 사이 일본, 호주, 캐나다, 멕시코, 뉴질랜드, 싱가포르, 베트남, 말레이시아, 페루, 칠레, 브루나이 등 11개국은 세계 최대 규모 무역 합의로 일컬어지는 포괄적·점진적 환태평양경제동반자협정(CPTPP)을 발효했다.

아시아에서는 한국, 중국, 일본, 호주, 뉴질랜드, 아세안 10개국 등 모두 15개국이 2019년 11월 역내포괄적경제동반자협정(RCEP)을 타결했다. RCEP 참가국들은 코로나19 사태에도 예정대로 2020년 서명을 추진해 2021~2022년 협정을 발표하기로 했다.[260]

유럽연합(EU)은 2019년 2월 일본과의 경제동반자협정(EPA)를 발효한 데 이어 중국과의 포괄적 투자 협정을 2020년 안에 체결한다는 목표를 잡고 논의에 속도를 내기로 했다. EU와 중국은 그동안 시장 접근성, 기업들에 대한 공정 대우, 투명한 투자 환경 등의 쟁점을 놓고 협상을 계속해 왔다.

다자 무역을 역행하는 모습을 보이던 미국조차도 2020년 7월에 나프타(NAFTA, 북미자유무역협정)를 대체한 미국·캐나다·멕시코 협정(USMCA)을 당사국들과 성공적으로 발효하면서 북미 지역 시장 키우기에 나섰다.

브렉시트를 감행한 영국은 무역·투자 기회 확대와 공급망 다변화를 위해 필수적이라며 CPTPP 가입을 추진 중이다.

주요 20개국(G20) 정상들은 코로나19 글로벌 확산이 본격화한 2020년 3월 특별 화상 정상회의를 개최한 자리에서 생명과 생계 모두를 지키기 위해서는 국제 무역의 순조로운 흐름을 위해 협력해야 한다는 데 강한 공감대를 이뤘다. 이들은 공동 성명에서 "자유롭고 공정하며 비차별적이고 투명하며 예측가능하고 안정적인 무역 투자 환경을 실현하고 시장 개방을 유지해야 한다"고 강조했다.[261]

시장 개방과 원활한 무역 흐름을 보장하기 위한 각국의 노력도 시작되었다. 호주와 뉴질랜드, 캐나다, 칠레, 미얀마, 싱가포르, 브루나이 등 7개국은 코로나19 사태 초반 상호 공급망의 개방성과 연결성을 유지하고 필수재에 대한 무역 제한 조치를 철회하기로 합의했다.[262]

경제협력개발기구(OECD)는 특정 상품에 대한 수출 제한으로 당장은 국내적으로 가격 하락과 공급 가용성 증대를 꾀할 수 있겠지만 결과적으로 모두가 피해를 입는 사태를 야기할 것이라고 경고한다.[263] 수출 제한으로 글로벌 공급에 차질이 발생해 사재기와 가격 상승을 자극하면 시장 혼란이 가중되고, 수입 의존국들의 여건이 악화해 더 큰 글로벌 위기가 빚어질 수 있다는 지적이다. 식량이나 의료용품 같은 필수재의 수출 제한을 특히나 경계해야 하는 이유다.

공급망 재편 문제를 놓고도 부분적인 리쇼어링과 니어쇼어링이 이뤄지더라도 국가 경제 차원에서 글로벌 가치사슬을 완전히 끊어 낼 수는 없을 것이라는 분석들이 나온다. 경제적 효용성을 따진다면 글로벌 가치사슬이 갖는 생산성 향상과 비용 절감 효과가 여전히 강력하기 때문이다.

IMF는 리쇼어링이 선진국에서 소비재와 투자재의 가격 상승은 물론이고 그 여파로 생산과 수요의 감소까지 초래할 수 있다고 경고했다.[264] 이어 신흥국에서는 기업들이 빠져나간 결과 생산과 수출이 줄면서 가계와 기업의 재정 상황이 악화할 수 있다고 지적했다. 스웨덴 재계단체 스웨덴기업연합(CSE)의 연구진은 리쇼어링의 위험성을 지적한 보고서에서 글로벌 가치사슬을 통해 전 세계에 분업화된 생산 절차는 고용과 소득 창출을 용이하게 하며 소비자가 경쟁력 있는 가격에 양질의 상품과 서비스를 누릴 수 있게 한다고 강조했다.[265]

지나친 위기감에 사로잡힌 근시안적 보호주의 조치는 자충수로 이어질 위험이 있다. 이런 이유로 코로나19 충격을 세계화를 멈춰 세우는 것이 아닌 개혁하는 계기로 삼아야 한다는 자성의 목소리가 높아지고 있다. 영국 애스턴 대학 연구진은 영국의 지식 기반 대안 언론인 〈컨버세이션〉 기고문에서 "글로벌 가치사슬은 효율성을 원칙으로 따르는데 이는 기업들이 최저 비용으로 생산 필요를 충족하기 위해 가능한 최선의 조달 방법을 찾은 결과"라며 위기에 대한 가장 안정적이고 효율적인 보험은 탈세계화가 아니라 더욱 강력한 국제협력이라고 강조했다.[266]

미국외교협회(CFR)의 섀넌 오닐 선임연구원은 〈포린 어페어〉

기고글에서 미국이 기술 우위를 점해 온 배경에는 다양한 생각과 사람에 대한 개방성이 있다며, 공급망 안보 확충을 핑계로 한 고립주의는 혁신을 제한해 오히려 독이 될 것이라고 우려했다.[267]

## 새로운 형태의 세계화가 필요한 시점

세계는 글로벌 금융위기나 9·11 테러 같은 충격 이후 매번 변화에 적응하며 삶을 진화시켰다. 이번 보건 위기를 겪으면서도 인류는 뉴 노멀에 적응할 또 다른 방법을 물색하고 있다.

코로나19 사태로 인한 혼돈 속에서도 인간과 상품, 자본의 흐름이 완전히 끊어져 버린 것은 아니다. 확산 초반 마스크를 비롯한 개인 보호 장비의 조달에 차질이 빚어지거나 생필품 사재기 바람이 불었지만 일시적이었다. 각국 정부와 시장은 원활한 공급과 유통을 위한 방책을 서둘러 도입했고, 기술을 활용한 비대면 교류와 소통은 일상의 새로운 형태로 떠올랐다.

신자유주의 세계화의 부작용을 비판하는 이들 사이에서도 상호 연결성을 통해 수많은 혜택을 맛본 인류가 과거와 같은 소규모의 닫힌 사회로 순순히 돌아간다는 것은 상상하기 어렵다는 인식이 나온다.[268] 또 하나 간과할 수 없는 사실은 상품의 초국가적 움직임만이 세계화의 전부가 아니라는 점이다. 교통과 소통 기술의 발전은 물리적 제약을 거둬버리는 것을 넘어 갖은 정보와 지식의 국경 없는 흐름, 서로 다른 아이디어와 가치, 종교, 문화의 상호 작용을 가능하게 했다. 지난 수십년 간 세계화를 통해 자리잡은 고도로 복잡한 글로벌 공급망과 시장, 일상의 모습들은 우리가 생각하는 것 이상으로 견고하고 상호 호혜적이기 때문에 말처럼 쉽게 끊어낼 수 없다는 주장이 나오는 이유다.[269] 결국 현 시점에서 필요한 것은 세계화를 끝장내는 조치들이 아니라 적절히 관리하기 위한 개혁이다.

분명한 사실은 포스트 코로나 시대의 세계화는 더 이상 이전과 같은 방식으로 움직일 수는 없을 것이라는 점이다. 특히 규제 받지 않는 자본주의가 낳은 '하이퍼 글로벌라이제이션(Hyper-globalization, 과잉 세계화)'에서 지속 가능성을 생각하는 새로운 형태의 세계화를 일궈야 한다는 목소리가 높아지고 있다.

세계 최대 정치경제 지도자들의 토론장으로 불리는 스위스 다보스 포럼은 이 같은 맥락에서 '그레이트 리셋(Great Reset, 대대적 재설정)'이라는 화두를 제시했다. 코로나19 사태를 교훈으로 삼아 인류의 사회 경제적 기반 자체를 아예 다시 짜자는 프로젝트다. 이 포럼의 클라우스 슈밥 회장은 코로나19를 계기로 조성된 대규모 회복 기금을 낡은 시스템을 수리하는 데만 쓰지 말고 공정성과 지속가능성, 회복력을 갖춘 인프라를 구축하는 데 투자하자고 촉구했다.[270] 이 같은 가치를 투영하는 방향으로 사회 제도를 '리셋'하기 위해서는 추진력을 갖춘 유능한 정부의 리드와 장기적 이익을 고민하는 기업들의 참여가 필수다.

영국의 경제 평론가 윌 허튼은 〈가디언〉 기고 글에서 "규제 받지 않는 자유 시장이라는 형태의 세계화는 반복적인 위기를 유발하는 성향에 팬데믹까지 더해져 분명 죽어가고 있다"며 "하지만 상호 의존성과 집단적 행동의 우수함을 인식한 새로운 형태의 세계화가 태어나고 있다"고 분석한다.[271]

일각에서는 코로나19 사태가 초래한 전례 없는 각국의 경제 충격을 회복하기 위해서라도 미국과 중국이 결국 힘을 모을 수밖에 없을 거란 전망도 제기된다. 이 과정에서 두 나라 사이에 일종의 '리커플링(recoupling, 재동조화)'이 도모될 거란 기대감이 나오기도 한다.

영국 〈파이낸셜타임스〉는 '미·중 무역 전쟁을 어떻게 헤쳐나갈 것인가'라는 제목의 기사에서 "중국과 미국이 '리커플'에 나설 실낱 같은 가능성이 있다"며 "코로나바이러스가 일으킨 경제적 피해가 국제 사회를 함께 일하게 할 수도 있다"는 분석을 전했다.[272]

# 큰 국가와 각자도생 사이
# 혼돈의 국제 사회

7.

"코로나19는 다른 어떤 것보다도 국가의 손길이 닿는 영역을 확장하고 있다. 이미 정부는 2차 세계대전 이래 본 적 없는 수준으로 사회를 통제하고 있다"[273]는 영국 경제지 〈이코노미스트〉의 분석처럼 팬데믹 위기는 '강한 국가'를 다시 인간 사회 전면에 불러냈다.

코로나19로 인한 봉쇄 조치들은 일상을 완전히 바꿔놓았다. 많은 나라에서 바이러스 확산 억제라는 목표 아래 국경을 폐쇄했고 한 나라 안에서도 자유로운 이동이 제한됐다. 사람들은 '자택 칩거령'에 따라 사실상 집 안에 격리 조치됐다. 국가는 감염자들이 이동한 경로와 접촉자를 속속들이 파악하고 이를 대중에 공개했다.

이 모든 조치를 도입하고 이행한 주체는 거대 기업도 국제기구도 아닌 바로 개개의 국가였다. 세계 지도자들은 자유주의 국가와 권위주의 국가를 가리지 않고 너나할 것 없이 '전시 상황'을 선포하며 국가적 단합을 호소했다.

## 국가의 역할은 어떻게 변해왔는가?

세계적인 사회학 석학 앤서니 기든스 런던정경대(LSE) 교수는 국가를 한 국경 안에서 공식적으로 독점적 권한을 갖는 '권력이 담긴 테 둘린 용기(bordered power-container)'라고 표현한다.[274] 근대적 영토 국가의 창시가 된 17세기 유럽의 베스트팔렌 조약에 따라 국가는 각각의 영토적 관할 구역에서 최상의 통치권을 갖고,[275] 외부적으로는 국제적 문제에 대해 자주적인 입장을 추구할 수 있는 주권을 보유한다.[276] 다시 말해 국가란 내부 공동체를 하나로 묶고 대외적으로 이를 대표하는 유일한 합법적 주체다.

그럼에도 자유 시장 경제가 중심 역할을 해온 현대 세계에서 비대한 국가는 오랫동안 기피 대상이었다. 국가의 손길은 시장의 '보이지 않는 손'이 원활히 작동하는 것을 방해하는 비효율적이고 부당한 요소로 치부됐다. 기술 발전과 세계화에 따른 인간, 상품, 자본의 국경 없는 흐름은 국가가 갖는 독자적 역량을 더욱 축소했다. '모국'을 모르는 자본은 이익을 따라 자유롭게 국경을 넘나들었고 상품이 생산 소비되는 과정은 전 세계 곳곳으로 흩어졌다.

그만큼 국가 경제와 사회적 움직임에 대한 국가의 통제력도 약해졌다. 오직 국가만이 가지고 있던 정책 결정과 규제 권한은 초국가적 형태의 국제기관들에 분산됐다. 21세기 들어 영토적 경계가 흐려지고 주권 국가의 권위도 나날이 떨어지면서 '국가의 종말'이 도래했다는 선고가 잇따르고 있었다.[277]

그런데 코로나19 사태가 세계화로 인해 사람들의 관심 밖으로 밀려났던 국가라는 개념을 다시 전면으로 불러들였다. 위기는 사람들로 하여금 국가라는 즉각적인 보호감을 제공해 주는 강력한 권위체에 다시 기대게 했다. 생존에 대한 불안감과 안전 욕구는 영국 철학자 토마스 홉스가 주장한 '만인의 만인에 대한 투쟁' 상태를 해소하기 위한 절대적 권위체 '리바이어던'으로서 국가의 본질적 역할을 상기시켰다.[278] 생사가 갈리는 전쟁과 같은 상황에서 자유라는 개념은 시시비비를 가릴 겨를 없이 국가의 개입에 자리를 내줬다. 경제 발전이나 인권 향상 같은 목표들은 국가적 생존이 기본적으로 담보돼야만 이룰 수 있다는 국제학계 현실주의자들의 주장이 현실이 되는 순간이었다.[279]

위기를 극복하기 위한 조치들은 국가라는 경계 안에서 가장 효과적으로 작동하는 듯 보였다. 개인의 일상에 대해 제한적인 영향력밖에 행사할 수 없는 국제기관과 달리 국가는 영토 안에서 법과 제도를 통해 사람들의 삶을 실질적으로 통제하기 때문이다.

심리적 측면에서도 국가의 개념은 위기 상황에서 안전한 피난처를 찾는 사람들에게 더 크게 와 닿는다. 세계적 차원의 권위체는 사람들이 안정감을 느낄 만한 소속감이나 공동체 의식을 제공하기 쉽지 않지만 국가는 구성원들을 향해 애국심과 연대 정신을 즉각적으로 호소한다.[280]

코로나19 사태는 금융 위기나 기후 변화처럼 일반인들에게 다소 모호하게 다가오는 문제들과 달리 일상에 직접적인 공포를 불러일으켰다는 점에서 더더욱 국가의 역할을 주목하게 했다. 위기 속에서 사람들은 국가가 나서서 공중 보건을 책임지고 관리하며, 벼랑 끝에 몰린 기업과 노동자들의 생계를 지원하길 기대했다. 비효율성을 이유로 과거 국가가 담당하던 공공 부문을 축소한 조치들은 이번 위기를 가중시킨 요인으로 지목됐다. 미국의 고질적인 공공 의료보험 부재 문제는 코로나19 같은 위기에서 일반 사람들의 재정적 부담을 더욱 키우는 요소로 지목됐다. 세계보건기구(WHO)는 유럽 여러 나라에서 그동안 경기 침체 극복을 이유로 보건 등 공공 사회보장 영역에 대해 도입한 긴축 조치가 의료 위기를 더욱 부추겼다고 꼬집었다. 세계화가 일상화된 세상에서 한물 간 개념처럼 여겨지던 국가의 역할은 위기의 한복판에서 가장 강력한 구심점으로 떠올랐다.

2008년 글로벌 금융위기 당시 자유 시장이 재앙적인 결과를 초래한 상황에서 금융 시스템의 전면적 붕괴를 막기 위해 긴급 구제에 나선 것 역시 바로 국가였다. 예상치 못한 위기가 닥치기 전까지만 해도 시장 효율성에 대한 예찬이 곳곳에 만연했다. 그러나 당시 국가 개입과 금융 구제가 이뤄지지 않았다면 경기 침체는 장기화되었을 것이다.

안보 위기가 닥쳤을 때도 국가의 역할은 예외 없이 주목받았다. 9·11 뉴욕 테러를 시작으로 대형 테러 공격을 반복적으로 겪은 서구 국가들은 온·오프라인상에서 감시를 강화하고 국경 검문도 한층 강화했다. 미국과 일부 유럽 국가들은 중동 지역에서 급진 무장 세력의 근거지를 제거하기 위한 대외 군사 작전도 추진하고 나섰다. 군사적 맥락의 전통적 안보를 넘어 테러리즘, 사이버 보안, 대규모 불법 이주 등으로 위협의 종류가 다양해지자 각국 정부는 국가 안보로 다뤄야 할 범위를 확장했다. 중국과 러시아 같은 권위주의 국가들만이 아니라 자유 민주주의 서방국들 역시 국방이나 안보 문제의 책임을 민간 부문이나 비정부기구에 떠넘기려는 움직임은 보이지 않았다. 비국가 행위자를 고용하거나 이들과 협력하는 경우가 있더라도 언제나 최고 지휘권을 쥔 것은 국가였다.[281]

## 큰 국가의 부작용

국가가 힘을 발휘할 때에는 부작용도 뒤따랐다. 위기 관리를 이유로 경제 부문에 취해진 규제는 시장의 비효율성을 키운다는 우려를 낳았다. 국가 안보라는 명목 아래 인권을 억압하고 시민권이 침해당하는 사례도 이어졌다. 코로나19 사태 동안에도 예외는 아니었다. 위기 상황 속에서 국가는 방역을 이유로 일상 생활과 기업 활동을 멈춰세웠고 확진자나 감염 가능성이 있는 이들의 동선을 샅샅이 파헤쳤다.

초유의 상황은 국가 권력의 불가침 영역으로 여겨져 온 개인의 자유를 순식간에 옥죘다. 전 인구가 강력한 바이러스 감염 위험에 노출된 상황에서 개인의 행복 추구권은 잠시 뒤편으로 밀려났다. 정부는 위성 항법시스템(GPS)과 휴대전화 통신망, 신용카드 사용 정보, QR코드, CCTV 등 갖가지 최신 기술을 활용해 사람들의 움직임을 감시하고 추적했고, 일부 국가는 심지어 안면 인식과 드론(무인기) 등 첨단 기기까지 동원하고 나섰다. 앰네스티 등 세계의 100여

위기 상황 속에서 국가는 방역을 이유로 일상 생활과 기업 활동을 멈춰 세웠고 확진자나 감염 가능성이 있는 이들의 동선을 샅샅이 파헤쳤다.

초유의 상황은 국가 권력의 불가침 영역으로 여겨져온 개인의 자유를 순식간에 옥좼다. 전 인구가 강력한 바이러스 감염 위험에 노출된 상황에 개인의 행복 추구권은 우선순위에서 밀려났다.

개 인권 단체들은 코로나19 확산에 따른 국가의 디지털 감시 권력 강화가 개인의 사생활을 침해하고 표현·결사의 자유를 위협하고 있다고 공동 성명을 발표했다.[282]

위기를 통해 한 번 확대된 국가 권한 강화 조치는 쉽게 철회되지 않는다. 코로나19 사태 속의 개인의 자유와 인권 침해 논란을 단순히 중국 같은 권위주의 국가들만의 폐해로 한정할 수 없는 이유다. 예컨대 9·11 테러를 겪은 미국은 2001년 테러 예방을 위한 '애국자법'을 제정해 사법 기관의 광범위한 개인 정보 수집과 도청을 가능하게 했다. 숱한 인권 침해 논란을 낳은 이 법은 10년 넘는 시간이 흐른 뒤인 2015년에야 '자유법'으로 대체됐고 정보기관들의 무차별적 감시 활동에도 고삐가 당겨졌다. 캐나다의 언론인 나오미 클레인은 저서 《쇼크 독트린(Shock Doctrine)》에서 전쟁, 테러, 자연재해 같은 국가적 재난이 종종 평상시라면 도저히 용인되기 어려운 정책들을 밀어붙이는 계기로 오용된다고 지적한다.[283]

코로나19 방역을 목적으로 도입된 감시 조치들 역시 기술과 그 편리함에 힘입어 이후로도 관행적인 것으로 일상에 스며들 수 있다는 우려가 재차 제기되고 있다. 일부 나라에서는 바이러스 대유행을 틈타 노골적으로 집권자의 권력을 대폭 강화하는 움직임이 나타나기도 했다. 오래 전부터 독재 비판을 받아온 헝가리의 빅토르 오르반 총리는 코로나19 긴급 조치법을 활용해 자신의 권한을 대폭 강화했다. 의회 동의 없이도 긴급 법령을 내려 주요 의사결정을 내릴 수 있게 됐고 사법부와 언론에 대한 통제도 용이해졌다. 케네스로스 휴먼라이츠워치(HRW) 사무총장은 오르반 총리가 "코로나19 사태라는 '덮개'를 활용해 헝가리에서 절대 권력을 장악했다"며 유럽 국가들 사이 권위주의 확산을 경계해야 한다고 호소했다.[284]

그럼에도 불구하고 현실적으로 볼 때 한 영토 안에서 총체적 위기 극복을 이끌 책임은 결국 국가에 있다. 국가가 만병통치약이 될 수는 없지만 본질적으로 경제적 이윤과 사회정치적 가치 사이에서 균형을 잡을 유일한 합법적 권위체이기 때문이다.[285] 자본주의 사회에서 기업 활동의 최우선 순위는 이윤 극대화인 만큼 아무리 막강한 영향력을 갖춘 기업이라 할지라도 이들이 공동의 사회적 문제 해결을 위한 책임을 떠맡길 기대할 수는 없다.

신자유주의 세계화는 거대 기업들에게 분명한 혜택을 가져왔지만 가계와 노동자들 사이에는 불평등과 불안정감을 조성했다. 시장 활동의 목적이 이윤 창출에 초점이 맞춰진다면 국가는 근본적으로 물질적인 측면과 비 물질적인 영역 모두에서 한 사회의 전반적 여건을 관리하고 개선하는 것을 지향한다.[286] 대형 위기가 발생할 때마다 국가가 자본주의와 세계화가 야기한 사회정치적 부작용을 해소하기 위한 책임을 맡아야 한다는 목소리가 높아지는 이유다.

## 새로운 시대, 국가의 역할은?

위기는 그동안 누적된 폐해를 낱낱이 드러내면서 개선을 시도할 기회를 제공하기도 한다. 코로나19 대유행은 우리에게 국가 역할의 중요성을 일깨우면서 '그렇다면 과연 어떤 모습의 국가가 바람직한가?'라는 질문을 연이어 던졌다. 신자유주의의 선봉이던 영국에서는 이번 팬데믹이 1980년대 마거릿 대처 전 총리가 작은 정부 정책을 도입한 이래 한 번도 진지하게 논의된 적 없는 '최적의 국가 규모는 무엇인가'라는 논의에 불을 당겼다는 지적이 나온다.[287]

코로나19 충격이 경제 사회 전반의 치부를 적나라하게 까발린 상황에서 국가는 그 본질적 목적과 권한을 바탕으로 상처를 봉합하고 똑같은 위기의 반복을 막기 위한 노력을 이끄는 역할을 할 수 있다. 자본주의가 동반하는 사회 불평등을 지적해 온 프랑스 경제학자 토마 피케티는 〈가디언〉과의 인터뷰에서 전쟁과 전염병 같은 충격이 사회 불평등 교정을 촉진하는 계기가 된다고 설명했다. 그는 코로나19 위기에 대한 바람직한 대응으로 '사회 국가(social state)' 재건을 제시하면서 사회적 안전을 구축하기 위한 조치들을 촉구했다.[288] 정치적 이념을 뛰어넘어 모두가 사회 안전망의 필요성을 절감하고 있는 상황인 만큼 이번 위기는 국가적으로 공공 부문의 기능 복원, 보다 탄탄한 복지와 사회기반시설 구축, 이윤만이 아닌 지속 가능성을 생각하는 ESG(환경·사회·지배구조) 기업 활동 확대를 꾀할 절호의 기회라는 진단이 나온다.

유엔 자문기관인 지속가능발전해법 네트워크(SDSN)의 '2020 년도 세계 행복도 보고서'에 의하면 사회적 신뢰와 연결 수준이 높은 공동체나 국가는 자연 재해나 경제 위기에 처해도 회복력이 훨씬 강한 것으로 나타났다.[289] 북유럽의 핀란드, 덴마크, 아이슬란드,

노르웨이 등이 대표적이다. 이들 나라에서는 정부와 국가기관에 대한 국민들의 신뢰가 높게 나타난다. 국민들은 국가 기관이 양질의 기능을 유지하고 있다고 보는 동시에 개인적 자유가 보장되는 정도와 사회적 신뢰 역시 높다고 평가했다.[290]

'노르딕 모델(Nordic model)'로 불리는 이 나라들의 국가 시스템은 경제적 효율성과 사회 공정성이라는 두 마리 토끼를 잡는 데 성공했다는 평가를 받아 왔다. 자유 무역과 시장 경제 체제에 대한 개방성을 유지하면서도 조세 제도와 노동 및 인적 자원에 대한 투자 등을 통해 국가 주도의 공공 정책이 자리잡은 덕분이다.[291] 사태 초반 홀로 집단 면역●의 길을 고집한 스웨덴을 제외하면 북유럽 주요국들의 코로나19 인명 피해는 전 세계적으로 가장 낮은 수준이다.

이처럼 코로나19 위기는 국가가 나아가야 할 길을 고민하게 하는 중대한 전환점을 마련했다. 국가의 기능이 어느 때보다도 주목받고 있는 상황에서 국가는 어떤 접근법을 취하느냐에 따라 치유와 봉합의 역할을 할 수도 더 큰 사회적 혼란과 분열을 가져오는 천덕꾸러기가 될 수도 있다.

국가의 역할이 주목을 받으면서 국가 권력의 남용이나 정부 조치의 비효율성에 대한 경계도 높아지고 있다. 위기 대응과 추후 회복 과정에서 취해지는 국가 정책들은 의회와 독립적 규제 기관의 견제와 감시 아래 투명하고 개방적이며 윤리적인 방식으로 이행돼

● 집단의 대다수 구성원이 면역을 갖추면 감염증 확산이 둔화하는 현상

야 한다는 경고가 나온다. 보렐 EU 외교안보 정책 고위 대표는 "포스트 코로나 시대를 맞은 국가들이 필수 산업과 기술에 대한 내실을 키워 외부 충격에 대한 취약성을 해소하는 한편 내부적으로 포퓰리즘과 권위주의의 유혹을 경계하며 사회 응집력과 통합을 강화해야 한다"고 제언했다.[292] 그는 이 과정에서 문제를 단순화하고 전체에 대해 하나의 해법만을 강조하는 오류를 피해야 한다고 강조하면서 "의심, 질문, 숙고, 토론이라는 민주적 절차를 소홀히 해선 안된다"고 촉구했다. 이스라엘의 율리 타미르 전 교육장관은 이스라엘의 매체 〈하레츠〉 기고 글에서 "전 세계를 휩쓴 바이러스가 부디 민주적이고 포괄적인 국가의 강화, 복지 국가의 귀환, 시민 협력 구축이라는 중대한 변화를 이끌어 낼 수 있길 희망한다"고 밝혔다.[293]

한 국가 안에서만이 아니라 국제 질서 측면에서도 '강한 국가의 귀환'이 가져올 여파가 우려된다. 국가 권력의 강화가 국제협력에 긍정적인 방식으로 이뤄질 거라고 장담할 수 없기 때문이다.

미국과 중국의 움직임이 보여주듯 코로나19 위기가 들이닥치기 전부터 전 세계에는 국수주의와 자국 우선주의 바람이 불고 있었다. 금융 위기 이후 경기 침체 장기화와 안보 위협의 다양화라는 도전들이 이어지면서 각국은 자꾸만 밖을 보지 않고 자기 안으로 빠져들려 했다. 기든스 교수는 오래 전부터 세계화의 문제점을 지적했다. 그는 과거 자신의 저서에서 "(세계는) 깊은 분열로 상처를 입었고 불안감에 가득 차 있다. 많은 이들이 우리가 통제권을 갖고 있지 않은 어떤 힘에 사로잡혀 있다고 느낀다"고 우려했다.[294]

이러한 국가적 혼란은 바깥 세계와의 폭넓은 상호 작용을 꺼리고 독자적인 노선을 선호하는 움직임으로 표출됐다. '미국 우선주의'를 앞세운 트럼프 대통령의 당선과 브렉시트, 시진핑 중국 국가주석과 블라디미르 푸틴 러시아 대통령 같은 '스트롱맨(권위주의적 지도자)' 리더십에 대한 각광, 유럽과 남미에 휘몰아치고 있는 극우 포퓰리즘 열풍의 배경에는 모두 이 같은 불안 심리가 있었다.

급격한 환경 변화 속에 일종의 정체성 혼란을 겪던 국가들에 코로나19 사태라는 거대한 위기는 '국가의 힘을 키우라'는 매우 분명한 목표를 제시했다. 하지만 동시에 이를 어떻게 달성할 것인가라는 어려운 과제를 던졌다. 무엇보다 국경을 초월한 위험에 대응하기 위해 외부와의 관계를 어떻게 설정할 것인가라는 질문이 제기됐다. 국가는 바깥의 위협을 최대한 차단하고 스스로 살아남을 방법을 강구하기 위해 문을 걸어잠글 수도 있고, 공동의 문제를 함께 해결하기 위해 더 많은 국제협력을 택할 수도 있다.

## 반복될 위기, 고립주의는 답이 될 수 없다

코로나19 사태 초반 나라들의 선택은 '각자도생'이었다. 눈에 보이지 않는 바이러스라는 강력한 적을 마주하면서 대부분 나라가 공동의 행동보다는 독자적인 판단에 따라 방역 조치를 취했다. 상호 조율 없는 입국 금지와 국경 폐쇄가 이뤄졌고 자국 내 공급을 우선하기 위해 주요 의료 장비의 외부 유출이 전면 금지됐다. 전면적 입국 금지 조치는 방역 효과가 검증되지 않았으며 오히려 밀입국을 조장하고 사람들의 생활과 기업 활동을 방해한다는 경고가 속출했다. 하지만 당장 눈 앞의 공포에 사로잡힌 국가들의 귀에 이상적으로만 들리는 권고들은 들리지 않았다. 중국을 비롯한 코로나19 주요 피해국들을 상대로 일방적인 입국 금지 결정이 잇따랐다.

유럽에서는 EU의 자부심처럼 여겨지던 '셍겐 조약(회원국 간 국경 개방)'이 순식간에 마비됐다. 회원국들은 EU 지도부의 우려에도 아랑곳 않고 역외는 물론 다른 EU 이웃들에 대해서도 의료장비 수출 제한에 들어갔다. 미국이 중국, 태국 등에 있는 미 의료장비 업체 3M 공장에서 다른 나라가 주문한 마스크를 배송 중 가로채는 '현대판 해적질'을 했다는 주장이 제기되기도 했다. 미국은 이를 부인했지만 긴박한 위기 속에서 필수 재화의 적절한 분배를 놓고 국가들 간 집단적 조율이 이뤄지지 못하는 답답한 상황을 고스란히 보여줬다. 일바 요한손 EU 내무 담당 집행위원은 "위기가 처음 불거졌을 때 모두가 슈퍼마켓으로 달려가서 파스타와 휴지를 잔뜩 사서는 집에 가서 문을 걸어 잠갔다"며 "국가들의 모습 역시 이와 다르지 않았다"고 지적했다.[295]

방역과 관련한 기준도 나라마다 제각각이었다. 세계는 글로벌 공중 보건 문제에 대한 대응 방법을 놓고 일치된 기준을 설정해 집행하는 데 어려움을 겪었다. 검사, 격리, 추적 방식은 물론 마스크 착용 등 위생 관리 방법에 대한 글로벌 합의와 동시 다발적 이행은 좀처럼 이뤄지지 않았다. 자가 격리 방식과 기한, 확진자의 접촉 추적에 대한 기준 역시 나라마다 천차만별이었다. 그만큼 일반인들 사이에는 불안과 혼란이 가중됐고 광범위한 검사를 실시하고 필수 장비 생산과 배포를 원활하게 할 기회도 지체됐다.

모두가 자기 살길을 찾기 위해 정신이 없는 상황에서 강력한 리더십을 발휘하고 나설 나라는 없었다. 고질적인 자금난으로 강대국들 눈치보기에서 자유롭지 않은 WHO는 갑작스러운 대규모 위기에서 제기능을 하지 못하고 있다는 비판에 휩싸였다. 가장 협력이 필요한 때에 가장 협력과 거리가 먼 방식으로 대응하는 모순적인 상황이 펼쳐졌다. 그 결과는 모두에게 참혹했다.

문제는 팬데믹 이후로도 이 같은 각자도생이 계속될 가능성이다. 코로나19 사태를 둘러싼 미국과 중국의 책임 공방과 그 사이에서 난관에 빠진 세계의 모습, 자유 무역과 시장 개방의 원칙을 거스르는 보호주의 움직임들은 코로나19 사태 회복 국면에서 오히려 국가들 간 '만인의 만인에 대한 투쟁 상태'가 심화되는 것 아니냐는 우려를 하게 한다.

바깥 세계와의 연결성이 초래하는 위협들에 대응하기 위한 전략은 종종 '주권'을 지키기 위한 숭고한 사명으로 묘사되고 있다. 하지만 '국익'이라는 명분 아래 정당화되는 일방적 조치들은 국제법이나 규범과 충돌하면서 국가 간 갈등을 더욱 부추기고 전 세계적인 불평등을 심화시킬 수 있다. 세계평화지수(CPI)를 매년 산정하는 호주 싱크탱크 경제평화연구소(IEP)는 "팬데믹이 인도적 위기를 가중시키고 잠재적인 불안과 분쟁을 심화시키면서 여러 국가가 수십

역사적으로 대유행은 제노포비아와
국가들의 내부 지향성을 촉발했다.
코로나19를 빌미로 극우 정치인들이 득세할 가능성이 있다.
국가적 위기감이 한층 높아지면서 이미 팬데믹 이전부터
세력을 키우고 있던 극우 포퓰리즘이 더욱
기세등등해질 것이 우려된다.

토마 피케티
파리경제학교 교수

년에 걸쳐 이룬 사회경제적 발전을 무효화할 수 있다"며 "코로나19가 일으킨 연쇄 효과가 평화에 해를 끼칠 것이라는 점이 명백하다"고 밝혔다.[296]

불안 심리는 고립주의와 국수주의에 거름을 주면서 앞으로 발생할 수 있는 지구적 문제들에 대한 국제협력을 더욱 어렵게 만든다. 미국 뉴욕 연방준비은행 연구진에 따르면 1918년 스페인 독감 유행 당시 독일의 높은 사망률은 이후 독일 나치 집권의 밑바탕이 됐다.[297] 전염병 확산의 충격으로 사회적 불안감이 팽배하고 제노포비아(외국인 혐오증)와 국수주의적 분위기가 만연하면서 극우 극단주의자 세력에 대한 지지가 덩달아 높아졌다는 설명이다. 피케티 역시 "역사적으로 대유행은 제노포비아와 국가들의 내부 지향성을 촉발했다"며 코로나19를 빌미로 극우 정치인들이 득세할 가능성을 우려했다.[298] 국가적 위기감이 한층 높아지면서 이미 팬데믹 이전부터 세력을 키우고 있던 극우 포퓰리즘이 더욱 기세등등할 것이란 지적이다.

이번 위기에 따른 '국가의 귀환'이 통제할 수 없는 국수주의의 확장으로 이어져 글로벌 무역이 둔화하고 국제협력이 위축된다면 최악의 경우 미·중 관계의 파탄과 EU의 붕괴, 또 다른 물리적 전쟁이라는 참극이 빚어질 거란 우려가 벌써부터 제기되고 있다. 조지메이슨대학 산하 인문학연구소(HIS)의 에밀리 챔리-라이트 소장은 미국 의회 전문 매체인 〈더힐〉 기고글에서 코로나19 사태를 구실로 무역 장벽을 두르고 사회경제 문제에 대한 정부의 수직적 통제를 키워야 한다는 국수주의 목소리가 높아지고 있다며 "팬데믹이 가져온 섬뜩한 불확실성을 피하겠다고 정부를 영구적으로 팽창시켜선 안 된다"고 지적했다.[299]

　　코로나19 이후 각국과 국제 사회가 상황 관리에 실패한다면 인류의 앞길은 가시밭길이다. 어느 나라도 그 여파를 피해 갈 수 없다. 미국과 중국 간 추가적인 긴장 고조, 유럽 내 정치 불안에 따른 파업과 폭동 증가, 취약국에 대한 국제 원조 축소와 인도적 위기 심화, 부채의 늪에 빠진 남미 국가들 내 소요 확산, 국제유가 폭락으로 인한 중동 불안, 국제 테러리즘의 재기승 등의 문제가 동시다발적으로 발생하면서 전 인류적 파국을 맞을 수 있다는 경고가 이미 나오고 있다.[300] 호주 싱크탱크 글로벌디렉션스의 키이스 수터 전무이사는 세계화 시대 국가의 미래를 주제로 한 연구에서 '국제적 문제가 점점 심각해지는 상황에서 최악의 시나리오는 국제 사회의 응집이 이루어지지 않고 각국 정부도 내부 혼란을 관리하지 못하는 경우'라고 분석했다. 국가와 국제 사회 모두가 총체적 난국에 빠지는 이른바 '야생의 상태(Wild state)'가 초래되는 상황이다.[301]

# 신 냉전 시대,
# 생존을 위한 필수 요건

8.

미·중 갈등과 코로나19 사태라는 전대미문의 충격이 겹친 상황은 그동안 막연하게만 느껴진 초국가적 문제들이 여차 하는 사이 일상에 얼마나 강력한 영향을 미칠 수 있는지 보여줬다. 무엇보다도 한 국가가 혼자서는 완벽한 해법을 제시할 수 없으며 공조가 지연될수록 더 큰 비용이 들고 더 많은 사람들의 생계가 위협받는다는 사실을 냉혹하게 상기시켰다.

미국과 중국의 무역 분쟁은 신경전 수준을 넘어 전 세계 경제를 긴장하게 하는 요인이었다. 또한 바이러스 피해는 인종과 종교, 정치적 이념, 빈자와 부자를 가리지 않았다. 자유주의 국가와 권위주의 국가를 가릴 것 없이 모두가 바이러스 앞에서 각자 시스템의 허점들을 노출했다.

안토니우 구테흐스 유엔 사무총장은 "코로나19 팬데믹은 우리가 얼마나 깊게 연결돼 있는지 비극적으로 상기시켰다. 바이러스는 국경을 모르는 전형적인 글로벌 도전이다. 맞서 싸우려면 우리가 인류라는 하나의 가족으로서 협력해야 한다"고 호소했다.[302] 그는 "코로나19 사태는 경보음일 뿐만 아니라 다가올 도전들에 대한 리허설"이라고 역설했다.[303]

## 세계 경제를 정상화시킬 수 있는 유일한 열쇠는
## 더 깊은 국제협력

국제협력과 제도의 중요성을 주목한 로버트 액설로드 미시건대학 교수와 로버트 코헤인 프린스턴대학 교수는 협력을 통해 국제관계의 무질서 상태를 완화할 수 있다고 강조한다. 이들은 '근시안적 자기이익 추구'가 재앙적 결과를 초래할 수 있는 반면 협력을 통해 모두가 이득을 얻을 수 있다고 설명한다.[304]

국가의 생존 투쟁을 강조하는 현실주의자들 사이에서는 국가들이 '상대적 이익'을 따지기 때문에 지속 가능한 협력은 불가능하다는 견해가 나오기도 한다.[305] 서로 힘을 합치면서도 협력을 통해 누가 더 많은 이득을 누릴 수 있는가를 따진다는 지적이다. 협력 과정에서 무임승차가 나타나거나 들인 시간과 노력에 비해 공평한 수혜를 누리지 못했다는 불만이 제기될 수도 있다. 더군다나 촌각을 다투는 위기 상황에서는 여러 주체들의 의견을 모으고 조율하는 것이 시간 낭비처럼 여겨질 수 있다.

하지만 반복되는 거대한 위기로 국가들의 생존을 위해서라도 국제적 협력은 선택이 아닌 필수가 되어가고 있다. 어떤 이타심이나 선의를 발휘하기 위한 목적 때문이 아니라 각자가 국익을 도모하기 위해서라도 협력을 거부할 수 없다는 얘기다.

글로벌 이슈는 특정 나라에만 책임 소재를 물을 수 없고, 영향을 미치는 쪽과 영향을 받는 쪽을 칼로 무 자르듯 구분할 수 없다는 점에서 편나누기로는 해결할 수 없다. 공동의 목표와 조율된 방법을 통해 모두가 저마다의 역할을 해야만 비로소 효과적인 해법을 모색할 수 있다.

이런 면에서 주요 국제기구들과 여러 경제 기관들은 한 목소리로 글로벌 공조가 코로나19 사태로부터 신속하게 글로벌 경제를 정상화할 열쇠라고 강조하고 있다. 세계 경제의 연결성을 고려할 때 주요 자재를 원활하게 생산·공급하고 적재적소에 재원을 배치하는 일은 경기 회복에 필수적인데 당장의 필요를 충족하기 위한 이기적 조치들은 시장의 불안정을 키우기 때문이다. 세계은행(WB)은 '자급자족'이 위기 발생시 재화 부족 사태를 막기 위한 보험처럼 여겨질 수 있지만 이는 모두에게 높은 비용을 초래할 뿐이라며 "보호주의 바이러스에 대한 가장 효과적인 백신은 더 깊은 국제적 협력"이라고 촉구했다.[306]

국제 사회는 큰 위기를 겪을 때마다 협력의 진화를 이끌어 냈다. 1·2차 세계대전을 연달아 겪은 국제 사회는 세계 평화와 안정을 위한 협력을 부단히 시도했다. 193개국의 참여 아래 안보, 개발, 환경, 인권, 군비 축소, 식량, 보건 등 전 방위적 영역에서 국제협력을 이끌고 있는 유엔(UN)이 대표적이다. 유엔은 회원국 사이 대화를 촉진하고 협상을 중재해 각국이 합의점을 찾고 함께 문제를 해결할 수 있도록 하는 장치다. 그 배경에는 국가들 간의 연결성을 강화하고 협상을 용이하게 하면 각국이 이기적인 국익을 추구하는 경향도 완화될 거란 기대가 있다.

경제 영역에서는 세계무역기구(WTO)나 국제통화기금(IMF)

이 교역이나 국가 재정 관리 측면에서 개별 국가의 정책 프로세스에 미치는 영향력을 키웠다. 정치 경제적 세계화가 확산하면 이들 국제기구의 공신력과 협상력 역시 향상될 것으로 예상됐다. 국제기구의 역할이 커질수록 이들 기관이 국가들의 상위 권력체로서 입지가 강화되고 각 나라들 역시 협력을 통해 얻을 수 있는 이익을 위해 부분적인 주권 손실을 기꺼이 감수할 것으로 기대됐기 때문이다.[307]

주요 강대국들 역시 국제기구의 역할을 함부로 경시할 수 없을 거라는 분석들이 나왔다. 국제기구를 잘만 활용하면 불필요한 협상 비용을 줄이면서 상호 호혜적인 관행을 뿌리내리게 할 수 있기 때문이다. 국제협력이 대세로 자리잡는다면 그 규칙과 우선순위 설정 과정에 영향력을 반영하기 위해서라도 적극적인 참여를 하는 게 유리하다.[308]

## 국제기구를 무력하게 만드는
## 강대국들의 힘 싸움

하지만 이처럼 명백한 필요성에도 불구하고 국제협력은 결코 쉬운 과제가 아니다. 국제기구들을 둘러싼 '유명무실' 비판은 끊이지 않아 왔다. 협력을 위해 만든 국제기구들마저 국가들 간의 이권 다툼에서 결코 자유롭지 않다는 한계를 종종 노출했기 때문이다.

재정 기여도가 높은 강대국들은 국제기구의 의사결정 과정에서도 자신들에게 유리한 방향으로 영향력을 행사하는 데 주저하지 않았다. 특히 대대수 기구들의 최대 자금줄인 미국의 힘은 막강하다. 국제기구들이 미국의 입맛대로 각자 다른 여건에 놓여 있는 개발도상국들에 '워싱턴 컨센서스'라는 일괄적인 미국식 시장 경제와 제도를 강요한다는 비판이 나오기도 했다.

유엔 안전보장이사회(안보리) 상임이사국인 미국, 중국, 러시아, 영국, 프랑스는 각국의 이익에 따라 안건에 대한 거부권을 남용한다고 비탄받아 왔다. 유엔 헌장 27조에 따라 안보리의 결정은 상임이사국들의 '전면 의견 일치' 하에 총 15개 상임·비상임 이사국 중 9개국 이상이 찬성해야 이뤄진다. 상임이사국 중 한 나라라도 거부권을 행사하면 안건을 처리할 수 없다는 얘기다. 거부권은 당초 편가르기를 통해 다수가 일방적 안건 통과를 밀어붙이는 사태를 방지하기 위해 고안된 장치였다. 하지만 상임이사국들의 우월적 지위를 견고하게 만들고 이들이 자국 이익에 따라 안보리의 기능을 지체 또는 무력화시킬 수 있게 하기도 한다.

상임이사국들은 특히 미국, 영국, 프랑스로 짜인 서구 자유주의 국가들과 비 자유주의 진영인 중국, 러시아의 구도로 나뉘어 종종 국제 문제에 대한 첨예한 의견 대립을 노출했다. 이런 폐단은 국제기구가 국가들 간의 권력 구도를 반영하는 또 다른 씁쓸한 사례에 불과하다는 비관적인 시각을 키웠다. 코로나19 위기를 마주하고도 똑같은 한계가 여지없이 드러났다. 안보리는 책임 소재를 둘러싼 미국과 중국의 첨예한 이견으로 인해 이번 바이러스 위기에 관한 실효성 있는 결의안을 채택하지 못했다.

국제적 합의를 확실하게 강제할 방법이 없다는 점도 문제다. 특히 강대국들은 평소 협력의 중요성을 강조하다가도 국제기구의 결정이 자신들 이익에 부합하지 않는다고 판단하면 가차없이 이를 파기하는 행보를 보였다. 트럼프 행정부는 코로나19의 전 세계적 확산이 한창인 중에 WHO 탈퇴를 선언했다. WHO의 초기 부실 대응과 중국 편향적 행보 때문에 미국의 피해가 산더미처럼 불었다는 논리였다.

　　이 행보는 딱히 놀랍지도 않았다. 트럼프 행정부는 이전부터 미국 의존도가 높은 국제기구 내 공정한 책임 분담을 주장해 왔고, 미국 이익에 반한다는 이유로 여러 국제 협약들에서 줄줄이 탈퇴한 바 있다. 미국의 일방적 행동은 트럼프 행정부 들어 불거진 문제만도 아니다. 조지 W. 부시 전 행정부 역시 2003년 이라크 전쟁 당시 안보리의 승인이 나지 않았음에도 일방적으로 군사 행동에 돌입한 전력이 있다.

　　중국 역시 국제기구들이 함부로 건드릴 수 없는 대상이다. 세계무역기구(WTO)는 중국의 불공정 무역과 외국 기업 차별 문제가 거듭 제기됐음에도 효과적으로 이를 바로잡지 못했다는 지탄을 받았다. 중국은 자신들에 불리한 국제적 결정을 무시해 논란을 빚기도 했다. 중국은 2016년 네덜란드 헤이그에 설치된 국제 재판소인 상설중재재판소(PCA)가 남중국해 영유권 분쟁에서 필리핀의 손을 들어주자 판결을 받아들이길 아예 거부했다.

## 자국 이기주의에 치이는
## WTO-WHO 중재

국가들이 함께 뜻을 모아야 해결할 수 있는 문제는 늘어만 가는데 이기주의와 권력 경쟁만 심화하고 있는 상황은 기존에 이뤘던 협력 체계마저 후퇴시킨다. 미·중 무역 분쟁과 코로나19 사태 한복판에서 벌어진 'WTO 마비 사태' 역시 국제기구의 만성적 문제들이 폭발한 결과였다. 세계화를 떠받쳐 온 자유 무역 체제의 상징인 WTO는 회원국들의 자유 무역 이행을 증진하고 무역 분쟁을 조정하는 역할을 한다. 2차 대전 이후 세계는 원활한 무역 활동을 위해 '관세 및 무역에 관한 일반협정(GATT)'을 체결했다. WTO는 글로벌 경제의 확대에 따라 GATT를 대체하기 위해 1995년 설립됐다. 현재 회원국은 164개국으로 이들 나라가 세계 무역에서 차지하는 비중은 98%에 달한다. WTO의 기능이 원활하지 않다는 사실은 글로벌 경제를 이끌어 온 자유 무역 체제가 오작동하고 있다는 얘기나 다름없다.

분쟁해결양해(DSU)에 근거한 국가 간 무역 분쟁 조정은 WTO의 핵심적인 기능으로 꼽힌다. 회원국들은 WTO의 판결을 수용하고 이행해야 할 의무가 있다. 특히 WTO의 상소기구(AB)는 2심제로 진행되는 분쟁 해결 과정에서 최종심을 담당한다. 그런데 2019년 말 AB의 기능이 사실상 정지 상태에 빠졌다. 기존 재판 위원들의 임기가 종료됐음에도 미국의 반대로 신임 위원이 선임되지 않았기 때문이다. AB 위원은 회원국들의 만장일치가 있어야 임명할 수 있다. 트럼프 미국 행정부는 AB가 WTO 합의 원칙을 자의적으로 해석해 적용하면서 미국의 이익을 훼손하고 있다고 주장했다. 트럼프 대통령은 WTO가 중국의 불공정 무역 관행을 바로잡지 못하고 있다고 재차 분통을 터뜨리기도 했다.

WTO 마비 사태는 미국과 WTO 사이에 축적된 갈등이 트럼프 행정부의 미국 우선주의 기조와 맞물리면서 터져 나온 것이었다. 미국은 AB가 회원국들이 합의한 것 이상의 월권을 일삼고 있으며 협의 절차가 지나치게 지체되는 경향이 있다며 오래 전부터 WTO의 분쟁 해결 장치에 불만을 표출했다.[309] 미국은 'WTO가 다루는 분쟁의 4분의 1 이상이 미국에 대해 제기된 것'이어서 자국에 '불균형한 영향'을 미친다는 주장을 폈다.[310] 미국은 버락 오바마 전 대통령 시절인 2016년에도 '지나친 법 해석'을 이유로 장승화 WTO 상소위원의 연임을 반대해 다른 회원국들의 반발을 산 적이 있다.

혼란에 빠진 WTO는 미·중 무역 전쟁과 전 세계적인 보호주의 흐름을 자제시키기 위한 힘을 발휘하지 못했다. EU에서 무역 정책을 맡았던 필 호건 집행위원은 WTO가 설립 이래 최악의 위기에 빠졌다며 세계 무역이 '정글의 법칙'에 빠져들 위험에 처했다고 우려했다. 여기에 코로나19 대유행까지 겹쳐지자 호베르투 아제베두 WTO 사무총장은 임기 종료를 1년 앞두고 돌연 조기 사퇴를 발표했다. 공식적으로는 개인 사정을 이유로 들었지만 그는 한 외신에 "할 수 있는 게 아무 것도 없다"고 속내를 털어놨다.[311]

세계 공중 보건 문제를 총괄하는 WHO 역시 미·중 갈등과 코로나19 사태로 허점을 여과없이 드러냈다. WHO의 대응을 두고 제기된 '중국 눈치보기 논란'의 이면에도 복잡한 정치가 자리한다. WHO는 중국 이외 지역의 코로나19 확산세가 본격화하기 전인 2020년 1월 30일 국제공중보건비상사태(PHEIC)를 선포했다. 팬데믹 사태를 선언한 것은 3월 중순이 되어서다. WHO는 전염의 속도와 규모, 보다 적극적인 방역 필요성을 검토해 팬데믹 선포를 한 것이라고 주장했다. 하지만 친중 성향의 테워드로스 아드하놈 거브러여수스 사무총장이 시진핑 중국 국가주석의 눈치를 살피느라 팬데믹 선포를 차일피일 미뤘다는 비판이 끊이지 않았다. 테워드로스는 2017년 WHO 사무총장 선거에서 서방국들이 지지한 영국 출신 의사 데이비드 나바로 전 유엔 에볼라 특사를 제치고 당선됐다. 이를 두고 중국이 자금력을 바탕으로 자신들 영향권에 있는 아프리카와 아시아 국가들을 규합해 그를 밀어준 결과라는 지적이 많았다.

만성적인 자금난을 겪고 있는 WHO에서 중국의 재정적 영향력은 점점 더 커지고 있다. 2019년 기준 WHO의 연간 지출 예산은 23억 달러 수준으로, 테워드로스 사무총장의 주장대로라면 '선진국의 중형 병원 한 해 씀씀이와 비슷한 규모'다.[312] 사실 그동안 중국의 WHO 재정 지원은 미국에 비해 턱없이 적었다. 2018~2019년 기준 중국의 기여액은 8600만 달러 상당인데 미국은 이보다 10배 이상 많은 8억9300만 달러를 지원했다.[313] 하지만 중국의 기여도는 빠른 속도로 불어나고 있다. 2014년 이후 불과 몇 년 사이 중국의 WHO 자금 지원 규모는 52%나 늘었다.[314] 중국은 코로나19 사태를 이유로 탈퇴를 선언한 미국과 달리 향후 2년에 걸쳐 WHO에 20억 달러를 지원하겠다고 약속하기도 했다. 국제 보건 협력을 축소하려는 미국과 반대로 중국은 글로벌 보건 영역에서 리더십 확대를 꾀하고 있다. 2017년 WHO와 일대일로를 통한 보건 협력을 위해 양해각서(MOU)를 체결했고, 일대일로 사업에 참가하는 개발도상국과 국제기구들에 600억 위안 규모의 지원을 제공하겠다는 계획도 밝혔다.[315] 미국이 WHO를 비롯한 국제기구에 대한 지원을 철회하고 있는 상황에서 중국의 재정 기여도 증가와 역할 증대는 곧 중국의 영향력을 강화를 의미한다는 분석이 코로나19 이전부터 이어지고 있었다.

국제 공조를 촉진해야 할 WHO는 각국의 이기적 행동을 억제하는 데 필요한 리더십도 보이지 못했다. WHO는 공식적으로는 중국이 시기적절하고 효과적인 코로나19 대응을 했다고 치켜세웠다. 하지만 내부 관계자들이 중국의 정보 공유 지체에 반복적인 좌절감을 표했다는 사실이 알려졌다. 어떤 강제력도 갖추지 못한 WHO에 중앙 집권적이고 폐쇄적인 시스템을 가진 중국이 손쉽게 민감한 정보를 공유할 리 만무했다. AP통신에 따르면 한 WHO 관계자는 "CCTV(중국의 국영 TV 채널)에 나오기 15분 전에야 우리에게 정보를 준다"고 분개했다.[316]

서방국들 역시 WHO의 늑장 대응을 규탄할 뿐 확산 초기 WHO의 권고를 무시하고 조기에 방역 조치를 취하지 않은 사실을 애써 외면했다. 테워드로스 사무총장은 WHO가 코로나19 억제를 위해 포괄적인 방역을 취해야 한다고 거듭 당부했지만 모든 나라가 이를 따른 것은 아니라며 "세계가 WHO 권고를 신중하게 들었어야 했다"고 항변했다. 전문가들 사이에선 재정적 취약성도 문제지만 그동안 WHO가 선진국의 지원을 받아 개발도상국의 보건 위기를 다루는 데 업무적 초점을 맞춘 탓에 정작 코로나19 같은 전 세계적 전염병에 대처하기 위한 집단적 역량을 개발하지는 못했다는 지적도 나왔다.[317]

WHO도 이 같은 맹점을 인정했다. 마이크 라이언 WHO 긴급대응팀장은 코로나19 국제공중보건비상사태(PHEIC) 선포 6개월을 돌아보면서 평소 충분한 공중 보건 체계를 갖췄다고 여겨지던 선진국들에 대해 초기에 더 많은 지원을 했어야 했다고 털어놨다. 코로나19 사태에서도 WHO의 초점이 늘 그랬듯 저소득층 국가 지원에만 맞춰지다 보니 정작 모두에게 필요한 실무적 지원이 부족했다는 반성이었다.

## 이제는 협력하지 않으면 살아남을 수 없다

국제협력을 둘러싼 여러 논란들 속에서도 위기를 만회할 기회의 문은 여전히 열려 있다. 코로나19 사태가 국수주의와 각자도생의 심화로 이어질 것이라는 비관적인 전망들이 쏟아지고 있지만 전례 없는 충격은 국제협력의 가치를 돌아보게 하는 계기도 됐다. 협력을 하지 못한 대가는 고스란히 각각의 국가들에게 돌아오기 때문이다.

'바이러스는 국경을 모른다'는 말처럼 이미 고도로 복잡하게 얽히고설켜 있는 지구촌에는 혼자서 해소할 수 없는 위험 요인이 산적해 있다. 디지털화에 따른 사이버 안보 위협, 대량 이민 현상과 함께 나타난 밀입국과 인신 매매, 환경 오염이 야기한 기후 변화와 자연 재해, 초국가적 범죄와 테러리즘, 경제활동의 기반이 되는 천연 자원의 안정적 관리 등은 국가 간 협력이 이뤄져야만 효과적인 대응이 가능하다.[318] 이언 골딘 옥스퍼드대학 교수는 〈뉴욕타임스〉에 "전염병과 기후변화 혹은 추후 인류가 마주할 다른 모든 대규모 위협들을 막을 정도로 높은 장벽은 없다"고 강조했다.[319]

코로나19 충격에 빠진 세계 경제를 일으켜 세우고 앞으로 또 들이닥칠 수 있는 다양한 글로벌 안보 위협에 대응하려면 궁극적으로 이 문제들을 조율하고 관리할 특정 형태의 국제적 공조가 반드시 필요하다. 이번 위기를 보다 효과적인 글로벌 거버넌스(협치 체계)를 강화하는 계기로 삼아야 한다는 목소리가 속속 나오는 이유다. 국제 지정학 관련 컨설팅 업체 '키신저 어소시에이트'의 부회장이자 미 백악관과 국무부 요직을 역임한 로버트 호마츠는 한 논평에서 코로나19 사태가 전통적 군사안보 개념을 벗어난 3차 세계대전이나 마찬가지라고 지적하면서 "2차 대전 이후 시대에 세계 질서의 재건이 이뤄졌듯 이번 전쟁 역시 이를 위한 대대적 노력으로 이어져야 한다"고 주장했다.[320]

각자도생 속에서도 협력의 움직임이 부산하게 이어지고 있

코로나19 팬데믹은 우리가 얼마나 깊게 연결돼 있는지 비극적으로 상기시켰다. 바이러스는 국경을 모르는 전형적인 글로벌 도전이다. 맞서 싸우려면 우리가 인류라는 하나의 가족으로서 협력해야 한다. 코로나19 사태는 경보음일 뿐만 아니라 다가올 도전들에 대한 리허설이다.

안토니우 구테흐스
유엔 사무총장

었다는 점도 기억해야 한다. 코로나19 강타 초반 예기치 못한 충격 속에 우왕좌왕하던 세계는 정신을 가다듬으면서 차츰 공조의 틀을 갖추어 나갔다. 주요 20개국(G20) 정상들은 3월 사상 처음으로 화상으로 특별 정상회의를 열어 코로나19 대응 원칙을 논의했다. 이는 여러 차례의 추가적인 G20 재무장관·중앙은행장 회의로 이어졌고 한 달 뒤에는 보건·경제 영역에서의 공조 지침을 담은 '코로나19 행동 계획'이 마련됐다. 이를 통해 각국은 경기 부양책과 중앙 은행 대응을 조율하고 취약국들에 대한 국제기구의 자금 지원을 이끌어낼 수 있었다.

지역 연합체들도 역내 국가들의 대응을 조율하기 위해 두 팔을 걷어붙였다. 아세안(ASEAN, 동남아시아국가연합), 아세안+3(한국·중국·일본), 메르코수르(남미공동시장) 등이 잇따라 특별 화상 정상회의를 개최해 소속국가들이 협력의 뜻을 모으게 했다. 유럽연합(EU)의 역할은 특히 주목을 받았다. EU는 초반 회원국들의 일방적인 국경 폐쇄로 셍겐 조약(EU 회원국 간 자유로운 이동 보장)이 붕괴되고 있다는 쓴소리를 들었다. 하지만 각자의 대응으로 바쁜 중에도 회원국 정상들은 물론 재무·내무·관광·경제 등을 담당하는 장관들 간 출구 전략을 상의하기 위한 화상회의를 쉬지 않고 이어갔다.

연합이 또 다시 생사의 기로에 섰다는 지적들 속에서도 EU는 초기 대응상의 실수를 반면교사 삼아 단계적 국경 개방 등 논의가 필요한 의제를 설정하고 대응을 조율하는 역할을 포기하지 않았다. EU 27개국 회원국 정상들은 7월 일제히 마스크를 쓰고 직접 만나 며칠간 끝장 토론을 벌인 끝에 연합 차원에서 7500억 유로 상당의 대규모 코로나19 경제 회복 기금을 합의해냈다. 예산 운용에 대한 관점이 저마다 다른 회원국들 간에 기금 지원 방식을 놓고 보조금과 대출 중 어느 것이 위주가 되어야 하느냐를 놓고 첨예한 이견이 빚어진 상황에서 도출한 쾌거였다. EU 지도부는 기금 합의는 사상 최악의 위기 속에서 유럽이 단결하고 있다는 사실을 분명히 보여줬다고 강조했다.

민간과 공공, 시민사회단체, 자선가들이 함께 협력하는 형태인 세계백신연합 가비(GAVI)와 전염병대비혁신연합(CEPI)이 신속하게 백신과 치료제 개발에 나선 점도 주목을 받았다. 〈뉴욕타임스〉는 "정치 지도자들은 국경을 닫았지만 과학자들은 자신들의 국경을 완전히 깨뜨리고 역사적인 글로벌 협력을 조성하고 있다"며 "여러 나라의 수많은 전문가들이 이토록 긴박하게 한 가지 주제에 동시다발적으로 집중한 전례는 없다. 다른 연구는 거의 모두 중단될 지경"이라고 전했다.[321]

이 같은 움직임은 서로 다른 배경과 숱한 이견 속에서도 국가들이 끈질긴 상호작용으로 서로에 대해 긍정적인 인식을 형성하고 상호 호혜적인 관계를 구축하면 점점 더 내구성 있는 국제협력이 가능할 것이라는 믿음에 기반한다. 세계화 이후 인류에게 익숙하지 않은 대형 충격이 반복되면서 대혼란이 빚어지고 있는 지금은 국가들이 서로의 우려와 지향점을 이해하고 의견을 조율하는 사회화 과정을 통해 새로운 관계 정립을 꾀할 절호의 기회이기도 하다.

세계화의 다양한 측면을 비판적으로 분석해 온 네덜란드 레이든대학의 J.A. 숄테 교수는 신자유주의 일색의 경로에서 벗어나 세계화의 연결성을 인간 안보 실현과 국가들 사이 민주성 강화에 활용한다면 보다 인간적인 세계화가 가능하다고 강조해 왔다.[322]

## 포스트 코로나 시대 국제협력의 길은?

코로나19 사태 이후 각 나라가 국수주의의 유혹에 빠지는 것을 거부하고, 공명정대하고 책임감 있는 모습으로 탈바꿈하는 데 성공한다면 글로벌 협치 역시 탄력을 받을 수 있다. 이 같은 변화를 바탕으로 초국가적 문제를 다루는 일에 국가들이 더욱 적극적으로 참여한다면 국제기구 내 투명성과 민주성 확충이라는 개혁을 밀고 나갈 동력을 마련할 수 있기 때문이다. 제임스 퓨젤 LSE 교수는 세계화 시대 국가의 역할을 다룬 연구에서 "글로벌 거버넌스를 구축하려는 국제기관들의 품질은 근본적으로 회원국들, 즉 각각의 국가들의 질에 달렸다"고 지적하고 있다.[323]

포스트 코로나 시대에는 외부 위협에 대한 취약성을 낮추기 위해 개개의 국가적 체력을 키우려는 움직임과 더불어 국제협력을 통해 잠재적 위험을 방지하기 위한 다양한 노력들 또한 부단하게 이어질 전망이다. 국제 사회에서는 이번 위기를 교훈 삼아 공동의 위협에 대한 정보와 해결책을 국경을 넘어 최대한 신속히 공유할 수 있는 장치를 고안해야 한다는 제언이 나온다. 또 국가 간 협력을 통해 여러 위협들에 관한 대응 기준과 규칙을 미리미리 구축해 놓아야 할 것이다.

미 싱크탱크 피터슨국제경제연구소(PIIE)는 앞으로 기술을 활용한 초국가적 정보 공유와 위기 관리가 확대될 것으로 내다보면서 신뢰에 기반한 디지털 상호작용을 용이하게 할 공동의 규칙과 표준이 필요하다고 권고했다.[324] 호마츠 키신저 어소시에이트 부회장은 권위주의 국가와 자유주의 국가들 중 누가 더 대처를 잘했냐는 해묵은 논쟁에 빠져들어서는 안 된다고 지적하면서 방역에 활용한 대응 기법들과 영향을 종합적으로 살펴봐야 한다고 강조했다.[325]

옌스 스톨텐베르그 나토 사무총장은 국제 사회가 코로나19 사태에 대응하듯 기후 변화가 야기할 수 있는 재난에 대비해야 한다고 촉구했다.[326] 코로나19 피해가 컸던 국가 중 하나인 이탈리아의 아르만도 바루코 외교부 정책계획국장은 싱크탱크인 '유럽외교협회' 게재문에서 세계가 포스트 코로나 시대 정부 정책의 새로운 기준이 될 가치들을 점검해야 한다며 사회경제적 회복력과 지속가능성 강화, 불평등 완화, 기후 변화 등 글로벌 위협 대응 확대, 취약 지역과 인구 보호에 특히 힘을 모아야 한다고 주장했다.[327]

국제협력의 무대인 국제기구들의 개혁에도 속도가 붙을 수 있을지 주목된다. 특히 미·중 갈등과 코로나19 사태의 직격탄을 맞은 WTO와 WHO에 변화가 필요하다는 공감대가 형성돼 있다. 아제베두 WTO 사무총장의 중도 사퇴는 위기 와중에 WTO에 새로운 개혁의 기회를 열었다는 기대감도 나오고 있다. 2020년 하반기에 진행된 차기 사무총장 선거에는 한국의 유명희 산업통상자원부 통상교섭본부장을 비롯해 총 8명의 후보가 도전장을 던졌다. 이들은 후보 정견 발표에서 너나할 것 없이 자유 무역 체계의 재건과 WTO 개혁 완수를 핵심 공약으로 내걸었다.

영국 왕립국제문제연구소(채텀하우스)는 분쟁 해결 메커니즘의 회생과 더불어 글로벌 경제환경 변화를 반영한 무역 규칙 개선, 회원국들의 무역 정책 관리·감시 기능 강화 등을 WTO의 개혁 과제로 지목하고 있다.[328] 차기 리더십은 미국과 중국의 힘겨루기 사이에서 중심을 잡으면서 보호주의의 유혹으로부터 회원국들을 지켜내야 하는 쉽지 않은 역할을 떠안는다. 아제베두 사무총장은 후임자에게 빠르게 변화하는 정세에 민첩하고 유연하게 대응해야 한다는 마지막 조언을 남기고 떠났다.

WHO 역시 개혁의 바람을 타고 탈바꿈할 수 있을지 지켜봐야 한다. WHO는 화상으로 열린 2020년 총회에서 190여 개 회원국들의 찬성 아래 이번 사태에 관한 '공정하고 독립적이며 포괄적인 평가'를 실시하기로 합의했다. 평가위원회는 글로벌 보건 문제에 대한 대응 구조와 각국의 코로나19 대처를 종합적으로 살펴본 뒤 2021년 초 총회에서 최종 조사 결과를 발표할 계획이다. WHO가 초점을 맞춰야 할 글로벌 보건 문제의 재설정, WHO 방침에 대한 준수 의무 강화, 자금 공급원의 다양화를 통한 재정적 여력 재고 등이 WHO 개혁의 주요 논의거리로 제기되고 있다.[329]

독일과 프랑스 등 일부 유럽국들은 미국의 WHO 탈퇴 선언

이후 지금 필요한 일은 이 기구의 무력화가 아니라 개혁이라고 강조하며 추가적인 자금 지원을 약속했다. 옌슈 슈판 독일 보건장관은 "WHO가 정치가 아닌 사실에 기반한 의사 결정 절차를 갖추는 것이 중요하다"고 강조하면서 "국제적 문제를 놓고 국가가 고립된 해법을 추구한다면 실패할 수밖에 없다"고 말했다.[330]

# 미·중 사이의
# 미들 파워가 뜬다

9.

코로나19 팬데믹으로 폭발한 미국과 중국의 갈등으로 둘 사이에 놓인 애꿎은 다른 나라들에도 불똥이 튀고 있다. 미국은 중국을 겨냥한 공세를 쏟아내면서 동맹과 파트너들의 동참을 요구하고 나섰다. 중국은 '우리를 따돌리기 위한 파벌 짜기는 지지를 얻지도, 여기 가담하는 나라들에 이익을 가져다 주지도 않을 것'이라고 경고했다.

## 두 강대국 사이에 끼인 나라들의 고민

두 강대국의 편가르기로 난처한 입장에 놓인 나라는 한두 곳이 아니다. 미국과는 안보 측면에서, 중국과는 경제적으로 밀접한 관계를 맺은 세계 곳곳의 많은 나라들이 같은 고민에 빠졌다. 이들은 전후 국제 질서를 이끌며 안보를 뒷받침해 준 미국을 등질 수도, 그렇다고 경제의 큰 비중을 의존하고 있는 중국과 담을 쌓을 수도 없는 답답한 처지다.

유럽과 아시아의 미국 동맹국들은 2차 세계대전과 냉전 시대를 헤쳐 나가는 과정에서 미국이 제공한 안정적인 자유주의 질서

체제 안에서 국력을 키웠다. 미국의 힘이 예전 같지 않다는 지적이 나오지만 아직까지는 미국이 독보적으로 강한 국력을 유지하고 있다는 점을 생각하면 미국 편에 서는 게 바람직해 보인다. 하지만 세계의 공장이자 거대한 소비 시장인 중국을 등진다면 그에 따른 피해를 상쇄할 방안이 뾰족하지가 않다. 게다가 중국의 이익에 반하는 조치를 취할 경우 중국의 반발이 불 보듯 뻔하다.

한국, 일본, 호주 등 아시아 국가들은 중국과 국익이 엇갈리는 사안으로 혹독한 경제적 보복을 당한 기억이 선명하다. 유럽연합(EU)과 그 회원국들 역시 중국을 최대 무역 파트너로 두고 막대한 투자를 받고 있는 만큼 중국과 얼굴을 붉히는 일을 가능하면 피하는 게 상책이다. 영국, 프랑스, 독일 등 주요 서방국들은 5세대 이동통신망(5G)을 구축하면서 중국의 기술을 배제하라는 미국의 압박에 머리를 싸맸다.

미국이 동맹들을 대상으로 중국을 견제해야 할 당위성을 강조할 뿐 중국이 보복할 경우 피해를 어떻게 상쇄할지 뚜렷한 대안을 제시하지 않고 있다는 점은 더더욱 이들을 난처하게 만든다. 그렇다고 비자유주의 국가인 중국이 부상하면서 가해지는 안보와 가치 측면의 위협과 중국의 오랜 불공정 관행들에 대해 눈감고 있을 수만도 없다.

미국과 중국 모두 딱히 신뢰를 주는 행보를 보이지 않고 있다는 점은 '중간에 끼인' 나라들의 고민을 더욱 키운다. 코로나19 확산 동안 미국과 중국이 보인 모습은 두 나라가 위기의 순간 리더의 역할을 하길 기대한 다른 나라들에 실망만을 안겼다. 바이러스의 발원지로 지목된 중국은 사태 초반 의도적으로 심각성을 은폐했다는 논란에 휘말렸다. 미국은 다른 나라들과 방역 공조를 하기보다는 일방적 대응을 서슴없이 취했다. 전 세계에서 사망자가 급격히 늘고 있는 상황에서도 두 나라는 발병과 확산의 책임 소재를 놓고 상대방을 비난하며 네 탓 공방전을 벌였다. 〈뉴욕타임스〉는 유럽과 아시아의 여러 나라들이 이번 팬데믹을 통해 얻은 가장 큰 교훈은 중국의 권위주의 정권이 가하는 위협을 더 이상 부인할 수 없다는 점과 자국 우선주의 기조 아래 내부 문제로만 빠져들고 있는 미국에도 리더십을 기대할 수 없다는 사실이라고 지적했다.[331]

미국과 중국 모두와 우호적 관계를 원하는 중간국들에게 이둘의 움직임은 모두 자국 이익을 위해 국제 사회의 안정을 훼손하는 이기적 행동으로 비춰줬다. 하지만 미국과 중국은 순전히 상대쪽 때문에 국제 질서가 혼란에 빠졌다고 비난하면서 이를 바로잡아야 한다는 사명을 강조했다. 뉴질랜드 웰링턴 빅토리아대의 데이비드 카피 교수는 호주의 아시아 교류기관 '아시아링크' 분석글을 통해 "중국과 미국 모두 이번 위기로 평판이 손상될 것"이라며 "미국과 중국 모두 매력적인 리더십을 제공하지 못하고 있다"고 지적했다.[332] 이처럼 미국과 중국의 불화는 두 대국 사이에 놓인 나라들의 생사가 달린 실질적 문제로 급부상하고 있다. 이들은 두 강대국과 관계를 안정적으로 관리하면서 안보와 경제적 측면의 국익을 지켜내야 하는 어려운 과제를 떠안았다. 미·중 패권 경쟁이 두 나라 간의 갈등을 넘어 여러 나라에 공통적으로 골칫거리를 안기는 일종의 국제적 문제가 된 셈이다.

눈에 띄는 사실은 미·중 패권 다툼이 심해질수록 비슷한 처지에 놓인 나라들이 함께 살 길을 모색해야 한다는 목소리 역시 높아지고 있다는 점이다. 특히 미국과 중국 같은 슈퍼 파워는 아니지만 일정한 수준의 국력을 갖춘 '미들 파워(middle power, 중견국)'들의 움직임이 빨라지고 있다.


## 스스로 살 길을 개척하는 중견국들

학술적으로 중견국을 구분하는 명확한 기준은 없다. 미국이나 중국처럼 압도적인 정도는 아닐지라도 상위 수준의 경제력과 군사력을 갖췄으며, 이를 바탕으로 지역 또는 국제 영역에 대한 정치적 관여를 추구하는 나라를 주로 중견국이라고 부른다.[333]

국력에 따라 그룹을 세분화하는 경우도 있지만 여기에서는 미국과 중국에 이어 차상위권에 해당하는 나라들을 미들 파워로 묶어 설명하려 한다. 이들은 미국이나 중국과 직접 힘을 겨룰 만큼 국력이 세거나 영향력이 크지는 않다. 하지만 이해 관계가 달린 문제와 관련해 각자가 보유한 역량을 활용해 의사 결정에 목소리를 반영하고 자체적인 입장을 갖고 적극적 외교를 펼치고 있다.

코로나19 사태 동안 미국과 중국의 일방적 조치들이 비판을 받는 중에도 여러 중견국의 활약이 눈에 띄었다. EU와 캐나다, 프랑스, 독일, 이탈리아, 일본, 사우디 아라비아, 노르웨이, 스페인, 영국 정상들은 코로나19 백신과 치료제, 진단키트의 공동 개발과 보편적 배포를 목적으로 온라인 기금 서약 행사를 공동 주최했다. 이들은 단 몇 시간 만에 74억 유로를 모금했다. 미국은 아예 참여하지 않았고 중국은 EU 주재 대사만이 덩그러니 자리를 지켰다. 3월 본격적으로 코로나19 감염자가 폭증하면서 미국과 유럽국들이 우왕좌왕하고 있을 때 상대적으로 선제적 방역에 성공한 한국의 제안을 계기로 G20 특별 화상 정상회의가 열리기도 했다. 한국은 유엔의 '보건안보 우호국 그룹', WHO 안의 '글로벌 감염병 대응협력 지지 그룹', 유네스코 내 '연대와 포용을 위한 세계시민교육 우호국 그룹' 등 국제 사회의 방역 협력과 연대를 촉진하기 위한 다자 외교에도 앞장섰다.

각자도생 대응에 밀려 크게 조명을 받지는 못했지만 중견국들이 상부상조를 실천한 사례들도 많았다. 독일은 중환자실 병상이 부족한 이탈리아, 프랑스, 네덜란드 등 이웃국으로부터 환자 수백 명을 수용했다. 프랑스는 아프리카 국가들의 방역을 재정적으로 지원하기 위한 '코로나19 헬스 인 커먼(Covid 19-Health in Common)'을 설립했다. 두 나라가 합심해 미국의 제재로 경제난을 겪어 온 이란에 코로나19 의료 장비를 제공하는 선심을 발휘하기도 했다. 호주와 뉴질랜드는 파푸아뉴기니, 피지 등 인근 태평양 섬나라들에 의료 장비와 진단키트를 지원했으며, 인도는 남아시아 지역협력연합(Saarc) 차원의 코로나19 펀드 조성을 주도해 역내 국가들을 위한 긴급 자금을 지원했다. 한국 역시 전 세계 110여 개국에 코로나19 진단 시약을 수출하면서 방역 선진국으로서 면모를 발휘했다.[334]

미국이 탈퇴를 선언한 WHO에 대해서는 독일, 프랑스, 영국 등 여러 중견국들이 잇따라 추가적인 자금 지원 계획을 발표했다. 미국과 중국이 참여를 꺼리고 있음에도● 백신 공동 구매와 배분을 위한 국제 협의체 COVAX(코백스)에 2020년 8월 말 기준 172개국이 참가하겠다는 뜻을 밝히기도 했다. G20과 아세안, EU 등 각 지역의 다자 협력 기구들을 통해 이뤄진 코로나19 대응 조율과 무역 안정화 노력의 중심에도 중견국들이 있었다. 미국과 중국의 주도가 부재한 상황에서도 여러 중견국들이 낙담하고 있기보다는 어떻게든 국제 공조를 꾸리는 노력을 하고 있는 것이다.

하쉬 판트 영국 킹스칼리지대 교수는 인도의 싱크탱크 '옵서버 리서치 재단(OSF)'의 분석에서 이 같은 추세를 통해 중견국들의 역할이 점점 커지고 있다는 사실을 알 수 있다고 말했다. 그는 "코로나19가 국제 질서에 미친 영향을 미국과 중국이라는 G2 체제 위주로 접근하려는 경향이 있다"며 "그러나 이런 역내 파워들을 고려하지 않고 향후 세계 질서를 분석한다면 편향적인 시각에 빠질 위험이 있다"고 강조했다.[335]

미·중 사이 긴장 고조가 하루이틀 문제가 아닌 만큼 둘의 갈등 속에서도 살 길을 찾으려는 중견국들의 노력 역시 임시변통이

● 중국은 2020년 10월, 코백스에 참여한다고 발표했다.

작은 국가들은 강대국들에 미약한 영향력밖엔
미칠 수 없지만 아무런 힘이 없는 것은 아니다.
작은 국가들은 경제 협력과 지역 통합 강화,
다자 기구 구축을 통해 하나의 집단으로서 영향력을 키우고
무역, 안보, 기술처럼 중요한 이슈들에 대해
집단적 입장을 발전시킬 수 있다.

리센룽 싱가포르 총리

아니다. 싱가포르 리센룽 총리가 2019년 6월 아시아안보회의(샹그릴라 대화)에서 한 연설은 미·중 간 첨예한 갈등으로 인한 불안정 속에서 중견국들이 집단적 협력을 모색하며 국제 현안에 대한 역할을 키워 나가야 할 필요성을 잘 제시했다.

그는 "싱가포르 같은 작은 나라들은 강대국들에 미약한 영향력밖엔 미칠 수 없지만 아무런 힘이 없는 것은 아니다"라며 "작은 국가들이 경제 협력과 지역 통합 강화, 다자 기구 구축을 위해 함께 노력할 수 있는 많은 기회가 있다. 이를 통해 우리는 하나의 집단으로서 영향력을 키우고 무역, 안보, 기술처럼 우리에게 중요한 이슈들에 대해 집단적 입장을 발전시킬 수 있다"고 말했다.[336] 혼자 떼어 놓고 본다면 중소형 국가들의 힘은 미약할 수밖에 없다. 하지만 같은 우려를 공유하는 여러 나라들이 함께 목소리를 낸다면 미국이나 중국의 일방적 움직임을 자제시키고 이들의 패권 경쟁으로 초래될 수 있는 부작용을 완화할 여력이 커진다는 얘기다.

미·중 파워 게임으로 시끄러운 와중에서도 중견국들은 물밑에서 꾸준히 부작용을 완화하기 위한 노력을 해왔다. 이들은 개별적 힘의 한계를 잘 알고 있기 때문에 같은 문제의식을 가진 주변 나라들과 힘을 합쳐 해법을 모색하려 한다. 호주 로위 연구소는 2019년 아시아 태평양 국가들의 대외 영향력을 분석한 결과 한국, 일본, 호주, 싱가포르 등 주요 중견국이 국력 증대 차원에서 의도적으로 이해관계를 공유하는 나라들과 관계를 강화하는 정책에 공을 들여온 것으로 나타났다고 분석했다.[337] 미국이 빠졌음에도 11개국이 포괄적·점진적 환태평양경제동반자협정(CPTPP)을 발효했고, 역내 국가들 간 공동 군사 훈련과 다자 외교적 협력이 확대되는 등 다자주의 움직임이 갈수록 힘을 받고 있다는 진단이다. 이 연구소는 미·중 관계에서 긴장감이 고조될수록 역내 중견국들의 협력 역시 강해질 것으로 내다봤다.

최근 몇 년 사이 중견국들의 협력 움직임 중에서도 특히 돋보이는 사례가 있다. 독일과 프랑스는 2019년 초반 뜻을 같이 하는 약 50개국을 모아 '다자주의 연대(Alliance for Multilateralism)'를 발족했다. 이들은 이 연합체를 통해 고립주의와 국수주의에 맞서 국제협력을 증진하겠다고 천명했다. 공동의 목표는 함께 이루고, 이해관계가 상충한다면 조율하기 위해 여러 나라가 함께 협력하자는 것이다. 이 조직체는 사실상 미국의 일방주의에 대한 맞수의 성격이 크다는 평가를 받았다.

'다자주의 연대'는 특이하게도 공식적인 국제기구의 형태를 따르지 않는다. 그보다는 협력을 위한 기본적 원칙과 규범에 공감하는 참가국들이 사안에 따라 유연하게 연합할 수 있도록 돕는 일종의 '네트워크'를 자처하고 있다.[338] 구속력 있는 정식 협약에 근거한 국제기구의 경우 어떤 조치를 취할 때마다 정해진 격식을 거쳐야 하고 매번 모든 회원국 사이 보편적인 의견일치를 이뤄야만 하는 번거로움이 크다. 러시아의 싱크탱크인 '발다이 클럽'은 국가 간 다자 협력이 다자주의를 통해 이익을 볼 수 있다고 믿는 나라들이 상황별로 각자 이해관계와 역량에 맞게 자발적으로 힘을 합침으로써

참가에 대한 부담은 덜고 협력의 실효성은 키우는 형태를 갖춰가고 있다고 분석한다.[339]

　　다자주의 연대의 접근법도 이와 같은 맥락이다. 이 모임은 그동안 자동화 무기 사용, 디지털 소통 시대 정보 공유, 사이버 공간의 평화와 안정 등 새로 등장한 국제 문제들에 대해 대응 원칙을 선제적으로 마련하는 활동을 펼쳐 왔다. 코로나19 위기가 불거지자 한국 등 30개 참가국을 모아 '글로벌 보건 거버넌스 강화와 인포데믹(infodemic, 잘못된 정보의 급속한 확산) 대처'를 주제로 대응 방안을 협의하기도 했다.[340]

## 미들파워의 연대가
## 국제질서를 바꿀 수 있을까?

　　중견국 중심의 다자 협력 작전은 연합국들이 국익을 지키면서 미·중 갈등은 완화시키고 국제 질서의 안정감까지 높이는 다중 효과를 노린다. 호주 국립대의 앤드루 카 박사는 중견국들의 대응 전략을 분석한 연구에서 이들이 대립하는 강대국들 사이 생존을 모색하면서 우호적인 환경 조성에 필요한 규칙과 표준을 정립하려 노력하고 있다고 설명한다.[341] 이 같은 접근법이 효과를 내기 위해서는 서로의 우려와 공동의 문제를 공유하기 위한 상호 작용이 필수적이다. 성공적인 협력 경험이 늘어날수록 참가국 간 신뢰와 상호 호혜성도 한층 높아진다. 이들이 함께 도출한 규칙과 해법들은 국제 문제를 둘러싼 대응의 기준이 되어 세계 평화와 안정을 유도하는 장치로도 쓰일 수 있다.

국제관계 학계 일각에서는 중간에 위치한 나라들의 연대가 강력해지면 미국과 중국도 이들을 함부로 얕볼 수 없을 것이라는 기대감이 꾸준히 제기됐다. 중견국들이 어떤 입장을 취하는지에 따라 힘의 균형이 달라질 수 있기 때문이다. 미국과 중국이 편 모으기를 시도하는 이유 역시 결국 다른 나라들의 지지를 바탕으로 해야 보다 효과적으로 영향력을 행사할 수 있다는 점을 알기 때문이라는 점을 고려하면 충분히 일리가 있는 얘기다. 벨기에 루벤대학의 탕기 스트루예 드 스위랑드 국제관계학 교수는 중견국들의 정세 안정화 역할을 연구한 논문에서 "집단을 이루면 훨씬 강해지므로 두 강대국의 편가르기 정책의 희생양이 될 여지도 줄어든다"며 "중견국들의 관계가 강화되고 신뢰가 커질수록 강대국이 강압적 방식으로 행동할 경우 치러야 할 비용도 높아진다"고 분석한다.[342]

미국 매사추세츠 피치버그 주립대의 조슈아 스페로 교수는 중견국들의 연결 역할을 주목한 연구에서 강대국들이 종종 이들을 무시하고 조작하고 장악하려 하지만 이들이 상호 연결과 협력을 꾀함으로써 강대국들이 조장하는 딜레마를 완화할 수 있다고 설명했다.[343] 일각에서는 아예 미국과 중국 모두를 의도적으로 포함하지 않는 새로운 '중견국 연합체'를 형성할 필요가 있다는 주장도 나온다.[344] 미국이나 중국과의 관계를 대체하기 위한 목적이 아니라 미·중 경쟁 국면 속에 안정적 국제 정세를 조성하기 위한 전략 차원에서 이 같은 협력체가 필요하다는 시각이다.

　　미국 싱크탱크 랜드(RAND) 연구소의 알리 와인 정책분석가와 보니 글레이저 전략국제문제연구소(CSIS) 선임 고문은 외교안보지 〈내셔널 인터레스트〉 기고글에서 "미국과 중국이 중견국들이 이들의 전략적 교착상태를 바라만보는 수동적 관전자가 될 것이라고 여긴다면 태만"이라며 "안정적인 지정학적 환경을 조성하는 일보다 상호 경쟁만을 우선한다면 다른 나라들이 전후 질서의 규범과 원칙, 기관을 짜는데 주도적 역할을 하는 상황을 마주하게 될 수 있다"고 경고했다.[345] 보호주의에 빠진 트럼프 행정부가 TPP에서 일방적으로 탈퇴하자 일본 주도로 미국을 제외한 CPTPP가 발효된 것처럼 중견국들이 자국 이익이 되는 정책들을 추진하는데 꼭 미국의 관심이 필요한 건 아니라는 설명이다.

　　미국을 제외한 다자 협정이 굳이 미국에 유리한 기준이나 규칙을 따를 이유는 없다. 미국이 길가에 넋 놓고 앉아있는 시간이 길어질수록 미국이 빠진 새로운 무대가 점점 공고화될 것이고 이는 결국 미국을 의사결정을 주도하는 '룰 메이커(rule-maker)'가 아닌 정해진 규칙을 따라야 하는 '룰 테이커(rule-taker)'의 입장에 놓이게 할 거란 우려가 나오는 이유다.[346]

　　중견국들이 미국과 중국을 배제하고 추진하는 일들이 점점 많아진다면 어떻게 될까? 와인 분석가와 글레이저 고문은 비슷한 사례가 쌓이면 궁극적으로 미국과 다른 나라들 간에 시스템적 차이가 조성될 수 있다고 지적했다.[347] 반면 중견국들 입장에서는 미국과 중국 사이에서 선택을 고민하지 않아도 되는 구체적인 대안들이 하나 둘 늘어나는 셈이다.

코로나19 사태 동안 나타난 움직임들을 생각하면 이는 지나친 상상이 아니다. 팬데믹 기간 중견국들이 보여준 활동이 포스트 코로나 시대에서 좀 더 체계성을 갖춰 범위를 확대한다면 미국과 중국에 기대되던 역할을 대체할 잠재력이 상당하다. 중견국 협력체가 강력한 실체를 갖추게 된다면 '팍스 아메리카나(Pax Americana, 미국 주도의 세계 질서)'의 쇠퇴가 야기한 리더십 공백을 채우고 중국의 호전적 행동에 대해서도 집단적 목소리를 내 이를 억제하는 효과를 기대할 수 있다는 기대감이 나온다. 저마다 자신들의 비전이 옳다고 주장하기만 할 뿐 누구도 뚜렷한 리더십을 제공하고 있지 않은 'G0' 시대를 체념하고 방관하기 보다는 같은 문제 인식을 가진 나라들이 생각을 공유하고 서로 간 이해를 꾀하여 효과적인 글로벌 거버넌스 실현을 위한 첫 발을 내딛어야 한다.[348] 유럽 일각에서 나오는 주장처럼 세계가 자국 우선주의 흐름에 휩쓸리는 상황을 막고 여럿이 힘을 모으는 이른 바 '다자 협력 우선(Multilateralism First)'으로 전환하는 것이다.[349]

물론 각국의 자조(self-help)를 강조하는 현실주의적 조언이 널리 받아들여지는 국제 관계에서는 아무리 좋은 의도라도 섣불리 상대국을 믿는 게 석연치 않을 수 있다. 다른 나라와 협력한다는 것은 좋은 의도이든 나쁜 의도이든 독자적인 행동을 할 여지가 줄어든다는 의미이기도 하다. 그만큼 다자주의의 효과를 높이기 위해서는 협력의 효과에 대한 확신과 이를 증진하겠다는 용기가 필요하다.

　　독일 국제안보연구소(SWP)의 한스 마울 연구원은 다자주의의 난제를 분석하면서 국가들이 장기적 관점의 혜택을 위해 당장의 국익상 불이익을 기꺼이 감수할 수 있는가라는 시험을 마주하고 있다고 설명한다.[350] 또 일반인들에게 '미국 우선주의'나 '중국몽' 같은 국가 중심적 구호들이 매우 실체적이고 감정적으로 호소력 있게 다가오는 데 비해 다자주의는 애매모호하고 엘리트 관료들이나 즐겨 사용하는 동 떨어진 개념처럼 느껴진다고 지적한다. 자유 민주주의 국가들뿐만 아니라 중국, 러시아 같은 권위주의 정권들도 모두 다자주의와 국제협력을 강조하고 있다는 면에서 이 개념을 둘러싼 논의가 '동상이몽'이라는 비판도 제기된다. 진정한 의미의 다자 협력을 위해서는 제도적 차이가 심한 나라들 간에도 상호 작용이 필요한데 현재의 다자주의 노력은 서구 국가들 위주로 진행되고 있다는 한계를 보이고 있기도 하다.[351]

　　미국과 중국이 눈에 불을 켜고 지켜보고 있는 상황에서 이들을 우회하는 협력을 펼친다는 일 역시 말처럼 쉽지 않다. 실제로 다자 협력을 추구하는 나라들 사이에서도 만에 하나 국익 손상이 있을 가능성 때문에 적극적인 공조를 망설이는 모습이 종종 나타나고 있다. 각각의 나라 모두가 미국과 중국에 대한 의존도가 높은 상황이다 보니 이들은 혹시나 자신들의 집단 행동이 두 강대국의 심기를 거슬리게 해 응징을 당할 가능성을 늘 염두에 두고 있다. 예컨대 쥐스탱 트뤼도 캐나다 총리와 아베 신조 전 일본 총리는 2019년 정상회담 자리에서 중견국 공조가 중요하다고 함께 목소리를 높였지만 정작 뒤에서는 이 같은 시도가 행여 미국이나 중국에 잘못된 신호를 보낼까 소심한 움직임만 취하고 있다는 비판을 받았다.[352] 장이브 르드리앙 프랑스 외무장관은 "대다수 나라가 여전히 다자주의와 유엔을 지지하고 있지만 국제협력이 당연한 일이라고만 여기고 침묵해 왔다"고 지적하면서 "더 이상은 안 된다. 다자주의를 하려는 국가들은 이 점을 알리고 힘을 합치고 목소리를 내야 한다"고 강조했다.[353]

## 독일, 프랑스, 일본, 인도의 행보를 주목

코로나19라는 전례 없는 충격이 중견국들이 보다 적극적으로 다자 협력에 나서는 결정적 계기가 될 거란 희망도 높아지고 있다. '협력은 바람직한 것'이라는 모호한 당위성을 넘어 협력을 하지 않을 경우 재앙적인 손실을 감당해야 한다는 점을 모든 나라가 실감나게 겪었기 때문이다. 대형 위기를 경험할 때마다 국제 사회는 보다 나은 형태의 다자 협의체를 고안해 냈다. 1973년 석유 파동 사태로 빚어진 세계 경기 침체는 주요 7개국(G7) 모임을 탄생시켰다. 1990년대 후반 아시아 금융위기를 겪으면서 재무장관, 중앙은행장 회의 형태로 시작한 주요 20개국(G20) 체계는 2008년 글로벌 금융위기를 겪으면서 회원국 정상들이 국제 문제를 논의하는 장으로 역할이 확대됐다.

코로나19 사태에 따른 새로운 주요국 협의체의 등장 가능성은 이미 제기됐다. 트럼프 미국 대통령은 G7을 구식으로 표현하면서 현재의 국제 정세를 반영할 수 있도록 모임을 확대하자고 주장했다. 한국과 인도, 호주, 브라질, 그리고 서방 국가들과의 갈등으로 기존 회원 자격을 박탈당한 러시아가 새로운 구성원으로 거론됐다. 중국과 러시아는 트럼프 대통령의 본 의도가 대중 견제 전선 짜기라는 비판을 가하면서도 G7 체계가 한계에 봉착했다는 점에 대해서는 동감을 표했다.

　　먼저 말을 꺼낸 곳은 미국이지만 G7 확대 체계가 성사되더라도 이 모임이 호락호락 미국이 뜻하는 방향으로 운영될 거란 보장은 없다. 모임에 참가하고 있는 나머지 중견국들 때문이다. 이들 역시 중국의 국력 확대를 경계하고 비판하고 있다. 하지만 노골적으로 중국을 배제시키기보다는 대화하면서 중국을 다자 협력의 틀 안에 융합시킬 필요성을 거듭 밝혔다. 무엇보다도 미국과 중국을 놓고 확실히 편을 가르는 접근법보다는 공동의 이익을 모색하기 위한 다자 협력을 강조하고 있다. 독일과 프랑스, 영국은 코로나19 진상규명을 놓고 중국이 보다 투명성을 보여야 한다고 촉구했다. 하지만 중국에 전적인 책임을 물어야 한다는 미국의 주장에 완전히 장단을 맞추려 하지는 않았다. G7 외무장관들은 3월 코로나19 대응을 논의하기 위해 모인 자리에서 공동 성명을 채택하지 못하고 회의를 마쳐야 했다. 중국 책임론을 주창하고 있는 미국이 '우한 바이러스'라는 표현을 성명서에 넣자고 강력히 주장했지만 다른 나라들이 모두 반대했기 때문이었다.

그동안 회원국들의 면모를 살펴보면 독일과 프랑스는 미국의 일방주의에 발맞추기를 거부하며 다자주의를 추구하겠다는 노선을 꽤 분명히 해왔다. 앙겔라 메르켈 독일 총리는 코로나19 기간 오프라인 G7 정상회의 개최 여부에 관해 "화상 회의이든 어떤 형식이든 나는 다자주의를 위해 싸울 것이다. G7과 G20 모두에서 이 점만큼은 매우 분명하다"는 의지를 피력했다.[354] 일본과 캐나다, 영국 역시 '다자주의 연대'에 함께하고 있다. 영국은 브렉시트를 강행하며 미국과 비슷한 내부 지향 일변도의 노선을 밟고 있다. 하지만 이들도 EU에 종속되지 않되 다자 협력이 필요한 국제적 이슈를 놓고 역할을 하고 싶다는 뜻을 밝혔다.[355] 이탈리아는 G7 회원국 가운데 최초로 일대일로에 합류하고 코로나19 사태 동안에도 중국으로부터 대거 방역 용품을 지원받는 등 중국에 우호적인 자세를 보이고 있다.

일본의 경우 안보를 의존하고 있는 미국 눈치를 살피면서도 중국에 대해 균형을 잡고 다자 협력의 장을 활용하려 해왔다. 일본은 2018년 EU와 '전략적 파트너십 협정'에 서명한 뒤 유럽국들과 외교안보 정책부터 무역, 환경, 디지털 등 새로운 국제문제 대응까지 광범위한 영역에서 적극적으로 협력을 강화하고 있다. 일본은 표면적으로 보자면 미국과 인도 태평양 전략을 이끌면서 대중 견제에 적극적으로 가담하는 듯한 인상을 준다. 하지만 동시에 미국 없이도 CPTPP를 발효하며 다자 간 협력에서 리더의 면모를 부각시키려 했다. 일본은 중국을 향해서도 일대일로나 인프라 개발 등을 놓고 조건부 협력 신호를 보내왔다. 특히 '고품질 인프라 투자(QII)'라는 원칙을 제시하면서 중국의 일대일로가 개방적이고 투명한 운영 체계, 경제적 지속가능성, 자연 환경, 사회적 영향 반영 등의 조건을 충족한다면 협력할 수 있다는 뜻을 밝혀 왔다. 이후 시진핑 중국 국가주석은 2019년 제2차 일대일로 포럼에서 인프라 사업의 높은 품질, 재정과 부채의 지속가능성 등을 강조하는 연설을 했다. 일본은 이어 같은 해 오사카에서 열린 G20 정상회의에서 고품질 인프라 사업의 국제적 원칙 채택을 주도했다. 일본의 이 같은 전략은 자국 기업들의 인프라 사업 기회를 확대하는 동시에 중국이 보다 높은 수준의 사업 기준을 따르도록 유도하는 효과를 노린 것으로 풀이됐다.[356]

인도 역시 미국과 중국 사이에서 모 아니면 도 식 편들기를 피해 왔다. 중국과 히말라야 산맥 일대 국경 분쟁을 벌이면서 최근 반중 정서가 나타나고 있긴 하지만 인도 정부의 전반적 외교 정책을 고려할 때 완전히 중국과 등질 가능성은 낮다. 인도는 과거 냉전 당시 아시아, 아프리카 개발도상국들의 '비동맹 운동(Non-Aligned Movement)'을 주도하면서 미국과 소련 어느 쪽에도 가담하지 않았다. 제3세계 국가들은 비동맹 운동을 통해 강대국들의 패권 다툼에 악용되길 거부함으로써 국가적 자주성을 지키겠다고 강조했다. 나렌드라 모디 총리가 이끄는 현 인도 정부는 특정 세력에 대해 배타적인 대외 정책을 추구하기보다는 필요에 따라 복수의 파트너십을 구축하면서 국제기구에서 존재감을 키우는 노력을 기울이고 있다.[357] 브루킹스 연구소의 탄비 마단 인도 담당국장은 미·중 경쟁에 대한 주요국들의 대처를 분석한 보고서에서 인도가 필요에 따라 이슈별로 어떤 협력체에 참여할 수는 있겠지만 특정 진영과의 동맹 형성은 자제할 것으로 예상했다.[358]

합류 제안을 받은 나라들은 'G7+a' 체제에 대해 미국이 의도하는 대중 포위보다는 다자 협력에 초점을 맞춘 입장을 밝혔다. 러시아는 중국이 빠진 체계의 실효성에 의문을 표하면서도 기본적으로 모든 종류의 대화 노력을 지지한다는 입장이다. 한국 역시 참가 의사를 밝히면서 방역과 경제 측면에서 한국이 할 수 있는 역할을 하겠다고 강조했다. 모디 인도 총리는 G7 확대 체계 구상을 포스트 코로나 세상에 대응하기 위한 '창의적이고 선경지명의 접근법'이라고 평가했다.[359] 중국에서는 미국의 의도에 불편한 심경을 드러내면서도 참가국들의 정치적 계산과 대중 의존도를 고려할 때 실질적 효과를 낼 수 있는 대중 견제 전선 구축은 어려울 것이라는 관측을 내놨다.[360] 참가국 모두 중국과 상당한 경제적 관계를 맺고 있는 만큼 중국을 향한 비판의 목소리를 내더라도 실질적인 반중 조치를 취하기는 어려울 거란 주장이다.

이런 면에서 트럼프 대통령의 G7 확대 주장은 의도가 어찌 됐든 중견국들이 필요성을 알면서도 선뜻 먼저 제안하고 나서기 어려운 문제를 먼저 공론화한 측면이 있다. 최종적인 형태가 어떻게 되든 이 모임이 서구 일색에 가깝던 형식에서 벗어나 서방과 아시아 태평양 지역의 핵심 중견국들을 한자리에 불러모으는 자리가 될 수 있다는 기대감도 나온다. 물론 코로나19 사태를 둘러싼 불확실성과 러시아의 재합류[361]를 둘러싼 서방국들의 강한 반발, 한국의 합류에 대한 일본의 부정적 반응 등을 고려할 때 확대 정상회의가 최종적으로 성사되고 이후로도 지속될 수 있을지는 지켜봐야 한다.

다른 한편에선 독일, 일본 등이 이번 위기를 계기로 유엔 개혁과 안전보장이사회 상임이사국 확대에 속도를 내자는 목소리를 높이고 있다. 팬데믹 위기를 계기로 과연 어떤 형태의 협력체들이 탄생할지, 이 체제를 이끄는 국가가 누구일지의 문제는 앞으로 국제 질서의 권력 구도를 가늠하기 위해 반드시 주목해야 할 요소다.

## 전 세계적인 문제는
## 중견국들이 활약할 기회가 된다

여러 장애물에도 불구하고 간과할 수 없는 사실은 중견국들의 단합이 강하면 강할수록 협력의 효과도 커질 것이라는 점이다.

미국의 예측 불가함과 중국의 자기 목소리 키우기가 날로 심화하고 있는 상황에서 다자주의는 단순히 듣기 좋은 말이 아니라 엄연한 생존의 전략이다. 따라서 이를 실현하기 위해서는 국가가 추진하는 여느 정책들과 마찬가지로 '어떤 주제'에 대한 다자 협력을 '누구와 어떤 방식으로' 할 것인지 구체적인 목표와 실행 방안을 고안해 내는 것이 중요하다. 서로가 같은 우려를 마주하고 있으며 이를 해소하길 원한다는 점을 공유하는 일을 시작으로 세부적 주제들에 대해 모두가 지킬 수 있는 규칙과 표준을 세워야 한다.

코로나19 사태는 그동안 다소 추상적인 협력 목표들을 그리고 있던 중견국들에게 꽤 명확한 과제들을 던져줬다. 공중 보건이나 환경 위기에 효과적으로 대처하기 위한 대응 기준, 포스트 코로나 시대에 떠오를 신 디지털 기술의 활용 표준, 질병 확산을 막기 위한 국경 방역 지침 등을 마련하는 데 속도를 내야할 때가 왔다. 향후 글로벌 공급망 개혁 과정에서 무역의 기준을 재정립하는 일 역시 모두의 현실적 이해 관계가 달린 긴박한 문제들이다. 그만큼 이 사안들은 논의를 시작하기 좋은 주제들이다. 중견국들이 주요 현안들에 대해 선제적으로 대응 기준과 원칙을 세운다면 강대국들이 의사결정 과정을 독점하는 일을 방지할 수 있을 것으로 기대를 모은다.[362] 이렇게 마련한 규칙과 기준을 참가자들이 일관성 있게 추진하는 것도 중요하다. 다자 협력은 꾸준한 노력이 필요한 일인만큼 단기적으로는 비효율적이고 소모적이라는 비판이 따라올 수 있다. 여기에 흔들려 참가국들이 계속 대응 기준을 바꾸고 언행이 불일치하는 모습을 보인다면 협력의 기반은 세워지지 않는다.

중견국들 스스로도 이분법적 사고를 경계하기 위한 생각의 전환을 이뤄야 한다. 글로벌 위협의 종류가 새로워진 만큼 이에 효율적으로 대응하기 위해서는 기존의 안보 관념을 넘어서는 상상력이 필요하다. 독일 사회민주당(SPD) 소속의 닐스 슈미드 연방 하원의원은 "글로벌 차원의 문제를 해결하려면 가능한 많은 나라들의 지원이 필요하다"며 "우리의 관점과 가치를 공유하지 않는 나라들과도 기꺼이 함께 일할 수 있어야 한다. 처음부터 누군가를 배제하지 않은 것이 중요하다"라고 지적했다. [363] 예컨대 2015년 체결된 파리 기후변화 협약과 이란 핵합의는 서방의 주요 국가들과 중국, 러시아가 뜻을 같이하면서 국가 체계의 차이를 넘어선 협력의 가능성을 보여줬다. 이들 합의는 자유주의 진영과 비자유주의 국가들이 공동의 문제를 놓고 협력한 모범 사례로 거론된다. 아울러 비슷한 문화권끼리가 아니라 아시아·유럽, 아시아·중동 같이 지역을 넘나드는 상호 작용을 시도한다면 새로운 시각으로 문제를 바라보고 각자가 가진 독특한 역량이나 기술을 활용할 수 있는 여지도 넓어진다.

반드시 국가 단위의 협력에만 집착할 필요도 없다. 도시 간 협력처럼 작은 단위의 직접적인 교류는 국가 전체 차원에서 추진하기에는 제약이 많은 사안들을 훨씬 신속하게 다룰 수 있고, 시민들의 실질적 필요를 더욱 효과적으로 충족시킬 수 있다. 일련의 협력 과정에서 중앙 정부뿐만 아니라 필요에 따라 지역 당국, 민간 기업, 비정부 행위자 등 다양한 주체들을 논의 과정에 동참시킨다면 보다 창의적이고 실현 가능한 해법들을 강구할 수 있을 것으로 기대된다.

스트루예 드 스위랑드 교수는 중견국들이 '수동적인 관전자'가 아닌 '적극적 이해관계자'가 돼야 한다고 촉구하면서 "더 많은 상호작용을 할수록 의제 설정에 미칠 수 있는 영향력도 커지고 촉진자, 중재자, 연결자의 역할도 훨씬 잘 해낼 수 있다"고 말했다. [364] 중견국들이 다자 협력을 얼마나 성공시킬 수 있느냐는 결국 여느 생존 전략을 실행할 때와 마찬가지로 이들의 의지에 달렸다.

　　"다자주의는 국가 간 협력으로 국제 문제를 관리하는 방법 이상의 가치가 있다. 계몽, 이성, 법의 지배, 공동의 진보 모색이라는 유산을 바탕으로 세계 질서와 인류의 모습을 짜기 위한 구상이기 때문이다. 일부가 여기서 이탈하고 국제기구를 악용하려 한다는 이유로 다자주의를 포기해 버린다면 안전망이 없는 세상에 살기로 동의하는 것과 마찬가지다"[365]라는 독일과 프랑스의 호소는 현 시대 중견국들에 다자 협력의 필요성을 뚜렷이 상기시킨다.

# 기술 패권 다툼,
# 또 하나의 전쟁

# 10.

"코로나 이전 시대라면 수년 간의 논쟁, 반대, 망설임, 지연을
겪었을 변화가 하루 아침에 갑자기 가능해졌다"_존 노턴 영국
케임브리지대 예술·사회과학·인문 연구소(CRASHH) 선임 연구원[366]

코로나19 대유행은 겨우 며칠, 몇 주 만에 인류의 일상이 돌
아가는 모습을 송두리째 바꾸어 버렸다. 사무실에 출근하는 대신 집
에서 원격 근무를 하고, 회의실에 모이는 대신 모니터를 통해 화상
회의를 한다. e커머스(전자 상거래) 서비스가 대폭 늘어난 덕분에 격
리에 들어가더라도 생필품 확보 걱정은 없다. 물건을 고르고, 돈을
내고, 배송 받는 일련의 과정이 비대면으로도 순조롭게 이뤄진다.
공급망과 물류망이 인간의 손길이 일일이 가지 않아도 되도록 스마
트해진 덕분이다.

격리에 들어가도 물리적 외출을 못할 뿐이지 세상과 단절되
는 것이 아니다. 전자 기기들을 통해 실시간으로 외부 세계와 소통
할 수 있다. 실내에서 원격으로 학습, 운동, 취미 생활을 즐기고 병
원 진료까지 받을 수 있는 원격 콘텐츠들이 쏟아져 나왔다. 인공 호

흡기 같은 방역 장비를 3D 프린터로 신속하게 찍어내 배포하기도 했다. 바이러스 감염자의 동선과 접촉자를 찾아내는 데는 정보 기술과 스마트 기기가 큰 역할을 했다. 빅데이터를 활용해 인구 이동이나 혼잡도, 장소 별 감염 위험을 실시간으로 분석하고 공유했다.

## 코로나19가 앞당긴 디지털 트랜스포메이션

'스마트 경제'는 정보 기술 발전에 힘입어 이전부터 점차 확대되는 추세였다. 하지만 코로나19 사태를 계기로 거리두기가 일상화되면서 '그럼에도' 물리적 상호 작용을 우선하던 인간 활동이 급격하게 디지털화 됐다. 고도의 기술에 바탕을 두고 있는 스마트한 변화들은 팬데믹이 장기화되고 있는 데다 경제적인 측면에서도 상당히 효율적이기 때문에 이번 위기 이후로도 영구적으로 일상에 뿌리내릴 거란 관측이 많다.

코로나19 대유행이라는 생각지도 못한 사건을 계기로 온 세상이 디지털화의 편리성을 체험하게 된 만큼 앞으로는 민간과 공공 부분 모두 너나할 것 없이 디지털 상품과 서비스에 집중하고 나설 것이란 전망이 나온다.[367] 코로나19 사태를 계기로 인류가 경제 활동을 하고 상호 작용하는 방식의 본질이 완전히 다시 짜이고 있는 것이다. 코로나19 위기가 끝나기도 전에 '뉴 노멀' 시대는 이미 열렸다.

코로나19가 촉진한 기술 혁명은 사람들의 생활만 변화시킨 것이 아니라 앞으로 국제 정세를 가르는 핵심 요인으로도 작용할 전망이다. 첨단 기술 산업이 이끌 디지털 인프라 구축은 포스트 코로나 시대 경제 회복과 국가 안보 확충의 핵심이다. 첨단 기기와 인공지능(AI), 로봇, 새로운 이동 통신과 운송, 제약·의료 산업 등과 관련된 기술은 고부가 가치 경제의 주요 동력이면서 국방력 강화에도 결정적 역할을 하기 때문이다.[368] 홍콩 싱크탱크 인텔액트의 첸 수 공동 창립자는 〈사우스차이나모닝포스트〉 기고글에서 "신기술은 우리가 알고 있는 경제와 사회를 급격하게 변화시킬 힘이 있다"며 "향후 세계 질서에 대한 가장 강력한 위협은 탐욕스러운 경제나 호전적 이념도 아닌 기술 그 자체"라고 내다봤다.[369] 적절한 정책과 지원으로 관련 분야를 적극적으로 육성해 기술 혁신에 성공하는 국가가 기술 혁명 시대의 승자가 될 거라는 주장이다.

4차 산업 관련 기술력은 앞으로 국가 경제의 성패를 가를 핵심 요인이다. 스마트 공급망과 물류망이 뿌리내리고 일일이 인간의 노동이 필요하던 부분들이 자동화되면 생산성 향상과 비용 절감 효과가 예상된다. 이런 상황에서 고용 시장의 대변환이 현명하게 이뤄진다면 일자리의 질과 노동자의 생활수준 개선으로 이어질 거란 기대와 자칫하면 역량 차이에 따른 불평등과 양극화가 심화할 거란 우려가 엇갈리고 있다.[370] 기술 혁명에 대한 성공적 적응 여부가 한 나라의 사회경제 전반이 새로운 단계로 도약하느냐 도태되느냐가 달린 국가적 생존의 문제라는 얘기다.

기술 혁신은 갈수록 다양해지는 안보 위협에 대응하는 데도 필수다. 앞으로의 위기는 코로나19 사태와 마찬가지로 기존에 알려진 정보는 없지만 그 위력이 미치는 범위는 광범위한 형태를 띨 가능성이 높다. 위기가 발생할 경우 대응의 핵심 중 하나는 관련된 모든 사실 관계를 최대한 신속하게 파악함으로써 시의적절한 의사결정을 하고 앞으로 펼쳐질 시나리오에 철저히 대비하는 일이다. 정보력이 위기 관리의 결정적 요소라는 의미다. 광범위한 정보 분석을 실시간으로 가능하게 하는 빅데이터와 인공지능 기술은 위기 상황에서 즉각적 대응과 신속한 회복을 돕는 것은 물론 아예 위기를 예측하고 사전에 방지하는 역할까지 수행할 수 있다.[371]

군사적 측면에서도 기술 발전은 방어력과 공격력 강화와 직결된다. 스마트 기술을 탑재한 무기와 로봇 병력은 원격 조종 아래 정확히 적의 움직임을 탐지하고 표적을 파괴한다. 군인이나 재래식 무기를 얼마나 많이 갖췄느냐가 국방력을 좌우하는 시대는 막을 내릴 것이라는 관측이 오래 전부터 있었다.[372]

미국 정보기술혁신재단(ITIF)은 국가 경제와 안보 모두에서 '실패하게 놔 두기에는 너무나 중요한(too critical to fail)' 첨단 산업 기술을 키우기 위해 범 국가 차원의 전략이 필요하다고 촉구하고 있다.[373] 국가들이 과거 글로벌 금융위기 당시 '실패하게 내버려 두기에는 너무 여파가 큰(too big to fail)' 거대 기업들을 구제하기 위해 팔을 걷어붙이고 나섰듯 포스트 코로나 시대에 살아남으려면 기술 육성에 뛰어들어야 한다는 조언이다.

## 새로운 전쟁은 디지털 세계에서 벌어진다

신기술 분야는 아직 확실한 글로벌 리더십이 구축되지 않은 상태다.[374] 때문에 디지털 경제 시대가 열렸다는 사실은 신세계의 권력 구도를 둘러싼 경쟁 역시 시작됐음을 뜻한다. 기술을 선점한 국가는 사용 방식을 둘러싼 표준 역시 세우게 된다. 기술을 갖고 있지 못하거나 뒤처진 나라들은 이를 따라야 할 뿐이다. 기술의 보유 여부가 곧바로 국력과 대외적 영향력으로 이어지는 셈이다.

인공지능, 온라인 네트워크를 활용한 사물인터넷, 클라우드 컴퓨팅●, 로봇 등의 분야는 미래 핵심 산업으로 막 각광받기 시작한 차에 코로나19 사태를 맞아 날개를 달았다. 위기를 전화위복으로 삼아 발 빠르게 기술을 개발하는 나라는 단순히 과학 기술이 앞서는 나라라는 입지를 얻는 것을 넘어 뉴 노멀 시대의 선도자가 될 수 있다. 인도 출신의 무쿨 산왈 전 유엔 정책자문관은 인도 매체 〈더 힌두〉 기고문에서 "신냉전은 영토가 아니라 기술과 무역에 의해 규정될 것"이라며 "국가 안보는 이제 인공지능과 사이버, 우주 공간상에서의 기술적 우위에 달렸다"고 강조했다.[375]

코로나19 팬데믹을 기점으로 더욱 노골화되고 있는 미국과 중국의 신경전 역시 기술 경쟁의 양상을 띤다. 기술적 우월성을 갖춘 나라가 곧 세계 정치경제의 주도권을 갖게 되기 때문이다. 앞서 살펴봤듯 중국은 첨단 산업의 글로벌 리더가 되는 것을 '중국몽'의

● 인터넷 상의 서버를 이용해 데이터 저장, 네트워크와 콘텐츠 사용 등 IT 관련 서비스를 사용할 수 있는 컴퓨팅 환경

신냉전은 영토가 아니라 기술과 무역에 의해 규정될 것이다.
국가 안보는 이제 인공지능과 사이버,
우주 공간 상에서의 기술적 우위에 달렸다.

무쿨 산왈 전 유엔 정책자문관

핵심 목표로 잡고 기술 개발에 열을 올리고 있다. 중국은 5G 네트워크와 데이터 센터 같은 '신 인프라' 구축과 디지털 경제화를 포스트 코로나 시대 경제 회복의 핵심 전략으로 천명한 상태다.[376]

신기술 활용을 둘러싼 미국과 중국의 경쟁은 시간이 갈수록 더욱 첨예하게 번질 전망이다. 시진핑 주석은 코로나19 사태를 계기로 기존의 일대일로 사업과 보건의료 분야를 접목해 '보건 실크로드'를 강력히 추진하고 있다. 코로나19 방역 조치의 많은 부분이 첨단 기술에 바탕을 두고 있다는 점을 고려하면 이는 중국 기술을 도입하는 나라들의 증가로 이어질 수 있다.

영국 싱크탱크 채텀 하우스는 기술 분야에서 중국이 글로벌 영향력을 미치는 영역이 점점 더 확대되면서 그동안 미국 중심의 '워싱턴 컨센서스'를 따라온 세계 표준과 제도들을 중국 주도로 재편하려는 시도 역시 강해질 것이라고 지적해 왔다.[377] 기술력을 갖췄는지 여부가 향후 세계에서 '규칙을 만드는 자'가 되느냐 '규칙을 따르는 자'가 되느냐를 가르는 요인이 된 셈이다.

미국은 기술 분야에서 중국을 견제하기 위한 조치를 속속 도입하고 있다. 기술 절도와 산업 스파이 문제는 미국이 집중하고 있는 중국 때리기의 단골 주제다. 미국은 중국과 무역 전쟁을 벌이면서도 지적 재산권 침탈과 중국 진출 미국 기업들에 대한 기술 이전 강요 문제를 빼놓지 않고 제기했다. 미국은 2020년 1월 서명한 미·중 1단계 무역 합의에 관세 문제뿐만 아니라 중국이 지적 재산권 강화를 위한 조치를 취하고 기업들에 기술 이전 압력을 가하지 않을 것이라는 조항을 기어코 포함시켰다. 미국은 코로나19 중국 책임론과 홍콩에 대한 중국의 일국양제 훼손 시도처럼 대중 압박을 강화할 구실이 생길 때마다 지적 재산권과 기술 보호를 위한 조치들을 들고 나오고 있다. 트럼프 대통령이 5월 중국의 홍콩 국가보안법 제정을 응징하겠다며 내 놓은 조치들에는 중국 인민해방군과 연계된 중국 유학생과 연구원들의 미국 입국을 금지하는 내용이 담겼다.

미 연방수사국(FBI)과 국토안보부 산하 사이버보안·인프라 보안국(CISA)은 중국이 코로나19 연구나 백신, 치료제 개발과 관련된 데이터 해킹을 시도하고 있다고 공식적으로 밝히면서 보건, 제약, 연구 분야 사업체와 기관들에 보안에 각별한 주의를 당부했다.[378] 안전성과 효능이 증명된 백신을 누가 먼저 개발하느냐 역시 기술 선점의 문제인 만큼 포스트 코로나 시대 세계 정세에서 리더의 자리를 선점하느냐와도 직결된다.

미국 정부는 자국 기술 보호책을 속속 도입하는 가운데 미국 기업들에 기술 혁신에 앞장설 것을 촉구해 왔다. 트럼프 대통령은 2019년 2월 자신의 트위터에 "나는 가능한 빨리 미국에 5G, 심지어 6G 기술이 도입되길 원한다…미국 기업들은 노력을 강화해야 한다. 아니면 뒤쳐지고 말 것이다…흥미로운 기술의 세계에서 우리는 우리가 하는 모든 것에서 항상 리더가 돼야 한다"고 적었다.[379] 미국 국방부의 마이크 그리핀 연구개발 담당 차관은 전자·생명 공학, 사이버 안보, 항공 우주, 인공지능, 통신 네트워크, 양자(quantum) 과학 등 기술 분야에서 '우월성'을 갖추는 일을 '미래 분쟁을 억제하거나

분쟁에서 승리할 열쇠'라고 강조했다.[380]


## '화웨이 사태'로 본 미·중 기술 패권 경쟁

미국이 중국 최대 통신장비업체 화웨이 죽이기에 나선 배경에도 기술 패권 경쟁이 있다. 화웨이가 미국이 벌이는 대중 공세의 핵심 타깃이 된 이유는 이 업체가 첨단기술 혁명의 핵심인 5세대 이동통신(5G) 산업에서 차지하고 있는 입지 때문이다. 1987년 설립된 화웨이는 통신장비 분야에서 글로벌 선도 기업으로 우뚝 서면서 지난 수십 년간 중국이 이룬 국력 발전의 산증인이 됐다. 화웨이의 활약과 중국 정부의 적극적인 5G 네트워크 구축 노력에 힘입어 중국은 이 분야의 '얼리 어답터(early adopter, 선제적 수용자)'로서 입지를 세우려 했다. 기존의 3G, 4G보다 훨씬 빠른 5G는 스마트 시티 구현과 제조 물류 산업의 자동화, 가상 네트워크 구축 등 디지털 사회를 현실화하는 데 필수적인 기술이다. 시장조사기관 IHS마킷은 5G 기술 구현이 다양한 산업에서 성장을 촉진하고 생산성을 향상시키는 연쇄 효과를 일으킬 것이며, 2035년까지 전 세계적으로 13조2000억 달러 상당의 경제적 기회를 마련할 것으로 예상했다.[381] 5G 기술력이 국가의 미래 경쟁력에 주요한 요소로 떠오른 것이다.

미국은 화웨이 장비가 국가 안보를 위협한다고 제동을 걸었다. 화웨이가 민간 기업을 표방하고 있지만 중국의 공산당 통치 체제를 고려할 때 이 업체의 장비들이 은밀히 중국 정부의 스파이 활동에 쓰일 수 있다는 것이다. 미국은 중국 정부가 '군민 융합'을 강조하고 있는 만큼 중국의 민간 기업은 군사적 용도에 종속돼 있다고 주장한다. 이를 근거로 미국은 자국을 넘어 동맹들까지도 국가 안보 차원에서 중국 기술과 장비를 5G 사업에서 배제해야 한다고 촉구해 왔다. 특히 영미권 첩보 동맹체 '파이브 아이즈(미국, 영국, 캐나다, 호주, 뉴질랜드)' 구성원들은 보안 시스템을 공유하므로 반드시 화웨이를 통신망에서 퇴출해야 한다고 주장했다. 화웨이와 중국은 미국의 주장이 억지라는 입장이다. 화웨이는 자사 통신장비들에 대해 정보기술 보안 관련 국제 공통표준(CC)을 비롯해 240여 개(2019년 4월 기준) 국제 보안 인증을 받았다고 밝히고 있다.[382] 중국 정부는 화웨이 장비 퇴출 움직임은 개방적이고 비차별적인 기업 환경 조성을 저해한다고 재차 반박했다.

일각에서는 기술을 둘러싼 미국과 중국의 주장의 정치적 갈등이 경제적 피해로 이어질 거란 경계감이 높아지고 있다. 영국 정부는 2027년까지 자국 5G 사업에서 화웨이 장비를 모조리 제거하기로 결정하면서 미국의 '화웨이 국가 안보 위협론'에 보조를 맞췄다. 하지만 정작 영국 통신업체들 사이에서는 격한 원성이 터져 나왔다. 이미 도입한 화웨이 장비들을 다른 공급업체들 제품으로 대체하려면 막대한 시간과 비용을 감당해야 하기 때문이다. 영국 경제분석업체 옥스퍼드 이코노믹스는 5G 인프라에서 공급 업체를 제한하는 식으로 경쟁에 제약을 가할 경우 그 나라의 5G 투자 비용이 16~19% 늘어나고, 더 많은 국민이 이 기술을 활용할 수 있는 시기 역시 지체될 것이라고 지적했다.[383] 이 같은 상황은 기술 혁신과 경제 성장을 방해할 수 있다는 우려를 더한다. 각국이 미국의 '화웨이 퇴출' 압박에 선뜻 응할 수 없는 이유도 여기에 있다.

## 유럽의 기술 전쟁 참전과
## 기술 혁명이 가져올 경제적 기회

기술 경쟁의 중요성이 부각되면서 유럽에서도 외부에 대한 의존도를 줄이고 '기술 주권'을 확보하기 위한 움직임이 빨라지고 있다. 그래야만 경제의 탄력성을 키우고 미국과 중국의 이권 다툼으로 피해를 보는 일을 방지할 수 있다고 판단해서다.

코로나19로 인해 유럽은 더 조급해졌다. EU 집행위원회는 코로나19 팬데믹 기간에 유럽의 전략적 자산 보호를 위한 지침을 내고 "현 위기가 핵심 자산과 기술 손실로 이어지지 않도록 경계하면서 연합 및 국가 차원에서 가능한 모든 도구를 활용해야 한다"고 촉구했다.[384] 비상 사태를 틈타 외국인직접투자(FDI) 등을 통해 EU 회원국들의 보건 역량이나 연구개발 성과를 가로채려는 시도가 들어올 수 있다는 경고다.

독일과 프랑스는 6월 유럽산 클라우드 컴퓨팅 플랫폼을 설립하기 위한 '가이아(GAIA)-X' 프로젝트를 주도해 발족했다. 코로나19 사태로 디지털 경제로의 대대적 전환이 이뤄지고 있는 가운데 미국이나 중국에 의존하지 않고 유럽식 기준과 가치에 기반한 디지털 인프라를 갖추겠다는 의도다. 독일과 프랑스 정상들이 나서서 유럽의 코로나19 회복 방안으로 디지털 전환 가속화를 제안하기도 했다. 이들은 "위기 동안 체험한 새로운 동력들을 지속가능한 디지털 발전과 디지털 주권 확충으로 전환시키자"며 유럽에서 5G 네트워크와 기술 인프라·보안을 확충하고 인공지능 산업의 체계를 세우자고 촉구했다.[385]

기술 혁명은 국가들 사이 새로운 경쟁을 조성하는 것을 넘어 국제 경제와 정치가 움직이는 원리에도 영향을 미칠 전망이다. 4차 산업혁명으로 자동화와 스마트 워크가 본격화되면 그동안 비교 우위에 따라 국제적 분업을 이뤄 온 글로벌 가치사슬(GVC)에도 영향을 미칠 수 있다. 특히 기업들이 인건비와 생산 비용이 싼 곳을 찾아 헤맬 이유가 줄어들면 저숙련 저임금 노동력을 앞세운 개발도상국의 역할은 축소될 수밖에 없다는 지적이 나오고 있다.[386] 대신 양질의 교육 훈련을 받은 고숙련 노동자들을 활용하면서 온디맨드(On-demand)● 추세에 부응하기 유리한 쪽으로 생산과 공급 라인이 재편될 가능성이 높아지고 있다.[387] 이런 측면에서 기술 혁신은 자국 우선주의를 지지하는 세력이 기업 리쇼어링의 당위성을 주장하는 데 활용될 소지가 있기도 하다.

반대로 디지털 플랫폼에 기반한 산업의 경우 국내가 아닌 바깥으로 더더욱 눈을 돌릴 수 있을 전망이다. 전자상거래와 온라인

● 소비자의 요구에 따라 다양한 맞춤형 재화와 서비스를 제공하는 것

콘텐츠 시장은 생산과 소비 모든 측면에서 시공간적 제약으로부터 자유롭다. 기업 입장에서는 큰 비용을 들여 물리적 인프라를 구축하지 않아도 낮은 비용으로 재화와 서비스를 세계 시장에 선보일 기회가 많아진다. 소비자 입장에서도 손바닥 안에서 취향에 맞는 상품을 찾아 전 세계 시장을 둘러볼 수 있으니 환영할 만한 일이다.

## 국제 정치의 뉴 노멀, 디지털 외교

국제 정치가 이뤄지는 방식 역시 변화가 이루어지고 있다. 원격 근무나 화상회의는 기업 활동만이 아니라 외교 영역에서도 뉴 노멀로 떠올랐다.

코로나19로 국경 이동이 제한되고 자가격리가 보편화된 상황에서 세계 정상과 관료들은 화상회의를 통해 간접적으로나마 머리를 맞댈 수 있었다. 예컨대 20개국 정상들이 각자의 집무실, 관저의 모니터 앞에 앉아 말 그대로 실시간으로 집단 화상 통화를 하는 광경은 이전에는 시도조차 이뤄지지 않은 일이었다. 코로나19 대응뿐만 아니라 큰 규모의 인원이 참여해야 하는 현안 논의도 종종 화상을 통해 이뤄졌다. 각종 정상회담과 관료 회의, 언론 브리핑이 대면 만남이 아닌 커다란 화면을 통해 진행됐다. 9월에는 유엔의 75년 역사상 처음으로 화상 연례 총회가 열렸다. 193개 회원국 정상들이 저마다 수행단을 이끌고 자리하는 유엔 총회는 세계 최대의 외교 무대로 불린다. 하지만 이번에는 각국 대표자 한 사람만 참석한 가운데 정상들의 사전 녹화 연설이 총회장을 채웠다. 이렇게 이른바 'E-외교(E-diploamacy, 전자외교)'가 새로운 형태의 외교로 자리잡고 있다.

　　디지털 외교가 오프라인 외교를 완전히 대체하기는 어렵다는 견해들도 있다. 외교란 단순한 토론 작업이 아닌 국가 간 고도의 상호작용이기 때문이다. 예컨대 정상회담에서는 정식 회의뿐만 아니라 지도자들이 만나 악수하고, 사진을 촬영하고, 만찬을 가진 뒤 산책을 함께하는 등 모든 단계가 외교의 일부다. 회의에서 나오는 말뿐만 아니라 만남이 이뤄진 분위기는 어땠는지, 대동하고 나온 인물은 누구인지, 정상들이 어떤 제스처와 표정을 취했는지 하나하나에 의미가 부여된다. 아울러 디지털 경제에 필연적으로 뒤따라오는 사이버 안보 문제도 간과할 수 없다. 온라인 공간에는 해킹이나 도청 가능성이 늘 도사리고 있기 때문이다. 논의 내용이 외부로 유출될 위험을 염두해야 한다면 국가 안보가 달린 중대 이슈들을 놓고 심도 있는 대화를 나누기 쉽지 않다는 우려도 나온다.[388] 결과적으로 E-외교가 자칫 피상적이고 형식적인 논의에 빠지면 오히려 이슈에 대한 궁극적인 합의와 이행이 어려워질 수 있다는 한계가 지적된다.

　　하지만 시공간의 제약이 덜한 디지털 외교가 국제협력의 기회를 늘리고 소통을 증진하는 순기능을 갖고 있다는 점도 부정할 수 없다. 알렉산드로 아조니 유럽안보협력기구(OSCE) 주재 이탈리아 대사는 〈월드 폴리틱스 리뷰〉에 "정교한 주제에 관한 협상을 위해서는 화상회의가 이상적이지 않을 수도 있지만 일상의 이슈를 토론하고 의견을 교환하기에는 매우 효율적"이라는 평가를 내놨다.[389]

디지털 외교는 정상들이나 협상가가 만남을 위해 여러 수행
단을 대동해 먼 거리를 이동해야 하는 번거로움을 던다. 시공간적
제약이 덜한 만큼 여러 참가자들의 일정 조율이 간편하므로 다자
외교 측면에서 특히 더 협력을 증진할 수 있는 수단이 될 수 있다.
나아가 민간과 도시, 시민사회까지 E-외교의 참여자를 다양화해 새
로운 외교의 장을 열고, 정보 공유의 개방성과 투명성을 개선하는
효과까지 기대할 수 있다.

　　코로나19 사태는 전 지구적 위협 요인이 불거졌을 때 여러
국가의 신속한 정보 공유와 대응 조율이 피해를 최소화하는 데 필
수라는 점을 보여주었다. 마크 에스퍼 미국 국방장관은 코로나19로
인한 여행 제한 조치로 화상 회의가 보편화된 상황을 언급하며 "우
리는 다자적 방식으로 소통할 수 있는 새로운 방법을 찾았다. 이를
계속 향상시킬 필요가 있다고 생각한다"고 말했다.[390]

포스트코로나
탈세계화
신 냉전
디커플링
뉴 노멀 시대
미국의 패권주의
시진핑의 중국몽
Middle Power
Great Reset
한국의 전략
동맹의 딜레마
국제 협력
독자노선
전략적 헤징
다자주의 연대

# 2부

How to adapt to
new world

앞으로의
세계에서
한국의 전략을
찾다

# 한반도의
# 숙명적 고민

**1.**

　미국과 중국의 힘겨루기에 코로나19 충격까지 겹치면서 국제 정세는 2차 세계대전 이래 가장 격렬한 지각변동을 겪고 있다. 역사적인 경험에 비춰볼 때 국제 질서가 동요하는 현 시점은 한반도가 우리의 의지와 관계없이 또 다시 강대국들이 일으킨 격랑에 빠져들 수 있다는 불안감을 키운다.

## 오랫동안 대국들의
## 전략적 요지 역할을 해온 한반도

　한반도는 지정학적으로 미국과 중국의 전략적 이해관계가 부딪히는 지역이라는 점이 더욱 우리를 긴장하게 만든다. 한 나라의 지리적 위치는 외부 세계와 관계를 맺는 과정에 큰 영향을 미친다.[1] 한반도는 특수한 지정학적 위치 때문에 상대적으로 영토의 크기가 작음에도 불구하고 역사적으로 아시아 주요 강국들의 관심을 끌었다. 남측과 북측을 모두 합친 한반도의 전체 면적은 약 22만 $km^2$ 이다. 중국(960만 $km^2$), 러시아(1700만 $km^2$), 일본(38만 $km^2$) 등 한눈에 봐도 덩치가 확연하게 큰 나라들이 한반도를 육해상으로 둘러싸고 있다.

한반도는 북쪽으로 중국의 북동부, 러시아 극동 일부 지역과 국경을 나란히 한다. 동쪽으로는 가까운 바다를 사이에 두고 일본을 마주하고 있다. 미국과는 물리적으론 멀리 떨어져 있지만 '미국의 호수'라고 불릴 정도로 미국이 막강한 영향력을 미치고 있는 태평양이 한국 앞에 펼쳐져 있다.

이런 지정학적 배경으로 인해 한반도는 역내 대륙 세력과 해양 세력 모두의 완충 지대로 여겨졌다. 대륙을 차지하고 있는 중국과 러시아 입장에서 한반도는 태평양에서 아시아 대륙으로 들어오는 경로를 보호할 '방패'다. 그러나 호전적인 세력이 들어설 경우 이 지역은 방패가 아닌 '망치' 역할을 한다.[2]

해양 세력인 일본에 한반도는 자신들을 드넓은 아시아 대륙과 연결하는 '다리'다. 동시에 일본을 향한 대륙 세력의 위협적 에너지가 모이는 지역이기도 하다. 일본은 1904년 한반도와 만주 지역의 지배권을 놓고 러시아와 전쟁을 벌이면서 한반도를 '일본의 심장부를 가리키는 단검'이라고 표현했다.[3] 이 지역이 러시아의 통제권에 들어간다면 일본의 운명이 북방 세력의 손에 좌지우지될 수 있다는 주장이었다.

아시아 태평양 지역의 막강한 해양 세력인 미국에도 한반도는 대륙과 해양 사이에서 전략적으로 활용성이 높은 지역이다. 중국과 러시아를 견제하면서 역내 힘의 균형을 지키기 위해 시선을 고정하고 있어야 하는 요주의 지역이기도 하다.

지정학적으로 한반도의 전략적 중요성이 높다 보니 주변 강국들은 이곳을 놓고 끊임없이 힘겨루기를 벌여 왔다. 동아시아 근현대사에서 발생한 여러 대규모 분쟁들은 이들이 누가 한반도에서 더 많은 몫을 차지할 것인지를 놓고 경쟁한 결과였다고 해도 과언이 아니다.[4] 청일 전쟁(1894~1895년), 러일 전쟁(1904~1905년), 1945년 한반도 분단, 뒤 이은 한국전쟁(1950~1953년)까지 역내 힘의 질서의 파고와 한반도의 비극은 매번 흐름을 같이 했다. 한반도 분단과 한국전쟁이 남과 북 사이의 갈등을 넘어 미국과 소련 간 힘겨루기의 시험대였다는 점은 익히 알려진 사실이다. 현재도 한반도는 둘로 나뉜 진영이 세력 균형을 이루는 형세로 위태로운 안정기를 이어가고 있다. 중국과 러시아, 북한으로 구성된 북쪽의 대륙 세력과 미국, 일본, 한국으로 이뤄진 남쪽의 세력이 어깨를 겨루는 형국이다.

이런 면에서 한반도는 국제관계학에서 말하는 국가 간 이권을 둘러싼 권력 투쟁이 적나라하게 표출되는 곳이다. 현실주의 국제학자들에 따르면 국제관계는 질서를 관리할 상위 권한이 부재한 무법 상태다. 그러므로 국가들은 살아남기 위해 스스로 서야 한다.

국가들은 자체적 힘을 증강하거나 이해 관계가 맞아떨어지는 다른 나라와 동맹을 형성하는 식으로 생존 방법을 모색한다. 한반도를 둘러싼 강대국들도 이런 이유로 역내 힘의 균형을 잡으려 분투해 왔다. 아시아 대륙과 태평양의 접합점인 한반도를 어느 한 세력이 장악한다는 것은 역내에서 힘의 균형이 흔들린다는 의미다. 다시 말해 한반도에서 세력 균형이 깨질 조짐이 나타날 때마다 역내 강대국들의 갈등이 따라왔다.

'안보 딜레마'나 '상대적 이익'이라는 개념을 살펴보면 한반도가 짊어진 지정학적 부담이 얼마나 무거운지 여실히 드러난다. 현실주의자들은 국가가 협력의 가능성을 따질 때 상호 이익을 이룰 수 있는 가능성보다 이 협력을 통한 결실을 추후 어떻게 나눌지 더 중요하게 따진다고 지적한다. 현대 국제정치학의 대가인 케네스 월츠 콜럼비아대 교수의 표현대로라면 국가는 협력을 통해 '둘 모두 이득을 얻는가?'가 아니라 '누가 더 많은 이득을 얻는가?'라는 질문을 던진다.[5]

한국전쟁 휴전 이후로도 냉전 때와 같은 대립적 상황 아래 통제되고 있는 한반도에서 이런 경향은 더욱 도드라진다.[6] 남북 또는 미국과 중국은 한반도를 놓고 확실한 상호 이익을 조성할 수 있다고 하더라도 이에 따른 상대적 이익이 가져올 결과를 경계한다. 때문에 협력의 긍정적 측면을 알면서도 서로를 신뢰하기가 쉽지 않다. 더군다나 질서를 유지하고 부당한 행위를 억제시킬 상위 권력이 없는 국가들의 세계에서는 살아남기 위해 의심해야 하는 딜레마가 꼬리에 꼬리를 문다. 국제관계에서는 누군가 불안감을 완화하기 위해 군대를 증강하면 여기에 불안을 느낀 다른 이들도 같은 움직임을 취하는 상황이 종종 연출된다. 이 같은 이치는 한반도와 아시아 정세에도 고스란히 적용된다. 국제학계의 거장 존 허츠 하버드대 교수가 지적한 '안보 경쟁과 권력 투쟁이 켜켜이 쌓이는 악순환'[7]이 반복되는 지역이 바로 한반도인 셈이다.

## 한반도가 신 냉전의 전쟁터가 되고 있다

최근 아시아에서 미국과 중국의 경쟁이 심화하고 있다는 사실은 또 다시 한반도가 이들 강대국의 경쟁의 장으로 변모할 수 있다는 우려를 높인다. 과거의 사례를 보면 한반도는 역내 패권 국가들이 자신들의 이익과 야욕을 확장하는 데 필연적으로 눈독을 들인 곳이었다.

반복되는 전례를 볼 때 떠오르는 중국, 이를 억제하려는 미국의 이익이 엇갈리는 현재 아시아 정세에서 한반도의 지정학적 중요성이 이 두 거대한 강국들의 주목을 받는 것은 당연한 이치다. 미국과 중국이 이미 각각 한국과 북한이라는 군사 동맹을 통해 한반도에서 대치하고 있다는 현실은 상황을 더욱 복잡하게 만든다. '중국몽'의 실현을 천명한 중국에게 북한은 여전히 매력적이다. 한국과 일본에 기반을 둔 미군을 자국 국경으로부터 떼어놓기 위한 훌륭한 완충 지역이기 때문이다. 인도 태평양 지역에서 '재균형'정책을 본격화하고 있는 미국에도 한국은 태평양 건너편의 미국을 아시아 대륙과 연결시킴으로써 중국을 억제할 유용한 도구다.

한반도가 분단되어 있다는 사실은 아이러니하게도 서로를 견제하고 싶은 미국과 중국의 이해관계에 썩 잘 들어맞는다. 한반도가 이런 갈등 구조에서 어떤 입지를 지니게 되느냐에 따라 혹은 미국과 중국이 이 지역을 둘러싼 역내 안보 환경을 어떻게 관리하느냐에 따라 두 거인들의 관계는 추가로 악화할 수도 개선될 수도 있다. 그리고 그 여파는 한국은 물론 역내 국가들 모두에게 여과 없이

전해질 것이다.

아시아 지역에서 미국이 중국과 신경전을 벌이고 있는 지역은 물론 한반도만이 아니다. 수로와 자원 문제가 걸린 남중국해나 홍콩과 대만의 자치 독립 문제도 미국과 중국의 주요한 정치 경제적 이해관계가 엇갈리는 문제들이다. 그럼에도 한반도의 지정학이 특히 주목받는 이유가 있다. 마이클 맥더빗 전 미국 해군 소장은 한반도와 관련한 미국의 동아시아 안보 정책을 분석한 연구에서 '한반도는 미국이 한국과의 동맹 협정에 따라 북한의 위협 시 공개적으로 대응을 해야 할 강력한 군사적 의무를 지닌 지역'이라고 강조했다.[8] 중국 역시 북한과 강력한 군사 동맹관계를 바탕으로 한쪽이 군사적 공격을 받을 경우 다른 쪽이 즉각 지원을 위해 개입하도록 약속하고 있다. 미어샤이머 프린스턴대 교수는 저서에서 "남과 북이 전쟁에 빠져들고 중국과 미국이 이 싸움에 휘말리는 시나리오를 상상하기란 어렵지 않다. 1950년에도 그런 일이 있었다"고 언급하고 있다.[9] 미국과 중국이 한반도 내 경쟁을 심화시키거나 위기 관리에 실패할 경우 양국 관계에 파국이 빚어질 수 있다는 얘기다.


## 미국과 중국은 왜 한반도에 집중하나

일각에서는 '미국에게 한반도는 핵심 이익이 아니다'라고 말한다. 미국이 한국전쟁으로 소련의 확장주의적 의도가 드러나서야 한반도 문제에 개입하기 시작했다는 지적이다. 실제로 1950년 미국이 설정한 극동 방위선 '애치슨 라인'은 한국을 포함하지 않았다. 당초 미국의 역내 안보 전략은 주로 일본에 집중해 소련과 중국의 세력 확장을 억제하는 것이었다. 하지만 이 선을 긋기 무섭게 발발한 한국 전쟁은 한반도가 미국의 역내 핵심 이익 관철을 위해 결코 경시할 수 없는 지역임을 상기시켰다.

일본과 서태평양에서 미국의 이익을 방어할 지정학적 완충 공간으로 한반도 서쪽의 중요성이 떠오르면서 독자 세력의 한반도 장악을 막고, 역내 힘의 균형을 유지하는 일 역시 미국의 주요한 목표로 거듭났다.[10] 현재 동아시아 본토에 속하는 위치에 미국이 군을 상주시키고 있는 지역은 사실상 한반도가 유일하다.[11] 중국 국경 바로 근처에 물리적 힘을 배치해 중국을 압박할 수 있다는 것은 미국으로서 큰 이득이다.

역설적이게도 골칫덩이로 여겨지는 북한은 미국이 아시아 군대 주둔을 정당화할 강력한 이유를 제공한다. 한반도에 배치된 막강한 미군 군사력은 자연스럽게 대만 같은 다른 지역적 이슈에도 영향력을 미친다. 이런 이유로 미국은 끊임없이 한·미 동맹의 역할 확대를 꾀했다. 커트 캠벨 전 국무부 동아태 차관보와 미첼 리스 전 국무부 정책기획국장은 역내 미군의 역할을 분석한 연구에서 "북한의 위협이라는 실제적 명목이 없다면 한국뿐만 아니라 일본 등 역내에 주둔하고 있는 미군의 철수나 감축을 요구하는 목소리가 커질 수 있다"고 지적했다.[12]

역내 막강한 군사력을 유지해야 할 뚜렷한 명목이 없는 상황이라면 미국의 화살이 명실상부 중국을 겨누고 있다는 우려 역시 높아질 수 있다. 미·중 관계 전문가인 로버트 로스 보스턴대학 교수는 이런 측면에서 버락 오바마 미국 행정부가 한·미 동맹 등을 활용해 중국 본토 주변 지역에 대한 군사적 영향력 강화를 꾀했다고 분석했다.[13] 오바마 전 대통령은 한·미 연합 훈련 규모 확대와 한·미·일 3자 합동 군사훈련 실시를 모색했다. 미군 주둔의 기본적 정당성을 제공하는 한국을 미국과 일본이 필두로 선 남쪽 세력으로 확실하게 끌어당김으로써 중국을 턱밑에서 견제하는 효과를 노린 셈이다. 도널드 트럼프 행정부의 경우 동맹들과 책임 분담을 이유로 공개적으로 주한 미군을 비롯한 역내 미군 감축 가능성을 거론했다. 하지만 동시에 오바마 전 행정부가 추진한 한국 내 사드 배치를 그대로 추진했다. 한국·일본과 협력을 통한 미사일방어(MD) 시스템 강화를 재차 강조하기도 했다. 중국 정부는 이 같은 움직임을 두고 미국이 중국 동부의 군사활동을 감시하며 자국 미사일 역량을 견제하려 한다고 지속적으로 반발하고 있다.

　　한반도의 전략적 중요성은 미국에게만 유효한 것이 아니다. 중국 역시 여러 가지 지정학적, 역사적 연유로 한반도 문제에 대한 자신들의 몫을 주장하고 있다. 지난 수천 년 역사에 걸쳐 중국에 한반도는 유용한 완충 지역이었다. 특히 한반도 북부가 중국 동부의 육지와 해상에서 상당한 범위의 국경을 맞대고 있는 만큼 중국은 안보 측면에서 이 지역을 주시할 수밖에 없다.[14] 일본이 한반도를 교두보 삼아 중국 대륙으로 침투하려 한 역사를 잊지 않고 있기 때문이다. 한반도는 지금도 중국이 태평양으로부터 가해지는 물리적 위협을 차단하고 미국의 역내 영향력을 상쇄하는 데 활용할 수 있는 유용한 방패다. 그래서 중국은 북한과의 동맹을 통해 지정학적으로 일본 같은 제3의 세력을 견제하고 있다.[15] 이런 면에서 중국이 한국 전쟁에 참전한 최대 목적은 자국 안보를 위해 미국이 역내를 장악하는 상황을 막기 위한 것이었다는 풀이가 나오기도 한다.[16] 북동부 국경 바로 아래에 미군을 두는 것은 중국으로서 큰 부담이기 때문이다.

이러한 전략적 필요성에도 불구하고 지금 북한은 중국에 골칫덩이로 전락했다는 비판도 있다. 북한이 핵개발 같은 도발적 행동을 반복하면서 한반도 안정을 선호하는 중국의 이익을 깎아먹고 있기 때문이다. 그렇지만 중국은 이런 성가심을 감수하더라도 북한을 포기할 의향이 없어 보인다. 북핵 개발을 막기 위한 대북 제재의 필요성에 동조하면서도 엄격한 적용을 회피하는 중국의 처신이 그 근거다. 중국 입장에서 대북 제재는 그로 인한 여러 파급 효과를 고려할 수밖에 없는 사안이다.

중국은 한반도 정세 불안이 초래할 수 있는 북한 급변 사태와 친미 성향의 통일 한반도 탄생 가능성을 경계하고 있다.[17] 그래서 중국은 한반도에 대해 전쟁과 불안정은 안 된다는 부전(不戰), 불란(不亂)과 핵무기를 용인할 수 없다는 무핵(無核) 등 3가지 우선순위를 오랫동안 강조했다. 대중 무역 의존도가 90%에 이르는 북한에 대해 중국이 경제적 지원을 끊었다가 자칫 북한 정권이 무너지면

미국은 한반도의 경제적 미래를 놓고 중국과 경쟁하고 있다. 미국
이 이 경쟁을 해 나가는 방식은 미·중 힘의 균형과 역내 자유주의
규칙 기반 질서의 내구성에 영향을 미칠 것이다.

크리스틴 리
신미국안보센터(CNAS) 연구원

한반도 정세가 장단기적으로 막대한 혼돈에 휩싸일 수도 있다는 지적도 나온다.[18] 북·중 접경 지역에 탈북자들이 밀려들어 사회정치적 혼란이 조성되는 상황 역시 불안 요인이다. 중국 입장에서는 북한이 불안에 빠진 사이 만약 미국과 동맹 관계인 한국 주도로 한반도 통일이 이뤄질 경우 분단 상태에서 유지되던 역내 균형이 깨져 버릴 것을 우려하는 것이다.[19]

중국은 북한뿐만 아니라 한국의 전략적 중요성에도 주목하고 있다. 중국은 1992년 한국과 수교한 뒤 남북 모두와 관계 강화를 추구해 왔다. 이 같은 시도는 북한과 한국 모두와 우호적 관계를 발전시킴으로써 한반도에 대한 입김을 강화하겠다는 의도로 풀이된다. 미국 컬럼비아대 한국연구센터의 새뮤얼 김 선임 연구원은 한반도와 주변 강대국들의 관계를 분석한 저서에서 중국이 남북을 놓고 '두 개의 코리아 사이 균형'을 유지하려 한다고 설명한다.[20]

양국 간 역사 문화적 긴밀함과 경제 교류의 결과 현재 중국은 한국의 최대 무역 파트너로 거듭났다. 일각에서는 이런 여건을 바탕으로 추후 한·중 관계가 훨씬 더 깊어질 잠재력이 상당하다는 전망이 나오기도 한다. 데이비드 샴보 조지워싱턴대 교수는 중국의 역내 관여 전략을 분석하면서 한국에 대한 영향력이 커지면 중국이 미군의 한반도 주둔과 한·미 동맹이 자국에 가하는 위협을 완화시킬 기회를 노릴 수 있을 것이라고 지적했다.[21]

중국의 사드 배치 보복 사례는 중국이 일련의 과정을 통해 쌓은 대남 영향력, 특히 필요하다면 언제든 경제적 힘을 행사할 의지가 있다는 점을 잘 보여줬다. 지정학적 위치와 북한 문제에 더해 경제적으로도 중국과 불가분의 상태에 놓인 한국은 이 같은 위협을 항상 기억해야 한다.


## 미·중에게 한반도의 지리경제적 가치는

미국과 중국의 경쟁이 역내 경제적 주도권을 다투는 양상으로 번지면서 최근 들어서는 한반도의 지경(지리경제)학적 가치도 한층 더 주목받고 있다.

중국과 미국은 각각 일대일로 사업과 인도태평양 전략에 한국의 참여를 요청하고 있다. 이는 단순히 자기 편을 늘리려는 의도가 아니라 역내 경제적 이익을 극대화하기 위한 측면에서 한반도의 전략적 필요성을 봤기 때문이다. 미 외교관 출신의 로버트 블랙윌 미외교협회(CFR) 수석 연구원 등은 《다른 수단을 통한 전쟁(War by other means)》이라는 책에서 지경학을 '경제적 수단을 활용해 국가 이익을 증진하고 방어하며, 이로운 지정학적 결과를 산출하는 것이자 다른 나라들의 경제적 조치가 한 나라의 지정학적 목표에 미치는 효과'라고 설명한다.[22] 인도태평양 전략과 일대일로가 각각 경제적 영향력이 닿는 범위를 넓히기 위한 의도를 내포한다는 점에서 미국과 중국의 경쟁 역시 지경학적 성격을 띤다고 할 수 있다.

한반도는 동북아의 한가운데에 위치하면서 육지와 바다를 모두 맞대고 있다는 특성 때문에 지경학적 측면에서도 일종의 다리가 될 수 있다. 한국이 이 지역의 핵심적인 경제 강국으로 성장했다는 점은 한반도에 대한 미국과 중국의 구미를 더욱 당기게 한다. 한국이 입지적으로도 주요 중견국으로 발돋움했다는 점에서 미국과 중국은 역내 전략에 한국의 지지를 이끌어냄으로써 관련 사업의 정당성과 신뢰성을 높이는 효과를 노릴 수 있다.[23] 현재 한국 정부는 어느 한 쪽에 대한 공식적인 지지를 피하면서 우리의 필요에 따라 양쪽 모두와 협력할 수 있다는 입장을 강조하고 있다. 그러면서 "해양과 대륙을 잇는 가교 국가로서 정체성 회복"을 한국의 비전으로 제시하고 있다.[24]

중국이 추진하는 일대일로의 핵심 사업 중 하나는 중국 북동부 가장자리 지역의 오래된 산업지구를 다시 재건하는 일이다. 중국 정부는 2015년 발표한 일대일로 비전·행동 계획에서 동북 3성(헤이룽장, 지린, 랴오닝)과 러시아 극동 지역에서 육·해상 복합 교통 사업에 관한 협력을 강화하겠다고 명시했다.[25] 해당 지역과 근접한 한반도 역시 중국의 주요 관심 대상이다. 랴오닝성 정부는 일대일로의 일환으로 중국 단둥에서 북한 평양, 한국의 서울과 부산을 잇는 철도 사업 구상을 2018년 내 놓기도 했다.[26] 이는 북한을 넘어 한국·일본까지 중국의 교역 항로를 확장하겠다는 의도로 풀이됐다.

중국은 한·중·일 자유무역협정(FTA) 타결 시 일대일로 사업과의 시너지 효과를 강조하고 있기도 하다. 이를 통해 한국과 일본 기업들은 육·해상을 잇는 무역 항로를 활용할 수 있고, 중국 역시 사업의 활용도가 높아지면서 일대일로의 영향력을 키울 수 있다고 보기 때문이다.[27] 이런 구상에서 엿볼 수 있듯 대륙 세력인 중국에 한반도는 동쪽의 열린 바다로 영향권을 확대하기에 유용한 교두보다.

중국의 일대일로 사업은 한국에는 기회이면서 경계가 필요한 대상이다. 한반도와 아시아 대륙, 유럽, 아프리카를 연결하는 교역 항로가 실현된다면 무역 의존도가 높은 한국 입장에서도 새로운 경제적 기회다. 이에 따라 한국 정부가 추진하는 북방 정책을 일대일로와 연계해 역내 경제적 협력을 강화한다면 북한의 변화를 촉진하는 데도 도움이 될 거란 분석도 제기된다.[28] 중국과 한반도의 협력 무대가 넓어진 파급 효과로 역내 정세의 안정을 기대할 수 있다는 의미다. 사실 한국 정부도 이 같은 효과를 노려 왔다. 문재인 정부는 중국 동북 3성, 러시아, 중앙 아시아와의 협력 사업 강화를 목표로 하는 신 북방 정책을 통해 역내 평화를 증진하고 경제적 기회를 찾을 수 있는 영역을 확대하겠다는 구상을 세웠다. 현 정부만이 아니라 박근혜 정부에서 추진한 '유라시아 이니셔티브' 역시 북방 경제 공동체 구축을 통한 북한의 개혁개방 유도를 추구했다는 면에서 맥락을 같이 한다.

다만 한반도에 대한 중국의 영향력 심화 가능성은 주의할 요인이다. 중국이 일대일로에 한국을 포함하려는 주된 목적이 자국의 북동 지대 개발을 위한 것인 만큼 오히려 한국 무역의 대중 의존도를 높이는 결과가 초래될 수 있다는 우려가 있다.[29] 대중 경제 의존도 심화는 미국과 중국의 갈등과 코로나19 사태로 공급망과 시장의 다변화가 강조되는 국면에서 경계해야 할 상황이다.

한편 미국 역시 한반도를 통해 얻을 수 있는 지경학적 이익을 주목하고 있다. 미국은 한국이 일본, 호주, 인도, 아세안(ASEAN, 동남아시아국가연합), 파이브 아이즈(미국, 영국, 캐나다, 호주, 뉴질랜드로 구성된 영미권 첩보 동맹) 등과 더불어 인도태평양 전략 이행을 위한 핵심 동맹이라고 재차 강조해 왔다. 또 한국 정부의 신 남방 정책과 인도태평양 전략의 지향점이 같다고 지목하면서 역내 인프라 개발과 디지털 경제 구축을 주요한 협력 사업으로 꼽았다.[30]

미국 입장에서 한국은 자국이 조성한 '규칙에 기반한 질서' 안에서 성공적인 고속 성장을 이룬 나라다. 때문에 한국은 미국 주도 경제 질서의 효과와 정당성을 보여준다고 내세울 만한 사례다. 해리 해리스 주한미국 대사는 한 국내 언론 기고문에서 "한국의 빠른 경제 발전 이야기는 익히 알려졌고 전 세계적 모델로 여겨진다"며 "오랜 세월이 지나도 건재한 모델로서, 한국은 세계에 도움이 되는 더 많은 일을 할 수 있는 시기"라고 강조했다.[31] 이런 측면에서 한국은 인도태평양 지역에서 미국이 증진하려는 가치를 지키고 확산하는 데 기여할 수 있는 일종의 '가치 증폭기(values multiplier)'라는 기대가 나온다.[32]

북한이 갖고 있는 지경학적 잠재력 역시 미국이 간과할 수 없는 요인이다. 중국은 한국의 북방 정책을 자신들의 일대일로 사업에 접목시켜 미래에 북한을 경제적으로 활용할 계획을 가지고 있다. 이 같은 계획은 북한의 폐쇄적 태도로 진척이 쉽지 않은 것이 사실이다.

하지만 중국은 선제적으로 북한 경제 개발과 연계할 수 있는 구상을 세움으로써 북한을 자신들 영향권 아래 묶어 놓겠다는 의지를 드러내고 있다. 크리스틴 리 신미국안보센터(CNAS) 연구원은 〈내셔널 인터레스트〉 분석에서 "미국은 한반도의 경제적 미래를 놓고 중국과 경쟁하고 있다"며 "미국이 이 경쟁을 해 나가는 방식이 미·중 힘의 균형과 역내 자유주의 규칙 기반 질서의 내구성에 영향을 미칠 것"이라고 주장했다.[33] 미국이 장기적인 관점에서 대북 정책을 세울 때 한반도에 대한 경제적 주도권 문제도 고려해야 한다는 지적이다. 이런 면에서 부동산 개발업자 출신인 트럼프 미국 대통령의 북한에 관한 언급은 흥미롭다. 그는 한 외신 인터뷰에서 "(김정은 북한 국무위원장이 비핵화를 한다면) 북한은 엄청난 경제 대국으로 만들 기회를 가지게 된다"며 "그 이유 중 하나는 북한이 러시아, 중국, 한국 사이에 있다는 것이다. 나는 부동산 사업을 한다. 대단한 위치다. 그들은 경제 강국이 될 기회를 가졌다"고 주장했다.[34]

## 한국, 깊어지는 딜레마

미·중이 한반도를 전략적 요지로서 중요하게 생각하는 것만큼이나 한국도 군사, 경제적으로 두 나라에 의존하고 있다. 때문에 미·중 양국의 신경전이 심해질수록 한국의 딜레마도 커진다.

미국이 북한을 포함한 안보 위협으로부터 오랫동안 한국의 방패가 되어 주었다면 중국은 현재 한국의 최대 경제 파트너다. 한

쪽에는 안보, 다른 한쪽에는 경제를 의존하고 있는 처지는 미·중 간 패권 경쟁에서 한국의 취약성을 더욱 키우는 요인으로 작용한다. 이처럼 복잡한 상황에서 미국에 대한 의존성을 더욱 높인다면 중국과의 경제적 관계 악화를 초래할 수 있고 그렇다고 중국 쪽으로 몸을 기울이면 안보의 기반인 한·미 동맹의 신뢰를 훼손할 수 있다. 더군다나 현재 한·미, 한·중 관계에서 안보는 미국 경제는 중국이라고 뚜렷하게 선을 그어 논할 수 없기도 하다. 미국은 한국의 자유 시장 경제 체제 발전에 큰 몫을 한 데다 중국 다음으로 규모가 큰 교역국이다. 또한 북한 문제를 풀고 한반도의 영구적 평화 체제를 구축하는 일에는 중국의 협조가 필요하다.

그렇다면 한국이 취할 수 있는 전략은 무엇이 있을까? 2부에서는 국제관계 학계에서 국가의 전략으로 논의되고 있는 여러 주제들을 바탕으로 한국이 고려할 수 있는 선택지를 5가지로 분류했다. 동맹, 편승, 자주, 헤징(위험 분산), 다자 협력 등이다. 이에 기반해 첫째, 동맹인 미국을 택할 경우. 둘째, 중국에 편승할 경우. 셋째, 핵무장을 통한 독자 노선을 구축할 경우. 넷째, 미·중 사이에서 헤징하며 무게중심 잡기를 시도할 경우. 다섯째, 다른 나라들과 다자 협력을 강화할 경우 등 5가지 전략을 살펴본다. 각각의 선택지를 둘러싼 찬반 연구들을 소개하며 정치 경제적 장단점을 비교 분석했다.

# 미국을 선택한다면?
# 동맹의 딜레마

**2.**

미국과 중국 사이에서 더 이상 고민하지 않고 확실하게 노선을 정한다면 어떨까? 조심스러운 얘기지만 현재의 국제 정세를 냉정하게 따져볼 때 섣부른 양자택일은 위험한 도박이 될 수 있다. 역내 정세의 불확실성과 한국이 처해 있는 여건들을 복합적으로 고려할 때 혈맹으로 여겨져 온 미국을 택일한다 해도 이 같은 위험을 완전히 피할 수 없다.


## 한·미 우호 동맹이 깨질 경우

미국을 택해야 한다는 주장의 핵심은 '한국에게 한·미 동맹만큼 신뢰할 수 있는 안보 보장책은 없다'는 것이다. 실제로 미국은 한국에 대해 오랫동안 선의 넘치는 수호자 역할을 해왔다. 1953년 한·미 상호 방위조약 체결 이후 한국은 미국이 제공하는 타의 추종을 불허하는 군사력 아래 보호받으면서 빠른 경제 성장에 집중할 수 있었다.

북한이 여전히 명백한 안보 위협으로 남아 있는 현재도 한·미 동맹은 한국에 막강한 억지력을 제공한다. 여타 초국가적 안보 현안들이 장기적인 관점에서 대응을 필요로 하는 성격을 띠는 반면 북한이 가하는 물리적 위협은 한국의 눈 앞에 놓여 있는 너무나도 현실적인 문제이기에 여전히 한·미 동맹은 중요하게 여겨진다.[35]

　　국력 발전에 따라 미국의 지원 없이도 우리 힘으로 충분히 대북 억제가 가능하다고 생각할 수도 있다. 한국은행의 남북 비교지표를 보면 2019년 기준 한국 인구는 약 5171만 명으로 북한(약 2525만 명)보다 2배가량 많다. 1인당 국민총소득(GNI)은 대략 한국(3743만 원)이 북한(141만 원)의 약 27배다.[36] 글로벌 파이어 파워(GFP)는 2020년 기준 한국의 군사력을 세계 6위, 북한 25위로 평가했다.[37] 이 지표는 핵 역량을 제외하고 육·해·공 상에서 재래식 수단을 활용한 각국의 잠재적 전쟁 능력이 얼마나 되는지 평가한다. 한국이 이미 북한에 대해 확실한 국력상의 우위를 점하고 있다는 것은 이렇게 객관적 지표로도 확인할 수 있다.

　　그러나 북한의 핵 역량 강화가 계속되고 있다는 점이 요주의 문제다. 미국 싱크탱크 랜드(RAND) 연구소의 대표적 군사 전문가인 브루스 베넷 선임 연구원은 나와의 인터뷰에서 "1950년 이래 북한은 그들 통제 하의 한반도 통일을 원한다는 점을 매우 분명히 해왔고 계속 그렇게 말하고 있다"며 "대부분 한국인들은 북한이 남한을 통제할 수 없을 거라고 상상한다. 하지만 한국이 미국과의 동맹을 버리고, 북한은 핵무기 구축을 계속한다면? 북한이 자신들 주도의 통일을 받아들이도록 한국을 압박할 수 있다고 판단하는 데 과연 얼마나 시간이 걸리겠는가"라고 설명했다.

    미국의 대표적인 동북아 군사 문제 전문가인 베넷 연구원은 북핵 위기와 역내 안보 환경 변화에 대해 오랫동안 연구했다. 그는 "김정은(북한 국무위원장)이 핵무기 프로그램을 해제하겠다고 굳게 약속했음에도 핵무기 생산 역량을 늘리고 있는 것으로 보인다"며 "북한이 최소 200~300개의 핵무기를 갖춘 핵전력 구축을 시도하고 있다는 인상을 받았다"고 지적했다.[38] 북한에게 핵무기는 자신들 주도의 한반도 통일을 추구하며 미국을 역내에서 몰아내려는 수단인 동시에 패권국 지위를 노리는 중국의 지배력 강화에 대항할 용도이기도 하다는 분석이다. 베넷 연구원은 북한의 핵무기가 규모상 방어용을 넘어 주변국에 영향력을 행사하기 위한 적극적 수단으로 변모하고 있다는 입장을 밝혀왔다.[39]

    한·미 동맹은 넓은 관점에서 볼 때 한국에 대북 압박 이상의 효용성이 있다는 점 역시 중요하다. 토머스 크리스텐센 컬럼비아대 교수는 동아시아 지역에서 미국이 일종의 외부 조정자이자 경찰 역할을 하면서 역내 불안정을 완화하는 효과를 제공하고 있다고 분석하고 있다.[40]

    스콧 스나이더 미 외교협회 선임연구원은 한·미 동맹의 향방을 분석한 저서에서 한국이 근본적으로 이웃 강대국들보다 경제적 군사적으로 허약하다는 점을 지적하면서 미국이 자발적으로 한국에 대한 안보 보장을 철회하지 않는 한 한국이 강력한 한·미 동맹 유지에 집중해야 한다고 주장한다.[41] 영토 크기, 인구, 자원 같은 기본적으로 주어진 여건을 고려할 때 한국이 아무리 국력을 키운다고 해도 상대적으로 덩치가 큰 주변 강대국들을 압도적으로 능가하기는 쉽지 않다는 것이다.

이 같은 관점에서 보자면 중국은 물론 일본, 러시아 등 주변 강대국들이 호시탐탐 역내 세력을 강화할 기회를 노리는 상황에서 글로벌 패권국이자 한국과 자유 민주주의 가치를 공유하는 미국은 한국이 기댈 수 있는 최고의 버팀목이다. 역사적으로 근접 거리의 주변 강대국들의 등쌀에 시달려 온 한국 입장에선 바로 옆에 붙어 있지 않아 위치상으로 부담스럽지도 않은 데다 우리에게 우호적인 패권국 미국이 역내 질서를 관리하는 편이 더 안전하다고 느낄 수 있다.

중국이 연관돼 있는 역내 역사·영토 분쟁이나 한반도 분단 상황을 고려할 때 한국으로선 중국의 선의를 장담할 수 없다는 점도 문제다. 일련의 여건들을 고려한다면 미국과 중국의 패권 경쟁 구도에서 한국이 미국 주도의 역내 질서 훼손을 예방하기 위해서라도 미국에 전적으로 힘을 싣는 편이 바람직해 보일 수 있다.


## 미국을 택한다면
## 중국의 반발을 감당할 수 있을까?

미국은 한국에 대해 안보뿐만 아니라 경제적으로도 상당한 영향력을 미치고 있다. 국무조정실 자료를 보면 한국은 1946~1980년 사이 공적개발원조(ODA) 수원국으로서 미국으로부터 대규모 원조를 받았고 이는 한국의 사회 경제 발전에 큰 역할을 했다.[42] 주미 한국 대사관에 따르면 1962~2019년 사이 한국에 대한 외국인 직접 투자 누적액에서 미국의 비중은 23.8%에 이른다.[43] 현재 미국은 중국에 이어 한국의 핵심적인 무역 파트너다. 미국은 한국에 두 번째로 큰 교역 파트너이며 한국 역시 미국의 여섯 번째로 큰 교역국이다. 미 국무부는 "주요 미국 기업들은 오랫동안 한국에 대한 주도적 투자자였고 한국의 최고 기업들 역시 미국에 상당한 투자를 해왔다"며 "양국 간에는 대규모의 제조품, 농산품, 서비스, 기술이 흐르고 있다"고 설명한다.[44]

소프트파워 최강국으로서 미국의 명성도 여전하다. 영국의 브랜드평가 기관 '브랜드 파이낸스'가 집계하는 '글로벌 소프트파워 지수'에서 미국은 2020년에도 세계 1위를 차지했다.[45] 트럼프 행정부를 둘러싼 여러 정치적 논란 속에서도 엔터테인먼트, 스포츠, 과학, 미디어 등의 분야에서 미국의 막강한 영향력은 계속되고 있다.

하지만 미국의 여전한 위상과 밀접한 한·미 관계에도 불구하고 미국에 전적으로 의존하는 전략은 한국에 만병통치약이 될 수 없다. 미국 택일은 바로 이웃한 강대국인 중국과의 관계 악화와 응징 위험을 감수해야 하기 때문이다.

한국 경제는 상대적으로 내수 시장이 작고 자원이 부족하기 때문에 외부 세계와의 연결이 필수적인데 중국은 1992년 양국 수교 이래 한국의 최대 수출국이자 투자처로 자리잡았다. 관세청 자료를 보면 2019년 기준 중국은 한국의 압도적으로 가장 큰 수출 상대국으로 전체 수출의 25.1%를 차지했다.[46] 미국의 비중은 13.5%로 중국 다음이지만 중국이 차지하는 양의 절반 수준에 불과하다.

중국은 한국이 가장 수입을 많이 한 나라이기도 하다. 대중 수입 규모는 21.3%에 달했고 미국은 12.3%로 뒤를 이었다. 대중 경제 의존도가 높다 보니 중국의 심기를 건드리는 움직임은 한국 경제에 직격탄으로 이어진다. 2016년 7월 한국이 미국의 사드 배치를 결정한 뒤 중국의 보복 조치들이 야기한 충격들이 대표적인 예다.

전국경제인연합회는 사드 논란이 불거진 이후 3년 사이 대중 무역 흑자 규모가 36.1% 줄고 유커(중국인 관광객) 수도 40.6% 감소했다고 분석했다.[47] 미국의 대중 관계 전문가인 로버트 S. 로스 보스턴칼리지 교수는 중국의 부상에 따른 역내 세력 균형 문제를 다룬 연구에서 중국이 한국 경제 성장을 좌우하는 주요한 원천이 됐다며 경제적인 면에서 한국이 미국보다 중국에 의존하고 있다고 지적했다.[48]


## 한미 관계: 버려짐과 얽매임 상황에 놓이다

'미국 택일'의 또 다른 문제점은 한·미 관계 내부에 자라나고 있다. 국제관계 학계의 원로 글렌 H. 스나이더 노스캐롤라이나-채플힐 대학 명예교수는 "동맹 구성은 국제정치의 무정부성과 한 나라의 지정학적 한계를 완화하는 효과가 있지만, 동맹들끼리도 서로의 의도에 대해 전적인 확신을 할 수 없기 때문에 서로 간 '버려짐

(abandonment)'을 받거나 '얽매임(entrapment)'의 상황에 빠지는 딜레마가 발생한다"고 설명한다.[49]

한국 역시 미국과의 동맹에서 이 같은 난제를 마주하고 있다. 이 딜레마 속에는 중국의 부상과 미국의 자국 우선 움직임 같은 역내 환경 변화와 한국과 미국의 이해관계 상충 심화 같은 문제들이 복잡하게 얽히고설켜 있다. 호주 전략정책연구소(ASPI)는 미국이 자국 이익에 별로 부합하지 않는다고 판단하는 문제를 놓고 모호한 태도를 취한다면 역내 동맹들이 미국으로부터 버림받을 수 있다는 우려에 빠져들 수 있다는 분석을 전했다.[50] 반면 미국이 아시아 지역에 강력한 전념을 보인다면 동맹들은 중국과의 원치 않은 갈등에 얽혀 들어갈 가능성을 경계하게 된다고 지적했다.

한국 역시 대미 안보 의존도가 높기에 미국의 역내 전략과 관련해 자칫하면 우리가 관여를 원치 않는 영역까지 끌려들어가는 것 아니냐는 우려가 제기되고 있다. 한국은 고도의 경제 발전과 정치적인 민주화를 이루면서 미국이 이끄는 대로 따라가기만 하던 의존적 관계를 보다 균등하게 개선하려는 움직임을 꾸준히 보여 왔다.[51] 반면 미국은 아시아 태평양 지역과 국제적 안보 환경 변화에 대응해 동맹 체계의 '전략적 유연성'을 꾀하고 있다. 조지 W. 부시 전 행정부 당시 '글로벌 태세 점검(Global Posture Review)' 아래 고안된 이 개념은 필요에 따라 미군을 전 세계 어디든 보다 유연하게 신속 배치하겠다는 계획이다.

미국은 주한미군 역시도 북한에 초점을 맞추는 것을 넘어 역

우리는 중국이 국제 규범과 규칙을 준수하길 원한다. 그들이 그렇게 하지 못한다면 우리와 마찬가지로 한국도 목소리를 내길 기대한다. 중국은 한국과 아주 가까이 있음을 고려할 때 중국이 마음대로 활개치고 규칙을 무시하는 것은 경제적으로든 안보적으로든 한국에게 좋지 않다.

버락 오바마

전 미국 대통령

내 비상사태 발생 시 투입할 수 있도록 역할을 변화시키길 원했다. 이는 미국의 의도에 따라 한국이 한반도 이외 지역의 분쟁에 원치 않게 휘말리게 될 거란 우려를 높였다. 노무현 전 대통령은 이와 관련 2005년 공군사관학교 연설에서 "분명한 것은 우리의 의지와 관계없이 우리 국민이 동북아시아의 분쟁에 휘말리는 일은 없다는 것"이라며 "이것은 어떤 경우에도 양보할 수 없는 확고한 원칙으로 지켜나갈 것"이라고 밝혔다.[52] 이후 한·미는 2006년 '전략적 유연성 합의'에 따라 한국은 주한미군에 대한 전략적 유연성의 필요성을 인정하는 대신 미국은 국민이 원치 않는 역내 갈등에 개입하고 싶지 않다는 한국의 입장을 존중한다고 명시했다.[53]

　　하지만 일련의 정황을 고려할 때 한국이 '미국 택일'을 통해 미국에 전적으로 의존하려 한다면 미국은 한국 역시 동맹에 대한 공동의 책임을 다하라고 지적하면서 중국과 대립하고 있는 역내 이슈들에 강력하게 관여할 것을 요청할 수 있다. 특히 '쿼드(미국, 일본, 호주, 인도)' 모임 확대 등 미국이 대중 견제 차원에서 구상하고 있는 역내 다자 안보 체제에 합류하기를 요구할 가능성이 높다.

　　버락 오바마 전 대통령은 2015년 10월 박근혜 전 대통령과의 정상회담에서 "우리는 중국이 국제 규범과 규칙을 준수하길 원한다. 그들이 그렇게 하지 않는다면 우리와 마찬가지로 한국도 목소리를 내길 기대한다"며 "한국에 아주 가까이 있는 중국의 크기를 고려할 때 중국이 마음대로 활개하고 규칙을 무시할 수 있게 된다면 이는 경제 문제든 안보 문제든 한국에 좋지 않다"고 말했다.[54]

이를 두고 당시 국내 언론과 전문가들 사이에서는 미국이 남중국해 문제를 놓고 한국에 더욱 적극적인 역할을 압박하고 있다는 분석이 쏟아졌다. 그러나 중국이 한국에 경제적 보복을 가할 경우 피해를 상쇄할 대책을 마련하지 못한 상황에서 반중 전선 합류 요구에 응한다면 우리는 또 다시 강대국 경쟁의 희생양이 될 수 있다. 채드 스브라지아 미국 국방부 중국담당 부차관보는 한 대담에서 사드 배치 당시 미국이 한국에 대한 중국의 보복을 예측하지 못했다는 점을 인정하기도 했다.[55]

한국이 미국에 전적인 의존을 택한다면 미국이 이를 한·미·일 3자 안보 협력 강화에 활용할 가능성도 제기된다. 미국은 역내 주요 동맹인 한국과 일본 사이에 청예한 역사 정치적 갈등이 있다는 것을 알면서도 안보 협력 문제는 이와 분리해 다뤄야 한다고 거듭 강조해 왔다. 캐트린 보토 카네기국제평화재단 산하 아시아프로그램 소속 연구원은 한·미·일 안보 협력을 분석한 보고서에서 3개국은 북한의 위협과 중국의 부상이라는 우려를 공유하고 있다며 한반도 유사시 같은 위기에 효과적으로 대응하기 위해서는 연합 작전과 정보 공유 등을 통해 상호 운용성(interoperability)을 키워야 한다고 설명한다.[56]

하지만 협력의 필요성에도 불구하고 역사적 기억이 있는 한국 입장에선 신뢰 관계를 회복하지 못한 상황에서 일본과 안보 측면에서 완전히 한 배를 탄다는 것은 쉽지 않은 일이다. 2019년 일본이 한국 대법원의 일제 강점기 강제징용 피해자들에 대한 손해배

상 판결에 보복하기 위해 한국에 대한 수출 규제를 단행하고 그 여파가 한일 군사정보보호협정(GSOMIA, 지소미아) 유지 논란까지 번진 사태는 양국 간 뿌리 깊은 갈등을 여실히 보여준다.

더군다나 주한미군의 전략적 유연성을 강화하고 한·미·일 삼각 협력을 강화하려는 움직임은 고스란히 역내 긴장 고조로 이어질 수 있다. 이는 동아시아에서 과거 냉전 때와 같은 대립 구도를 심화시키기 때문이다. 한·미·일 결속은 곧 중·러시아·북한으로 구성되는 대치 세력의 강화로 이어질 수 있다. 홍콩대학교 제이미 신 박사는 그의 논문에서 이 같이 지적하면서 "한국이 기존의 미국 위주 전략을 뛰어넘어 보다 폭 넓은 외교적 움직임을 취해야 한다는 주장이 제기되고 있다"고 설명한다.[57] 중국의 사드 보복에서 확인했듯 노골적 대립 국면이 조성된다면 중국이 한국에 대해 보다 거칠게 경제적 압력을 가하고 나설 것임을 예상할 수 있다.

마찬가지로 코로나19 사태로 심화한 미·중 갈등에서 미국의 편을 들기로 선택한다면 이 같은 부차적 문제들을 고려해야 한다. 미 싱크탱크 아메리칸프로그레스센터(CAP)는 한·미 동맹의 과제를 다룬 보고서에서 "미국은 중국으로부터 지리적 거리가 있고 더 큰 경제, 글로벌 파워를 갖춘 만큼 중국의 압력을 더 잘 막아낼 수 있다"며 "중국이 한국의 이웃이자 최대 무역 파트너라는 점 때문에 한국의 대중 대항은 더욱 대가가 클 수 있다"고 지적했다.[58]

## 국제 정치에서 영원한 우방이란 없다

'미국 택일'은 아이러니하게도 한국이 미국으로부터 버림받게 될 위험 역시 키운다. 한국은 오래 전부터 미국이 일방적으로 안보 보장을 철회할 수도 있다는 두려움을 간직하고 살아왔다. 리처드 닉슨 전 대통령은 베트남 전쟁의 부작용을 교훈 삼아 1969년 '닉슨 독트린'을 발표하면서 아시아 국가들의 방위 책임은 기본적으로 그들 자신에게 있다는 점을 명시했다. 이는 결과적으로 주한미군 2만 명 감축으로 이어졌다. 지미 카터 전 대통령 역시 1978년 주한미군 철수 주장을 들고 나왔다. 미국과 한국 정부 내 반대 목소리로 무마되긴 했지만 병력 3400여 명이 추가로 감축됐다.

최근에는 도널드 트럼프 미국 대통령의 동맹 때리기가 한국이 간직하고 있는 버림받을 우려를 다시 한 번 부추겼다. 미국 정부는 동맹에 대한 헌신을 거듭 재확인하고 있지만 해외 미군 주둔을 둘러싼 일방적인 비용 편익 분석은 동맹들의 의구심을 자극하기 충분하다.

대니얼 듀즈니 존스홉킨스대학 교수 등은 미국의 고립주의 움직임을 분석하면서 미국이 날이 갈수록 국제적 이슈에 대한 추가적인 책임 맡기를 꺼리고 있다며 전후 세계의 주도자 역할을 해온 미국의 역량과 의지에 대해 의문이 제기되고 있다고 지적했다. 이는 트럼프 행정부에만 해당하는 문제가 아니다. 2001년 9·11테러 참사와 2008년 글로벌 금융위기를 겪으면서 미국 내부적으로 정치 분열과 경제 불안이 가중되고 있는 데다 국제 질서 역시 재편되는 움

직임을 보이고 있기 때문이다.[59]

미·중 신 냉전과 코로나19 사태에 따른 국제 정세의 변화를 고려할 때 트럼프 이후의 미국 행정부 역시 방법과 정도의 차이가 있을 뿐 동맹에 대한 책임 공유 요청과 미국 내실 다지기 우선의 정책을 지속할 가능성이 높다.

경제적 측면에서도 미국은 더 이상 한국에 인심 좋기만 한 후원자가 아니다. 한국의 경제력이 크게 향상된 데 따른 자연스러운 결과이기도 하지만 미국 내 경제 상황과 국제 환경 변화 때문이기도 하다. 그런 만큼 한국이 미국을 택할 경우 대중 관계 악화로 인해 무릅써야 하는 막대한 경제적 피해를 미국이 상쇄해 줄 수 있을지를 냉정히 판단해야 한다.

한국과 미국은 광범위한 경제 협력 속에서도 각자의 이익을 최대화하기 위한 첨예한 신경전을 계속하고 있다. 미국이 한국에 대해 경제 영역에서 문제를 제기한 것은 비단 트럼프 행정부 때만은 아니다. 미국은 1980년대 한국의 대미 무역이 흑자로 전환하자 '슈퍼 301조(대미 불공정 관행을 한 교역국에 대해 무역 제재 부과를 가능케 하는 무역법)' 등을 활용해 한국에 시장 개방 압력을 가한 바 있다.[60]

한국은 중국, 일본, 독일 등 9개국과 함께 미국의 환율 관찰 대상국으로 지정돼 있기도 하다(2020년 1월 미 재무부 발표 기준).[61] 미국은 '200억 달러를 초과하는 현저한 대미 무역 흑자', '국내총생산(GDP) 대비 2% 초과 수준에 상당하는 경상흑자' 등을 한국의 문제로 지적했다. 최근 미국은 2012년 한·미 자유무역협정(FTA) 발효

이후 미국의 대 한국 무역 적자가 2배 불었다고 주장하면서 2017년 개정 협상을 요구했다.[62] 트럼프 대통령은 한·미 FTA를 '부자나라 한국과의 끔찍한 협정'이라고 수차례 비난하면서 개정을 추진하겠다고 주장했다. 미국 의회조사국(CRS)은 2020년 4월 보고서에서 한·미 경제 관계와 관련해 2018년 한·미 FTA 개정이 이뤄지면서 양국 간 무역 긴장이 완화됐다고 평가했다. 다만 "철강, 알루미늄, 세탁기, 태양광 제품 등 한국산 상품에 대한 미국의 수입 제한이 계속해서 한·미 무역 관계에 마찰을 더하고 있다"고 지적했다.[63]

이 같은 상황은 미국이 자국 이익에 부합하지 않는다고 판단한다면 언제든 한국에 대해 경제적 압박책을 들고 나올 수 있다는 점을 상기시킨다. 미국에서 보호주의와 리쇼어링(기업 본국 귀환) 의제가 초당파적으로 제기되고 있는 상황은 한·미 경제 관계에 추가적인 부담이 될 수 있다. 앞선 장에서 살펴봤던 것처럼 현재 공화당과 민주당 모두 경제 정책에서 미국 기업 이익과 노동자 일자리 보호를 최우선시하고, 불공정 행위나 지적 재산권 절도에 대해 강경 대응을 하겠다는 입장을 천명하고 있다.

한·미 간 신경전 과정에서 자칫 안보와 경제 문제가 뒤엉킬 가능성도 경계해야 한다. 존 볼턴 전 백악관 국가안보보좌관은 회고록에서 대북 제재와 관련해 "그(트럼프)는 한국이 대북 제재를 여전히 강력하게 이행하고 있음을 보여주기 전까지 한·미 무역협정 서명을 않기로 결정했다"며 "아마 한·미 무역협정을 협상의 지렛대로 쓸 수 있다고 생각한 것 같다"고 주장했다.[64]

미국과의 갈등 심화를 보여주는 일련의 추세들은 국가 간 생존 싸움의 처절함을 강조한 미어샤이머 교수가 오래 전부터 제기해온 지극히 현실적 경고를 되새기게 한다. "동맹이란 변화무쌍한 국익에 따라 편의를 위해 맺는 일시적 결합일 뿐이다. 오늘의 동맹 파트너가 내일의 적이 될 수 있고 오늘의 적이 내일의 동맹 파트너가 될 수도 있다. 스스로가 스스로를 도와야 하는 세계에서 운영되는 국가들은 항상, 반드시 자기이익에 따라 행동해야 한다"[65]

# 중국을 선택한다면?
## 영원한 이웃이자 위협

3.

중국은 한국에 미국을 대체할 새로운 우방이 될 수 있을까? 중국과 한반도의 오랜 이웃 관계나 중국이 미국의 불안을 야기할 정도로 빠른 속도로 국력을 키우고 있다는 점을 주목한다면 미국에 대한 의존도를 낮추고 궁극적으로 중국 편에 서는 것이 현명하다고 주장할 수도 있다. 국제관계학에서는 약소국들이 종종 가장 위협적으로 여겨지는 강대국에 편승(bandwagon)함으로써 이 강대국이 가하는 잠재적 위험을 줄이는 생존 전략을 취한다고 설명한다. 월트 하버드대 교수는 특히 위협적인 강대국과 지리적으로 근접한 국가들에게서 이 같은 성향이 두드러진다고 분석한다.[66] 중국이 한국 경제에 미치는 영향은 확대되고 있는 한편 한·미 동맹 내 불협화음이 꾸준히 감지되고 있는 상황에서 대중 편승은 솔깃한 전략으로 여겨질 수 있다.

## 은근히 한국을 압박하는 중국

중국을 바라보는 한국의 시선은 복잡하다. 정치·경제 영역에서 막강한 힘을 휘둘러 한반도 지배력을 강화하려는 중국의 속셈을 의심하지만 지리적으로 붙어 있고 문화적으로도 밀접한 연관이 있다 보니 중국의 영향권을 완전히 빠져나갈 수도 없다.

현재 한국 경제의 체력은 수출에 달렸다고 해도 과언이 아니다. IMF에 의하면 한 나라의 국내총생산(GDP) 대비 수출액 규모에 근거한 경제의 수출의존도가 한국의 경우 2017년 기준 37.5%다.[67] 주요 20개국(G20) 가운데 네덜란드(63.9%), 독일(39.4%)에 이어 3위에 해당한다. 문제는 한국이 특히 중국에 대한 수출 의존도(2018년 27%)가 높다는 점이다. 코트라(대한무역투자진흥공사)는 '독일은 한국과 수출 의존도가 비슷하지만 대중 의존도가 7%에 불과하고 주요 수출시장이 중국 외에도 미국, 프랑스, 네덜란드, 영국 등으로 분산돼 있다'고 설명한다.[68] 간단히 말해 한국 경제는 가뜩이나 대외 영향력을 많이 받는 상황에서 중국이라는 바구니 하나에 특히나 많은 계란을 담고 있다는 얘기다.

중국과의 경제 관계를 둘러싼 불안감은 나날이 가중되고 있다. 로스 보스턴칼리지 교수는 중국의 부상이 역내 국가들에 미치는 영향을 분석한 연구에서 한국 경제 규모가 상대적으로 작고 중국을 대체할 시장을 찾기가 어려운 만큼 중국 경제에 융합될 가능성이 높다고 주장했다.[69] 이런 상황은 한국이 중국의 영향력을 견제할 방도를 고안해내지 못할 경우 한국 정치 경제 전반에 걸쳐 중국의 통제력이 심화할 거란 우려를 낳는다. 세계적인 정치·경제 학계 석학인 앨버트 허시먼 하버드대 교수는 강대국이 자국 시장에 경제 성장을 크게 의존하고 있는 나라들에 대해 경제뿐만 아니라 정치적으로도 막대한 영향력을 행사한다고 설명한다.[70] 사실상 이들 국가의 금전적 여건을 쥐락펴락할 힘을 보유하고 있기 때문이다. 대중 경제 의존도가 높은 한국과 이 같은 사실을 이용해 한국에 정치적 압박을 가하는 중국의 모습은 허시먼의 지적을 고스란히 반영하고 있다.

그동안 중국이 자신들의 막강한 경제력을 활용해 취한 호전적 조치들은 한국의 불안을 키우기 충분하다. 앞서 '시진핑의 중국몽이 세계의 꿈이 될 수 있을까'에서 살펴봤듯 최근 중국은 자국 이익을 저해한다고 판단되는 나라들에 경제력을 무기로 처벌하는 패턴을 반복적으로 보여 왔다. 한국의 미군 사드 배치에 따른 중국의 경제적 응징이 단적인 예다. 한국의 막대한 대중 경제 의존도로 인해 중국은 한국이 자국 이익에 반하는 조치를 취할 경우 언제든 꺼내 보일 보복 카드를 쥐고 있는 셈이다.

중국은 한국이 한반도 문제를 넘어서는 자국 관련 역내 이슈들에 관여하지 말라는 뜻을 명확히 해왔다. 닝푸구이 전 주한 중국 대사는 2006년 한 포럼에서 주한미군은 한국과 미국의 '양자적 체제'라고 강조하면서 한·미의 전략적 유연성 합의가 '제3국'을 표적으로 한다면 중국 역시 좌시할 수 없다고 말했다.[71] 주한미군이 한반도 문제를 벗어나 대만 문제 등 중국과 관련한 역내 갈등에 관여하는 일이 벌어져선 안 된다는 경고나 다름없었다.

미·중 갈등 심화와 코로나19 충격 국면에서도 중국은 자국 이익을 훼손한다고 여겨지는 움직임에 대해 주저 없이 강력한 경고를 내놓고 있다. 중국은 다른 나라들의 화웨이 통신장비 사용 배제 움직임에 대해 "우리는 친구, 파트너가 되길 원하지만 중국을 적대적 국가로 만들려 한다면 결과를 각오해야 할 것"이라고 일갈했다.[72] 중국의 홍콩 국가보안법 직접 제정을 비판하며 대중 제재를 추진한 서방국들에는 내정 간섭을 중단하지 않으면 보복 조치를 아끼지 않겠다고 엄포를 놨다. 대중 경제 의존도를 개선할 마땅한 자구책이 정립되지 않은 여건에서 이런 상황을 바라보는 한국은 중국이 민감하게 여기는 문제들에 대해 어느 때보다도 신중한 자세를 취할 수밖에 없다.

## 중국과 관계에서
## 한국이 포기하기 힘든 것들

국내에서는 경제적 위험을 분산하기 위해 중국 일변도의 수출 시장을 다양화해야 한다는 목소리가 꾸준히 제기돼 왔다. 미·중 갈등에 이어 코로나19 충격이 상기시켰듯이 대중 의존도를 낮추는 '계란 나눠 담기'는 반복되는 대외 위협 요인에 대응하기 위한 필수 전략으로 떠올랐다. 하지만 주변 강대국들에 비해 상대적으로 내수 시장이 작고 자원도 풍족하지 않은 한국이 지리적·문화적으로 가까운 거대 시장인 중국을 통해 다양한 경제적 기회를 발굴할 수 있다는 점도 부인할 수 없다.

이미 오랜 시간과 비용을 들여 중국을 중심으로 한 해외 공급망과 시장이 짜인 만큼 이를 한순간에 분산하는 일 역시 말처럼 쉬운 일이 아니다. 때문에 중국이 가하는 위험을 제거하겠다고 중국과의 경제적 연결성을 성급히 끊어내는 것은 우리 스스로 중국을 통해 얻을 수 있는 기회를 놓아 버리는 격이 될 수 있다.

한국무역협회 국제무역연구원은 2017년 사드 갈등에 따른 수출 전략을 다룬 보고서에서 중국의 지속적인 소비 시장 확대와 3, 4선 도시의 빠른 성장이라는 기회를 활용하기 위해 '차이나 + 1' 전략과 '차이나 + 차이나' 접근법을 취할 필요가 있다고 분석했다.[73] 중국 정부는 코로나19 경기 회복 방안으로 내수 살리기에 힘을 쏟는 동시에 대외 무역도 적극 추진하겠다는 뜻을 밝히고 있다. 적절히 활용한다면 중국과 지리적으로 근접한 데다 아시아 문화권을 공유하는 한국 입장에서도 대외 시장을 키울 좋은 기회다.

대중 관계 악화로 인해 예상되는 리스크는 단순히 경제 의존도만 낮춘다고 해결할 수 있는 문제가 아니다. 중국과의 우호적 관계 유지는 경제를 넘어 안보 측면에서도 중요한 문제이기 때문이다. 중국은 한반도의 지정학적 완충 지대 효과를 고려해 지속적으로 한반도 내 정세 흐름에 주목해 왔다. 아울러 한국전쟁에 참전하고 공식적으로 정전협정에 서명한 당사국이기도 하다. 한반도 평화체제 안착을 위해서는 일정 부분 중국의 협조가 필요하다는 뜻이다.

한국이 중국과의 불화를 피하면서 중국의 대북 영향력을 활용하기 위해 미국의 미사일 방어 체제 구축, 주한미군 재배치 문제 등을 놓고 중국의 우려를 키울 만한 움직임에 신중을 기하고 있다는 분석도 제기된다.[74] 이처럼 한반도 정세를 안정적으로 관리하고 지속가능한 평화를 달성하려면 중국과의 협력은 필수적이다.

중국도 한·미 동맹 내 일부 불협화음 조짐을 인식하고 이를 한반도 영향력 확대에 활용하려는 의도를 보여 왔다. 미국 브루킹스 연구소는 코로나19 사태가 한창이던 6월 발간한 '린치핀 느슨하게 만들기: 중국의 한국 접근법'이라는 주제의 보고서에서 "중국은 한국이 미국의 동맹 네트워크에서 가장 연결성이 약하다고 본다"고 지적했다.[75] 이어 한국이 방위비 분담금 증액 협상이나 남북 교류 협력 강화 문제를 놓고 미국과 균열을 보이고 있는 상황에서 중국은 러시아와 함께 대북 제재 일부 완화 등을 주장하며 한국과의 이해관계 일치를 부각시키고 있다고 분석했다.

중국은 북한 문제에 대해 북한의 핵 미사일 위협과 한·미 연합훈련을 동시에 멈추는 '쌍중단'과 한반도 비핵화 프로세스와 평화체제 설립을 함께 이뤄가는 '쌍궤병행'을 강조해 왔다. 〈블룸버그〉는 지난 2018년 6월 트럼프 대통령과 김정은 북한 국무위원장의 사상 첫 북·미 정상회담에서 북한 핵미사일 실험과 한·미 훈련을 서로 중지한다는 결과가 나온 것에 대해 '중국이 오랫동안 주창해 온 쌍중단이나 마찬가지'라고 진단했다.[76]

중국은 북·미 협상이 교착 상태에 빠지자 2019년 12월 유엔 안전보장이사회에 남북의 철도·도로 협력 사업을 대북 제재에서 면제하자는 내용을 담은 결의안을 러시아와 함께 내기도 했다. 북한과의 대화 국면에서도 전면적인 제재 이행을 거듭 강조한 미국은 이를 지지할 수 없다는 입장이었다.

잠시 한국과 미국의 대북 접근법을 살펴보면, 동맹 관계 안에서도 정권에 따라 관점의 일치와 상충이 반복되고 있다.[77] 김대중 전 대통령과 빌 클린턴 전 대통령 집권 당시 한·미 모두에서 북한과의 외교적 관여를 중시하는 시기가 조성됐다면 참여정부와 부시 행정부 시절에는 한국은 협상을, 미국은 강력한 억제를 추구했다. 이명박·박근혜 정권과 오바마 행정부가 맞물리는 동안에는 북한의 변화를 기다리는 '전략적 인내'의 기간이 길게 이어졌다. 이 같은 흐름은 만약 한국이 앞으로 남북 대화와 협력 강화 기조를 유지할 것이라면 중국이 우리의 목표를 추진하는 데 긴요한 공조 대상이 될 수 있음을 시사한다.

일각에선 아예 한·중 관계가 한·미 동맹 같은 보다 끈끈한 수준으로 발전할 수 있다는 대담한 의견도 나온다. 옌쉐퉁 중국 칭화대학 교수는 한·중이 북한 문제만이 아니라 일본에 맞서기 위해서도 협력이 필요하다는 인식을 공유한다고 지적하면서 한·미 동맹과 관계없이 한·중 동맹 또는 한·중 운명공동체 구축이 가능하다는 주장을 펴기도 했다.[78] 앞서 살펴봤듯 중국 학자들 사이에서는 아시아에서 이른 바 '천자'로 불리는 전통적인 중국 중심 위계질서가 복구돼 서구식 질서를 대체한다면 역내 평화 유지가 훨씬 수월할 거란 주장이 제기되고 있기도 하다.[79]

## 중국은 순전한 친구가 아니다

하지만 여러 유용성에도 미국에 완전히 등을 돌리고 중국에 올라탄다는 전략은 여러 위험을 내포한다. 특히 현실적인 안보 여건을 고려할 때 '중국 택일'이 안보 여건의 악화로 이어질 가능성을 배제할 수 없다.

중국은 한국과의 연계성이 높아지고 있음에도 북한과의 군사 동맹을 여전히 우선하고 있다. 북한과 중국은 1961년 '중화인민공화국·조선민주주의인민공화국 우호협력 및 상호원조 조약'을 통해 군사동맹을 형성했다. 중국이 공식적인 군사 동맹 협정을 맺은 나라는 북한이 유일하다.[80] 양측은 이를 통해 어느 한쪽이라도 다른 나라나 연합 세력으로부터 공격을 받을 경우 서로 군사 지원을 비롯해 즉각적으로 필요한 모든 조치를 취해야 한다고 명시했다. 이 조약은 20년 간격으로 지난 1981년과 2001년 연장돼 2021년까지 유효하다.[81] 〈사우스차이나모닝포스트〉는 최근 수년 사이 북·중 관계가 이전 같지 못하다는 지적이 제기되고 있지만 북한이 중국의 대외 전략에서 갖는 특수성은 여전하다며 해당 조약이 무리 없이 갱신될 것으로 보인다고 전했다.[82] 여기에 더해 미국과의 경쟁이 심화하자 중국이 한반도와 역내에서 미국을 견제하기 위해 북한에 대한 영향력을 확대하는 움직임을 보이고 있다는 우려까지 제기되고 있다. 미 국방부 동아시아 부차관보 출신인 에이브러험 덴마크 우드로윌슨센터 아시아 국장은 2018년 '서울안보대화 포럼'에서 한반도를 둘러싼 중국의 목표가 단순히 전쟁 재발이나 북한의 핵무장을 막는 것을 넘어 역내 미국의 주도권 약화로 확대됐다고 지적했다.[83] 이런 정황을 고려하면 북한 문제로 인한 실존적 위협을 완화할 뚜렷한 돌파구가 마련되지 않는 상황에서 대중 의존도를 심화시키는 조치는 신중할 필요가 있다.

북한 문제를 넘어 역내 안보 측면에서도 한국은 중국의 의도를 확신할 수 없다. 역사나 영유권을 둘러싼 중국의 일방적 움직임은 한반도에 안보 위협을 가하는 것이어서 촉각을 곤두세우게 한다. 중국은 2013년에 동중국해에서 한국의 이어도를 포함시킨 자국의 방공식별구역(CADIZ)을 일방적으로 선포했다. 이후 중국 군용기가 한국 방공식별구역(KADIZ)에 무단으로 진입하는 사례가 이어져 왔다. 중국 정부는 방공식별구역은 영공이 아니므로 국제법상 비행의 자유가 보장된다고 주장하고 있지만 자의적으로 KADIZ를 들락날락하는 행위는 영토 주권을 둘러싼 한국의 우려를 높일 수밖에 없다. 또 중국은 자국 국경 안에서 있었던 역사는 모두 중국의 역사로 보겠다는 '동북공정(東北工程)'을 2002년부터 추진하면서 고구려나 발해를 중국사의 일부로 취급하려는 움직임을 보여 논란을 빚기도 했다.

도널드 트럼프 미국 대통령은 2017년 미·중 정상회담 이후 한 언론 인터뷰에서 "그(시진핑)가 중국과 코리아(Korea, 한반도 전체를 지칭)의, 북한만이 아니라 코리아의 역사를 얘기하기 시작했다"며 "수천년 전에 많은 전쟁이 있었고 코리아는 사실 중국의 일부였다고 했다"고 말했다가 논란을 일으켰다. 이를 두고 트럼프 대통령이 역사적 무지를 드러냈다는 비판과 함께 국수주의 성향이 강한 중국 공산당 지도부의 한국에 대한 인식을 엿볼 수 있는 일화라는 지적이 제기됐었다.[84] 가뜩이나 중국의 역내 군사적 움직임이 확대되고 있는 상황에서 이런 일이 반복되다 보니 한국 입장에서는 한반도에 대한 중국의 의도를 경계할 수밖에 없다. 한국의 역사와 정체성을 '중국화'하려는 것 아니냐는 두려움을 불러일으키는 것이다. 마이클 오핸런 브루킹스연구소 선임 연구원은 한·미 동맹의 중요성을 강조한 그의 연구에서 중국의 사드 보복 등을 언급하면서 "중국이 한국인들에게 늘 순전한 친구가 아니라는 점을 명백하게 상기시킨다"고 지적했다.[85]

## 중국을 택할 경우, 기대되는 점과 우려점은

중국과 적극적인 관계 강화를 지지하는 쪽에서는 미·중 사이에서 양자택일을 할 필요 없이 중국의 부상이라는 시류에 적절히 편승하면 한국이 경제와 안보 측면 모두에서 훨씬 안정적인 여건을 누릴 수 있다고 보기도 한다.

데이비드 강 미국 서던캘리포니아대학 교수는 아시아의 질서를 이해하기 위해서는 새로운 분석 틀이 필요하다고 주장한 논문에서 '역사적으로 중국이 강력하고 안정적인 상태에 있을 때에는 지역 국가들 사이에 중국 중심의 확실한 위계질서가 유지되면서 인접

사드 보복을 떠올려보라.
중국은 한국인들에게 늘
순전한 친구가 아니라는 점을
명백하게 상기시킨다.

마이클 오핸런
브루킹스연구소 선임 연구원

국 간 갈등이 빈번하던 서구보다 역내 정세가 안정적으로 관리됐다'
고 보았다.[86] 19세기 중국의 쇠퇴와 서구·일본의 침범이 맞물리면서
역내 힘의 공백이 발생하기 전까지는 아시아에서 이 같은 전통적인
질서가 원활하게 작동하고 있었다는 설명이다. 그는 한국 같은 역내
국가들이 중국과의 정치적 갈등 속에서도 경제 문화적 연결성을 활
용하고 있다고 지적하면서 중국이 앞으로 어떤 행태를 취하느냐에
따라 지역 안정에 기여할 여지도 있다고 분석했다.[87] 중국이 한국과
뿌리 깊은 유교 문화를 공유한다는 점은 두 나라를 떼려야 뗄 수 없
는 관계로 만드는 데 한 몫을 더한다.

영국 런던 동양·아프리카대학(SOAS)의 중국 전문가 러셀 옹
박사는 한·중 관계의 추이를 분석하면서 한국이 중국과 수천 년간
유교적 배경을 공유하고 있는 만큼 서구식 자유 민주주의를 완벽하
게 받아들이기는 어려울 것이라고 주장했다.[88] 그는 한국의 국력 신
장 이후 한·미 동맹 간 갈등이나 한국 내 반미 감정이 점점 심화하
고 있다고 지적하면서, 장기적으로 볼 때 한국에게는 현대사 이전의
역사에서 한때 그랬던 것처럼 중국에 의지하는 편이 보다 현실적인
선택이 될 수 있다고 예상했다.[89]

그러나 중국의 영향력이 아무리 커진다고 하더라도 현 시대
를 사는 한국인에게는 중국식 가치를 받아들이는 것이 과거처럼 쉽
지가 않다. 한국은 자유 민주주의 국가로서 발전을 거듭하면서 공산
당 일당 체제인 중국과의 정체성 차이를 극명하게 키웠다.

1992년 수교 이후 한국과 중국의 상호 의존성이 확대되었음

에도 양국 간 갈등 요소는 북한이나 역사, 무역 문제를 넘어 환경, 인권, 지적재산권 등의 영역으로 점점 다양해지고 있다. 유교 문화를 오랫동안 공유한 배경에도 불구하고 서로가 중시하는 가치와 규범이 눈에 띄게 달라지고 있는 것이다. 독일 본 대학의 엔리코 펠스 연구원은 미·중 경쟁과 역내 중견국들의 대응을 분석한 저서에서 한국의 활력 있는 민주주의를 고려할 때, 중국이 한국이 추구하는 가치와 규범에 위협을 가하고 있다는 인식이 쉽게 바뀌지 않을 것이라고 진단했다.[90]

　　최근 한국과 중국이 코로나19 방역을 위해 취한 조치들은 두 나라가 얼마나 상이한 가치와 체제를 가지고 있는지 단적으로 보여 줬다. 중국은 국가의 막강한 권한을 활용한 강제적인 폐쇄 조치로 코로나19에 대응했고, 한국은 시민사회의 자발적 참여 증진과 정보 공개를 통해 확산을 억제했다. 미국의 칼럼니스트 조쉬 로긴은 〈워싱턴포스트〉 기고글에서 일각에서는 코로나19 같은 혼란 상황에서 중국의 권위주의적 위기 관리가 우월하다는 주장이 나오지만 이 같은 방식은 혼란과 왜곡으로 결국 전 세계적 피해를 키웠다며 한국은 투명성과 개방, 대중 교육에 초점을 맞추는 민주주의 체계의 강점을 보여줬다고 강조했다.[91]

# 핵무장으로
# 독자노선을 취한다면

**4.**

미국과 중국 사이에서 더 이상 고민하지 말고 완전한 독자 노선을 선택한다면 어떨까?

근현대에 들어 내내 주변 강대국들의 움직임을 주시하며 바짝 긴장하고 있어야 하는 상황은 엄청난 피로감을 주는 것이 사실이다. 한국이 더 이상 아시아 외진 곳의 작은 나라가 아니라 선진국에 해당하는 경제력과 국제적 위상을 갖춘 나라로 진화하면서 국가적 자신감 역시도 높아진 상태다.

이런 여건은 미·중 주도권 다툼이 심화하고 있는 국면에 둘 모두의 손을 뿌리치고 아예 우리의 '독자성'을 대폭 키우면 어떨까라는 질문을 던지게 한다. 때마침 미국과 중국을 필두로 전 세계적으로 자국 우선주의 바람이 불고 있다. 우리도 '한국을 위대하게', '한민족의 부흥' 같은 민족주의적 구호를 외치면 어떨까? 이런 물음은 자연스럽게 핵무장론으로 이어진다.

## 강대국들의 영향권에서 벗어나기 위해

국제관계 현실주의 학파의 거목 케네스 월츠 교수는 궁극적으로 한 국가가 무자비한 국제 질서 속에서 살아남으려면 "반드시 스스로 생성할 수 있는 수단과 조치들에 의존해야 한다"고 강조했다.[92] 누구도 생존을 담보할 수 없는 여건에서 끊임없이 안보 위협을 느끼는 국가는 기본적으로 무기 확충이나 동맹 형성을 통해 외부 세계에 대한 억지력을 갖추려 한다. 문제는 이런 노력에도 불구하고 국가가 생존을 둘러싼 불안감을 떨치지 못할 때 발생한다. 동맹을 둘러싸고 '버려짐'이나 '얽매임'의 딜레마가 과도하게 커졌다거나 자국이 갖춘 방위력에 대해 확신할 수 없는 상황에 놓인 국가는 생존 방식의 하나로 핵무기 개발을 고민해 볼 수 있다.

핵안보 분야 전문가인 스티븐 킴바라 펜실베이니아 주립대 교수는 핵무기를 둘러싼 세계 질서를 분석한 저서에서 막강한 살상력을 갖춘 대량파괴무기(WMD)의 일종인 핵무기는 이 자체만으로 국력 격차가 큰 국가들 사이 힘의 균형을 평등하게 만들어 버리는 일종의 '동등화 장치(equalizer)' 역할을 한다고 설명한다.[93] 때문에 핵무기 개발은 이를 추구하는 움직임만으로도 상대편을 긴장하게 만드는 것은 물론 동맹을 맺고 있는 나라에 대해서도 보다 확실한 안보 보장을 압박하는 효과를 노릴 수 있다. 북한이 끈질기게 핵무기 보유를 추구하는 이유 역시 미국을 비롯한 외부의 위협적 행위자들에 대해 일종의 힘의 동등화 효과를 누릴 수 있기 때문이다.

한국에서도 핵무장론은 논쟁적인 화두다. 박정희 전 대통령은 미국이 '닉슨 독트린'을 발표하고 역내 개입 축소를 시사하자 1970년대 자주 국방을 위한 핵무기 개발을 검토했다. 이른바 '890

계획'으로 불린 이 시도의 배경에는 미국이 일방적으로 안보 보장을 철회할 경우에 대비해 '자립' 능력을 키우겠다는 의도가 숨어 있던 것으로 풀이된다.[94] 당시 시도는 한국의 핵무기 제조 움직임을 눈치챈 미국의 반대 압력으로 결국 무산됐다.

국력을 키우면서 한국은 핵무장까지는 아니더라도 국방을 미국에 전적으로 의존하고 있기보다는 독자적 역량을 강화하겠다는 의지를 꾸준히 보여왔다. 한국 정부는 1994년 주한 미군으로부터 평시작전통제권을 넘겨받은 데 이어 2006년에는 전시작전권 전환을 추진하기로 미국과 합의했다. 이후 우리군 주도의 연합방위 체제 구축을 위해 한국군의 핵심 군사능력 및 핵, WMD 위협 대응능력 확충 여부와 북한의 핵미사일 위협 심화 같은 안보 환경 등을 고려한 '조건에 기초한 전작권 전환' 협의가 계속되고 있다.[95] 이행 시기는 이러한 조건을 둘러싼 협의가 길어지면서 미뤄지고 있지만 큰 틀에서는 권한 이양이라는 방향이 고수되고 있다.


## 한국이 취할 수 있는 독자노선은?

미국과 중국의 갈등이 갈수록 격해지고 있고 코로나19 사태까지 더해져 역내와 글로벌 정세가 불안한 상황은 까딱 잘못하면 한국이 또 다시 주변 강대국 이권 다툼의 희생양이 될 지도 모른다는 불안감을 키우고 있다. 앞서 살펴봤듯 한국은 인접국들에 비해 상대적 국력이 약하기 때문에 '안보 우산'을 씌워 줄 강대국이 필요

2017년 실시된 여론조사에서
한국인의 60%가 핵무기 보유를
지지하는 것으로 나타났다.

'반대'는 35%,
'모르겠다'가 4%였다.

하다는 시각이 많다.

하지만 역사적 비극을 반복하지 않기 위해서는 남에게 기대기만 하는 것이 아니라 나름의 강력한 방위력을 갖춰야 한다는 갈망 역시 식지 않고 있다. 안보가 달린 문제들을 우리 스스로 식별하고 이를 이행할 방식을 직접 조율하며 통제하는 능력을 갖추는 것은 주권 행사와 국가적 자존심 측면에서도 긴요한 일이기 때문이다.[96] 게다가 북한의 핵미사일 개발이 계속되면서 한국이 재래식 국방력 강화를 넘어 핵무장에 나서야 한다는 논의도 제기되고 있다.

존 박 하버드대 벨퍼센터 한국 담당 국장은 한반도 내 남북의 핵 보유 추구 움직임을 다룬 연구에서 북한의 핵개발로 한국과 일본에서도 자체적인 핵 억지력 확보를 모색해야 한다는 여론이 높아지고 있다고 분석했다.[97] 핵무장 찬성 여론은 최근에도 높게 나타나고 있다. 2017년 갤럽의 여론조사에서 한국인의 60%가 핵무기 보유를 지지하는 것으로 나타났다.[98] '반대'는 35%, '모르겠다'가 4%였다.

일각에서는 미국과의 원자력 협정 개정을 통해 비군사적 영역에서 우리 재량의 핵에너지 활동 여지를 넓힐 '평화적 핵 주권'을 회복하자는 주장도 제기된다. 한국의 원자력 기술을 고려할 때 우리는 이미 상당한 핵 능력을 갖추고 있다는 것이 중론이다. 미국원자력협회(NEI)에 따르면 한국은 세계 5위의 원자력 발전 국가다.[99] 한국의 원자력 발전 의존도는 2019년 기준 전체 에너지원의 25.9%에 달한다.[100]

미 국무부에서 비확산 담당 부차관보를 지낸 마크 피츠패트릭 국제전략연구소(IISS) 연구원은 아시아 국가들의 잠재적 핵 능력을 분석한 연구에서 한국의 활발한 원자력 전력 생산 현황이나 원자로 수출까지 성공한 한국원자력연구원(KAERI)의 연구 기술력에 주목했다. 그는 한국이 사실상 핵탄두 탑재가 가능한 미사일 역량까지 갖추고 있다는 점을 들어 한국은 명실상부 '핵 잠재력●'을 보유한 나라라고 분석한다.[101] 이런 측면에서 한국에 핵무기 보유는 우리에게 기술력이 있느냐 없느냐의 문제는 아니다.

## 핵무장은 답이 될 수 있나?
### 현실적인 고민들

그럼에도 핵무장은 핵무기만 보유하면 한국의 자주성을 확보할 수 있다고 단순화 할 수 있는 사안이 아니다. 현재 한국은 미국과 체결한 핵 협정에 따라 20% 미만의 저농도 우라늄 농축만 가능하다. 다만 이마저도 평화적 목적의 민간 용도로만 가능하고, 핵폭발 장치를 연구하고 개발하거나 군사적 목적으로의 농축은 금지하고 있다.[102]

미국의 눈을 피해 은밀하게 핵무기를 개발해 우리가 일방적으로 핵무장을 하면 된다는 대담한 견해가 나올 수도 있다. 문제는

●　현재 핵무기를 보유하지는 않지만 단시간에 스스로 제조할 수 있는 힘

우리 기술력으로 사실상 개발이 어렵지 않다고 하더라도 국내외적으로 복잡한 정치 경제 측면의 파장이 불 보듯 뻔하다는 점이다. 이를 고려하지 않는 핵무장은 국익을 증진하기는커녕 오히려 훼손할 위험이 도사린다.

만약 한국이 고립 노선을 천명하고 일방적으로 핵무장을 할 경우 미국이 반발하는 것은 물론이고 핵확산금지조약(NPT)과 국제원자력기구(IAEA)의 비확산 지침 위반을 이유로 국제 사회가 제재에 나설 가능성이 크다. 대외 연결성이 높은 한국 경제는 유엔 안전보장이사회나 다른 국가들이 경제 제재를 가할 경우 심각한 타격을 입을 수 있다.[103][104]

한국은 보유한 자원이 많지 않고 시장 규모도 크지 않은 경제 구조로 인해 산업화 초기부터 적극적으로 수출 주도형 성장을 추구함으로써 빠른 경제 발전을 이룰 수 있었다.[105] 그 결과 2019년 기준 한국의 GDP 대비 수출입 비율은 무려 81.5%에 이른다.[106] 무역 의존도가 높다는 것은 해외 시장에 상품을 팔고 외부에서 자원을 사들여오는 순환이 이뤄져야만 경제 활동이 순조롭게 이뤄질 수 있다는 의미다. 북한의 사례는 국제 사회의 용인 없는 일방적 핵무기 개발이 어떤 결과를 초래하는지 여실히 보여준다. UN 안보리는 북한의 핵과 미사일 개발, 시험 등의 이유로 북한의 국제금융 거래와 대북 수출입을 엄격하게 제한하고 있다. 코트라는 안보리 제재 여파로 2018년 기준 북한의 대외 무역이 전년과 비교해 48.8% 급감했다고 분석했다.[107]

에너지 수급 현황 역시 위험 요인이다. 산업통상자원부에 따르면 천연자원이 부족한 한국은 전체 에너지원의 97%를 수입하고 있다.[108] 정부의 탈 원전 움직임 속에서도 원자력 의존은 여전히 높은 수준이다. 미국이나 원자력 관련 수출통제 국제 협의 기구인 '원자력 공급국 그룹(NSG)'이 일방적 핵무기 개발을 문제 삼아 핵연료 공급을 제한한다면 에너지 부족 문제로 이어질 수도 있다는 얘기다

핵무장은 한국의 국제적 입지에도 부정적 효과를 미칠 수 있다. 한국은 1975년 NPT에 가입하면서 '핵에너지의 평화적 이용과 핵 군축'이라는 목표에 동의했다. 이어 1992년에는 북한과 한반도 비핵화 공동선언에 합의했다. 이후로 한국은 북한의 일방적 NPT 탈퇴와 비핵화 공동선언 폐기에도 흔들림없이 비확산 기조를 지켜왔다. 2012년에는 핵무기로 인한 안보 위협 대응과 핵 비확산 촉진을 목표로 하는 국제회의인 핵안보정상회의를 서울에서 개최하면서 해당 의제에 대한 국제적 협력을 증진하는 노력을 기울이기도 했다. 때문에 핵무장은 한국이 오랫동안 견지해 온 비확산 입장을 뒤집는 것이나 마찬가지로 국제 사회에서 한국의 평판과 신뢰를 훼손할 수 있다.

혹여 미국의 동의가 있다고 하더라도 국제 사회의 반응을 고려하지 않을 수 없다. 트럼프 대통령이 동맹들의 책임 분담을 노골적으로 요구하고 나서자 일각에선 미국이 한국·일본의 핵무장을 용인할 수도 있다는 전망이 나오기도 했다. 그러나 만에 하나 미국이 한국의 핵무기 개발 길을 터준다고 해도 다른 나라들이 호응해

줄 지는 미지수다. 한미경제연구원의 트로이 스탠가론 연구원은 미국의 지지가 있다고 해도 핵 비확산을 추구하는 다른 나라들이나 NSG 차원에서 한국에 제한을 가할 가능성이 남아 있고, 이 경우 미국은 되레 한국의 에너지 수급 문제를 도와야 하는 모순적인 상황에 놓일 수 있다고 지적한다.[109]

미국과 국제 사회 모두가 한국의 핵 역량 확대를 대폭 용인한다 해도 논란은 끝나지 않는다. 카네이국제평화재단 핵정책프로그램의 토비 달튼 국장과 알렉산드라 프란시스 연구원은 한국의 핵주권 모색을 다룬 연구에서 한국이 핵을 가질 경우 국제 사회가 원자력 사고, 테러 세력으로의 기술 유출 같은 핵에너지 오용 가능성과 핵무기의 추가 확산을 예방하기 위해 한국에 강력한 수준의 투명성과 감시 절차를 요구할 것이라고 설명한다.[110] 결국 한국의 핵무장 강행은 그동안 쌓아온 비확산 지지 국가로서의 이미지를 한순간에 무너뜨리는 상황을 초래할 수 있다.

나아가 한국의 핵무장은 직접적인 역내 정세 악화로 이어진다. 무엇보다 한국의 독자적 핵무장은 북한의 군사력 강화와 일본 등 역내 국가들 사이 군비 경쟁을 추가로 부추길 공산이 크다. 국내에서도 한국의 핵무장 추진이 남북 간 핵전쟁 비화 가능성을 높이고 동아시아 국가들의 핵무장을 촉진할 수 있다는 지적이 제기돼왔다.[111] 한반도를 중심으로 아시아 지역에 팽팽한 세력 균형이 이어져 왔다는 점을 고려하면 중국과 러시아의 반발 가능성 역시 배제할 수 없다.

이 같은 위험은 설사 미국의 용인 아래 핵무장이 이뤄진다고 하더라도 마찬가지다. 역내 국가 모두가 똑같이 핵무기를 가지면 그야말로 힘의 균형을 이루는 것이 아니냐는 반박이 있을 수도 있다. 싱가포르 외교관 출신인 빌라하리 카우시칸은 북한의 핵미사일 능력 향상과 중국의 핵전력 현대화 움직임으로 미국의 확장 억지력이 예전 같지 않다며, 한국도 대비 차원에서 일본과 같이 유사시 독자적 핵개발 능력을 확충해야 할 필요성을 제기했다.[112] 그는 미국, 중국, 러시아, 일본, 한국, 북한 등 6개국이 모두 핵무기를 가져 이들 사이 '상호 확증 파괴'의 균형이 이뤄지면 결과적으로 동북아 정세가 현상 유지 상태로 안정화될 것이라고 본다. 하지만 그 과정에서 초래될 군사적 긴장과 갈등, 오판과 오해가 충돌로 번질 가능성 등을 생각한다면 동북아 정세가 가뜩이나 화약고로 불리고 있는 상황에서 감수해야 할 위험이 너무 크다.

### 핵무장으로 한국이 얻을 수 있는 실질적 이익은?

한국이 핵무장을 토대로 철저한 고립주의 노선을 선언한다고 해도 강대국들 간의 힘겨루기에서 마음대로 깔끔하게 발을 뺄 수 있다는 보장은 없다. 한반도의 지정학·지경학적 중요성을 고려할 때 미국과 중국의 경쟁이 치열해질수록 한반도를 자신들에 유리한 방향으로 활용하려는 이들의 시도 역시 심화할 것이다.

핵무장을 강행할 경우 감당해야 하는 경제적 부작용이나 역내 긴장 고조 위험을 고려할 때 고립주의에 빠져들어 주변국들과 상호 작용을 거부한다면 오히려 역내 질서에서 소외되는 결과를 맞을 수 있다. 결과적으로 핵무장은 정치 경제적으로 무거운 위험 부담을 감수해야만 가능한 시나리오인만큼, 현재로선 한국의 종합적 국력을 강화하는 데 효과적인 방법이라 할 수 없다. 오히려 지역 정세의 안정이 필수적인 상황에서 스스로 긴장을 고조시키는 행동이 될 수 있다.

한편 학계에서는 핵 개발 역량을 갖췄지만 핵무기 보유를 하고 있지 않은 나라들의 '핵 헤징(nuclear hedging)' 움직임을 주목하고 있기도 하다. 다음 장에서 살펴보겠지만 '헤징'이란 위험 분산을 통해 하나의 선택이나 특정 상황 발생에 따른 손실을 줄이는 기법이다. 스탠퍼드대학 국제안보협력센터 연구원을 지낸 아리엘 레비테에 따르면 핵 헤징은 핵무장을 한 것은 아니지만 신속하게 핵무기 취득을 할 수 있는 상황을 유지하거나, 마치 그럴 능력을 갖춘 것처럼 보이게 하는 전략이다.[113]

핵 헤징은 외부 위협에 대한 잠재적 억지력을 확보해 주는 것은 물론 한 나라의 외교 전략을 강화하는 효과를 낼 것으로 기대된다. 일본은 실제로 핵무기를 보유한 건 아니지만 마음만 먹으면 빠르게 제조할 수 있는 대표적인 나라로 꼽힌다. 일본은 미국의 동의가 있다면 20% 이상의 우라늄 농축도 가능하다. 또 미·일 원자력 협정에 따라 사용 후 핵연료의 재처리 과정에서 플루토늄을 추출할

수 있다. 추출된 플루토늄은 연료로 다시 사용되는데 이는 잠재적인 핵무기 원료이기도 하다.[114]

  한국 정부 역시 핵무기 개발은 추구하지 않되 잠재적 핵 능력을 서서히 키우려는 의지를 보이고 있다. 문재인 대통령은 한국의 자체적인 핵무장을 반대하면서도 북한의 핵 능력 향상에 대응해 한국의 군사력을 강화해야 한다고 밝혀 왔다.[115] 정부는 핵추진 잠수함 도입이나 한·미 원자력 협정 개정 추진 의지를 꾸준히 드러내기도 했다. 디젤 연료를 쓰는 재래식 잠수함은 충전을 위해 주기적으로 수면 위로 올라와야 하지만 핵잠수함은 핵연료를 쓰기 때문에 훨씬 오랫동안 수중에 머물 수 있다. 핵잠수함 탑재용 원자로 가동을 위한 우라늄 농축 능력 향상은 궁극적으로 한국의 잠재적 핵 역량 향상으로 이어질 수 있다는 진단이 나온다.[116]

  국제전략연구소(CSIS) 퍼시픽 포럼의 김라미 연구원은 한국의 핵개발 움직임을 다룬 연구에서 핵무장이 초래할 수 있는 경제 안보 측면의 부정적 여파를 따져볼 때 한국 입장에선 핵 헤징이 보다 합리적이라고 평가하면서 핵잠수함 도입 추진 역시 이 같은 전략의 일환일 수 있다고 분석했다.[117]

  핵 헤징을 통해 한반도 정세와 관련해 한국의 협상력을 키우는 효과 역시 모색할 수 있다는 기대감도 나온다. 피츠패트릭 연구원은 핵무기를 가진 북한과 중국에 대해 한국 역시 필요하다면 충분히 핵무장이 가능하다는 의지와 능력을 시사할 필요가 있다는 견해가 한국 일각에서 나온다며 이 역시 핵 헤징의 일환이라고 언급했다.[118] 존 박 연구원은 "정치적 결정만 있다면 핵무장을 할 잠재력을 갖췄다는 점을 이용하여 미국과 중국이 북한 문제 해결에 더욱 적극적으로 나서도록 압박할 수 있다"고 분석했다.[119]

# 정교한 헤징으로
# 무게 중심 잡기

5.

　미국과 중국의 갈등이 장단기적으로 어떤 방향으로 전개될지 세계 안보와 경제 환경에 어떤 변혁이 일어날지 정확한 예측을 할 수 있는 족집게 예언자는 없다. 미국과 중국 모두와 밀접하게 연관된 한국으로선 둘 중 어느 쪽을 택해도 감당해야 할 대가가 무겁다. 코로나19 충격까지 더해져 향후 국제 정세의 추이가 어둠 속에 놓인 상황은 선택을 더욱 어렵게 한다. 이처럼 불확실성이 갈수록 증대되고 있는 시기에 하나의 선택에 '올인'하는 것은 위험한 처사다. 그렇다고 지나친 공포에 휩싸여 여건을 개선하려는 어떤 적극적인 전략도 취하지 않은 채 몸을 사리고 있을 수만도 없다.

## 균형잡기를 통해 국익을 실현

　이런 관점에서 여러 변수를 고려해 최대한 위험을 분산하는 '헤징(hedging)' 전략이 눈길을 끈다. 헤징은 자산 투자나 경영에서 손해를 최소화하기 위해 위험을 분산하는 방법인데 국제관계 영역에서도 국가의 생존 전략 중 하나로 점점 주목받고 있다. 글로벌 정세의 복잡성과 불확실성이 갈수록 증폭되면서 어떤 선택이 초래할 수 있는 위험을 분산하고 만에 하나 위기 상황이 발생하더라도 손해를 축소할 장치를 미리미리 마련하는 것이 중요해졌기 때문이다.

호주 국립대의 윌리엄 토우 교수는 아시아 태평양 국가들의 전략적 관계를 분석한 저서에서 안보 환경 변화에 따라 역내 여러 국가들이 정책적 오판과 국익 변화 가능성에 대처하기 위한 헤징을 하고 있다고 진단했다.[120] 이들이 대내외 불안정 요인에 대한 취약성을 줄이기 위해 동맹이나 잠재적 적대국 모두와 정치 경제적으로 강한 관계를 구축하려는 움직임을 보이고 있다는 설명이다.

미국과 중국의 갈등 국면에 헤징을 적용해 보자면 누구와 같은 편을 할지 확실하게 선택한 뒤 한 쪽에만 무조건적 지지를 보내기보다는 이들 사이에서 사안과 여건에 따라 국익에 부합하는 방향은 어느 쪽인지, 위험을 감수해야 한다면 최소화할 방법은 무엇인지 등을 종합적으로 따져 대처하는 전략이라고 할 수 있다. 기본적으로 편 가르기에 동조하기 보다는 양쪽 모두와 우호적 관계를 관리해 나가겠다는 접근법이다.

조지아대 국제문제연구소(Globis)의 브록 테스먼 교수는 '전략적 헤징'의 유용성을 분석한 연구에서 단극 체제의 국제 질서가 약화하는 국면에서 헤징은 '차상급(second-tier)' 국가들에 효과적인 전략이 될 수 있다고 강조한다. 이들이 헤징을 통해 현 시점의 선두국과 직접적 대립을 피하면서 장기적 생존 역량을 강화하고, 혹여 선두국으로부터 제공받던 재화를 잃게 되는 상황에도 대비할 수 있다는 분석이다.[121]

한국 역시 미국과 중국 사이에서 양자택일의 위험을 회피하려는 노력을 기울여왔다. 역대 한국 정부는 기본적으로 한·미 동맹을 지키면서 중국과도 긍정적인 관계를 발전시켜 나가려는 모습을 보였다. 국내 전문가들과 언론에서 한국이 처한 상황을 놓고 종종 언급하고 있는 '고래 싸움에 새우 등 터지는 신세'에서 벗어나 두 고래 사이를 요리조리 헤엄쳐 나가는 돌고래가 돼야 한다는 설명들도 헤징과 맥락을 같이 한다.

실제로 한국은 두 나라 사이에서 헤징을 시도하고 있다. 중국 주도의 아시아인프라투자은행(AIIB)에 참여할 때 미국의 다른 서구 동맹들의 합류를 확인한 뒤에야 참여하기로 결정한 점, 미국이 대중 견제의 일환으로 주도한 환태평양경제동반자협정(TPP)의 참가를 유보한 일이 대표적이다. 한국이 미국과 중국 모두와 각각 자유무역협정(FTA)를 체결한 점 역시 헤징 차원에서 우리 경제의 기회를 확대하기 위한 시도로 볼 수 있다.[122]

중국이 2015년 AIIB 설립을 위해 창립국들을 모집했을 때 한국은 영국, 프랑스, 독일 등 미국의 주요 서구 동맹들이 참여를 확정한 후에야 합류를 결정했다.[123] 역내 인프라 투자 사업에서 경제적 기회를 노릴 수 있을 것이라는 기대가 있었지만 초반 미국의 반대가 만만치 않았기 때문이었다. 미국은 AIIB가 세계은행(WB) 같은 기존의 국제 경제 체계가 세워 놓은 표준들에 미치지 못한다고 우려를 표명했다. 사실상 중국이 중심이 되는 대규모 다자 체계의 등장을 견제하려는 의도였다. 그러나 유럽국들이 대거 참여하는 분위기가 형성되면서 한국 역시 부담감을 덜고 기류에 올라탈 수 있었다. TPP의 경우 미국과 일본이 적극적으로 추진한 이 협정이 사실상 대중 견제를 의도로 한다는 지적이 많았던 만큼 한국 입장에서는 섣부른 움직임으로 중국을 자극할 필요가 없었다.[124]

명료한 선택이 중요하다고 보는 입장에선 헤징 전략이 애매모호하고 우유부단하다고 느껴질 수 있다. 특히 미·중 신 냉전이라는 표현이 나올 정도로 험악한 국제 정세에서 헤징의 실효성에 대해 의문을 제기할 수도 있다. 미·중 갈등 심화 국면과 코로나19 사태를 겪으면서 보았듯 양국 간 불화가 거세질수록 중간에 놓인 국가들에 대한 편 가르기 압박도 심해진다. '전략적 모호성'을 이유로 하는 유보적 태도가 혈맹을 강조하는 한·미 동맹에 또 다른 긴장 요인을 안기고, 중국이 한국의 의향이나 신뢰도 측면에 대해 의구심을 갖게 하는 빌미가 된다는 우려도 나온다.

하지만 제대로 된 헤징이라면 미·중 사이에서 모호한 입장만 지키면서 분위기에 편승하거나 기계적 중립을 취하는 단순한 차원의 전략을 넘어서야 한다. 미국과 중국이 가하는 압박을 마주해 우리는 체념적인 자세로 이들의 요구에 응할 수도, 반대로 어떻게든 부담을 완화할 방안을 찾아보는 길을 택할 수도 있다. 안보는 미국, 경제는 중국에 의존하며 둘 사이를 시류에 따라 왔다갔다 하겠다는 수동적인 자세로 접근한다면 헤징 전략을 바람직하게 활용하고 있다고 볼 수 없다.

국제 관계 영역의 헤징을 연구해 온 쳰취퀵 말레이시아국립대 교수는 안보 환경 변화에 따라 '전략적 헤징'이 갈수록 중요해지고 있다고 강조한다. 그는 자신의 연구에서 헤징은 강대국으로부터 얻을 수 있는 정치, 경제, 외교적 이익 극대화를 시도하면서 위기가 발생했을 때 손실을 최소화하기 위한 대응을 동시에 추구하는 '의도적인' 두 갈래 전략이라고 설명하고 있다.[125]

## 미·중이 함부로 대할 수 없는 존재가 되어야 한다

성공적인 헤징을 위해서는 미·중 사이에서 원치 않는 선택을 강요당해 위험에 빠지는 상황을 예방하기 위한 방법을 보다 진취적인 자세로 찾아야 한다. 외줄타기를 하거나 한 발로 중심을 잡고 서는 상황을 떠올려 보면 무게중심 잡기의 중요성을 실감할 수 있다. 중심의 힘이 단단해야 스스로 균형을 잡고 버틸 수 있다. 이 같은 측면에서 군사, 경제, 대외 입지 등 전반에 걸친 자율적 역량 키우기는 성공적으로 헤징을 이행하기 위한 필수 조건으로 여겨진다. 브뤼셀 리브레대학 사회과학대 연구진은 '차상급 국가들의 지정학적 역량과 관련한 전략적 헤징과 변화'라는 주제의 연구에서 차상위 국가들이 과도한 군비 증강 같은 움직임으로 시스템상의 선두 국가를 자극하지 않도록 유념하면서 하드파워와 소프트파워의 경쟁력을 키워 나가야 한다고 말한다.[126]

이 같은 조언은 한국에도 유효하다. 특히 한·미 동맹의 보호

차상위 국가들은 성공적인 헤징을 위해
과도한 군비 증강 같은 움직임으로 시스템상의
선두 국가를 자극하지 않도록 유념하면서
하드파워와 소프트파워의 경쟁력을 키워나갈 필요가 있다.

막에 전적으로 안주하기보다 외교안보 전략상 우리의 자율성을 확대한다면 헤징에도 긍정적으로 작용할 수 있다. 일각에서는 한·미 동맹 틀 안에서 자체적으로 방위력을 강화하는 것이 미국의 책임 확대 요구에 적절히 응하면서 미국 중심의 동맹 관계를 균형 있게 다듬을 방도라는 분석을 제기한다.[127] 한·미 동맹을 통한 미국과의 협력을 유지하되 자체적 억지력 향상으로 높은 대미 의존도를 완화한다면 보다 자율적인 역할을 할 수 있는 것은 물론 중국, 러시아처럼 미국 주도 미사일 방어 체제를 경계하는 이웃국을 자극하는 상황도 예방할 수 있다는 시각도 있다.[128]

이처럼 미국과의 상호 신뢰를 훼손하지 않으면서 더 높은 수준의 자주성을 확충한다면 동맹 관계에서 나타나는 '버려짐'과 '얽매임'의 딜레마를 완화할 수 있을 것으로 기대된다. 자율적 국력 강화는 중국에 대해서도 우리가 목소리를 낼 수 있는 여지를 키운다. 빅터 차 전략국제문제연구소 한국 석좌교수는 한·중 관계를 분석한 연구에서 '한국의 힘이 약하다면 대중 접근법이 중국을 회유하는 수준에서 이뤄질 수밖에 없다'고 지적한다.[129] 한국이 정치 경제적으로 강력한 입지를 갖출수록 중국이 한국의 대중 관여 정책에 응할 여지도 커진다는 설명이다.

사드 사태는 헤징 관점에서는 아쉬움이 많이 남는 사례다. 미국에 힘을 싣는 선택을 했지만 중국과의 관계가 급격히 악화됐기 때문이다. 한·미 동맹의 최우선 순위화를 지지하는 입장에서 본다면 사드 배치는 북한의 핵미사일 위협과 중국의 부상이 심화하는 여건에서 미국에 힘의 우위를 더하는 조치이므로 바람직한 결정이다. 하지만 중국은 사드 배치가 북한의 위협 억제라는 한국의 핵심 안보 목적을 넘어 중국을 겨냥한 역내 한·미·일 방위 체제 공고화를 위한 것이라고 반발했다. 중국은 2016년 7월 사드 배치가 확정된 뒤 한국에 혹독한 경제 보복을 가했다. 한국은 우여곡절 끝에 이듬해 10월 한국의 '3불 원칙●'을 제시하며 중국으로부터 조속한 관계 회복을 약속 받았다. 이후 한국에 대한 중국의 제한 조치가 완화되기는 했지만 전면적인 한한령 해제는 좀처럼 이뤄지지 않고 있다.

　　엄연한 주권국인 한국의 결정을 놓고 중국이 강압적 응징을 가한 것은 마땅히 규탄할 일이다. 하지만 전략적 헤징의 관점에서 보자면 사드 관련 의사결정 과정에서 미국, 중국 모두와 더 많은 외교적 소통을 통해 상호 오해 혹은 한국이 입을 수 있는 피해를 완화할 방책을 마련했다면 어땠을까 아쉬움이 남는다. 일각에서는 미군의 사드보다는 우리 군사력을 메인으로 하는 미사일 체제를 강화하는 편이 바람직하다는 의견이 나오기도 했다.

　　한반도평화포럼은 사드 논란 당시 사드의 유용성에 관해 발표한 입장에서 사드 배치에 따른 중국·러시아의 반발과 한국 방공망의 미국 주도 한·미·일 지역방어체계 하부 구조화 가능성을 지적하면서 한국형 미사일 방어체제(KAMD) 조기 구축 추진이 바람직하다고 주장했다.[130]

---

● 　미국의 미사일방어(MD) 체계 불참, 사드 추가 배치 중단, 한·미·일 군사동맹 추진하지 않기

## '신남방 정책'과 '신북방 정책'

바람이 휘몰아치는 상황 속에서 균형을 잡고 서 있기란 쉬운 일이 아니다. 하지만 현 국제 정세의 불확실성을 종합적으로 고려할 때 당분간 정교한 헤징을 이어가는 것이 불가피한 면이 있다.

미국과 중국의 구조적 경쟁은 무역 갈등과 코로나19 사태를 계기로 이제 막 본격적인 신호탄이 터진 모습이다. 미·중 충돌이 필연적으로 심화할 수밖에 없다고 보는 이들 사이에서도 누가 최종 승자가 될 것인지를 놓고는 첨예하게 의견이 엇갈리고 있다. 미국과 소련 간 냉전 당시에는 이념에 따라 네 편 내 편을 명확히 구분할 수 있었지만 지금처럼 국가 간 상호 연결성이 높아지고 국경을 초월한 문제들이 반복되는 시대는 상황이 다르다. 서구 열강들이 아시아에서 이권 다툼을 벌이던 격동기에 영국 외무장관을 지낸 파머스톤 경은 "영원한 동맹도 영원한 적도 없다. 우리의 이익만이 영원할 뿐이고 이를 좇는 것이 우리의 의무"라고 했다.[131] 이 말처럼 지금 한국은 미국과 중국 중 누가 영원한 친구 또는 적이라고 못박아 말하기 어렵다. 분명한 점은 양자택일이 가져올 수 있는 여러 측면의 부작용을 살펴봤듯 미국과 중국 모두 한국의 안보 확충과 경제 번영을 위해 협력해야 할 대상이라는 사실이다.

첸취퀵 교수는 '팬데믹 이후 아시아의 헤징: 무엇을, 어떻게, 왜?'라는 주제의 연구에서 불확실성의 시대 강대국들 사이에서 '자조(self-help)'하기 위한 전략으로서 헤징의 필요성을 거듭 강조했다. 그는 양자택일이 강대국에 대한 '버려짐'과 '얽매임'의 위험을 더욱 키울 뿐인 반면 중간에 놓인 국가들이 헤징을 통해 모호성을 유지하면 오히려 질서의 양극화를 막고 여럿이 다자 협력을 시도할 수 있는 기회가 늘어난다고 주장했다.[132]

현재 한국 정부가 미국의 인도태평양 전략과 중국의 일대일로 사업 사이에서 취하고 있는 접근법 역시 양쪽 모두와 우호적 관계를 유지하면서 양자택일에서 파생되는 위험을 분산하려는 헤징의 성격이 엿보인다. 트럼프 대통령 취임 이후 미국이 자진 탈퇴하면서 한국도 TPP 가입을 둘러싼 고민을 더는 듯했다. 하지만 미국이 새롭게 들고나온 인도태평양 전략이 TPP를 대체해 중국의 일대일로와 부딪히면서 오히려 더 큰 부담이 한국의 어깨를 짓눌렀다. 현재 한국 정부는 양쪽 모두의 압박을 받고 있지만 두 전략 모두에 공식적인 참여 선언을 하지 않고 있다. 대신 자체적으로 추진하고 있는 '신 남방 정책(아세안·인도와 협력 강화)'과 '신 북방 정책(유라시아 국가들과 관계 강화)'을 바탕으로 한 '개방적이고 유연한 접근 방식'을 취하겠다는 방침이다.[133] 외교부는 신 북방 정책을 중국의 일대일로와, 신 남방 정책을 미국의 인도태평양 전략과 연계해 협력하겠다고 강조하고 있다.[134]

신 북방 정책은 러시아와 중국 동북 3성, 중앙아시아, 동유럽에 걸쳐 물류와 교통, 에너지 인프라 구축 협력과 시장 진출 기회 확대를 목표로 한다. 남·북·러시아 간 철도와 물류·전력망 연결 사업 등 3자 협력 추진의 밑그림 성격을 띠고 있기도 하다.[135] 신 남방 정책은 아세안·인도와의 인적·물적 교류를 현재 한국이 미국·중국·일본·러시아와 맺고 있는 수준으로 대폭 키우겠다는 의도다. 이를 위해 이들 나라와 무역, 사업, 문화 전반에서의 협력 강화를 꾀한다. 안보 측면에서도 한반도 평화 구축을 위한 역내 국가들의 지지를 확충하고 테러, 사이버 범죄 같은 새로운 안보 문제와 재난재해에 관한 협력 확대를 추진한다.[136] 이 정책들은 대상 지역들과 인프라(사회기반시설) 개발, 시장 다변화, 4차 산업혁명 등과 관련한 협력을 추구한다는 점에서 일대일로와 인도태평양 전략 모두와 지향하는 방향이 같다. 이처럼 한국이 스스로 세운 비전을 중심으로 필요에 따라 미국과 중국 모두와 협력하겠다는 구상은 헤징 전략과도 맥이 닿는다.

## 그들에게도 우리가 필요하다

미국과 중국 모두 한국과의 협력에 가치를 두고 있다. 이런 여건은 둘 사이에 있는 한국의 고민을 키우는 동시에 우리가 헤징에 활용할 수 있는 기회 요인이기도 하다.

미국은 한국과의 동맹을 역내 평화와 안보의 '핵심축(linchpin)'이라고 지속적으로 강조해 왔다. 그러면서 인도태평양 지역의 안정과 번영을 위해 한국과 미국의 공조가 긴요하다는 뜻을 거듭 밝혔다. 중국은 한국과의 관계를 '전략적 협력 동반자 관계'로 표현한다. 피터슨국제경제연구소(PIIE)의 스티븐 해거드 연구원 등은 중국이 170여 개국과 맺고 있는 외교관계를 분석해보면 일종의 서열화가 돼 있다고 분석하면서 한국과의 관계는 1992년 수교 이후 계속 상향 조정됐다고 분석한다.[137] 한·중 관계는 수교 이후 인적·물적 교류가 현저히 증가했다. 주중 한국 대사관에 따르면 맨 처음 '우호협력관계'에서 시작한 양국은 1998년 '21세기를 향한 협력동반자 관계', 2003년 전면적 협력동반자 관계, 2008년 전략적 협력동반자 관계로 점점 가까워졌다.[138]

이처럼 미국과 중국 모두 한국과의 우호적 관계 유지의 중요성을 명확히 인식하고 있다. 미국과 중국도 자신들의 관계가 전적으로 대립적이지만은 않다는 점을 누구보다 잘 이해하고 있다. 앞다퉈 자국 이익 우선을 강조해 온 도널드 트럼프 대통령과 시진핑 주석마저도 궁극적으로는 협력이 미·중 모두에게 유익하다는 점을 인정해 왔다. 스티븐 비건 국무부 부장관 겸 대북 특별대표는 미국의 대중 전략을 보고한 미 의회 청문회에서 한반도 평화를 위한 북한 비핵화를 비롯해 균형 있고 상호 호혜적인 경제 정책, 코로나19 확산 억제와 바이러스 기원 조사, 핵 역량을 둘러싼 전략적 안정성 구축 논의, 국제 마약 문제, 전쟁 유해 발굴과 송환 등을 미·중 상호 이해가 맞아 떨어지는 상호 협력 분야로 지목했다.[139]

한반도는 북한 핵문제 해소와 역내 안정 유지를 위해 미국과 중국이 상호 공감대를 이룬다면 미·중 협력의 모범 사례로 거듭날 잠재력을 보유하고 있기도 하다. 데이비드 스틸웰 미 국무부 동아시아·태평양 담당 차관보는 코로나19 사태로 미·중 갈등이 한창인 중에 "중국과의 협력적 행동의 기회가 점점 줄고 있지만 북한과 같은 명백한 협력의 영역이 있다"며 "미국과 중국이 협력할 수 있다면 북한도 핵프로그램 논의를 위해 테이블로 돌아와야 할 중요성과 필요성을 이해할 것"이라고 밝혔다.[140]

　　미국 외교의 대부 격인 헨리 키신저 전 국무장관의 표현을 빌리면 한반도 평화 구축은 "미국과 중국 간 이해가 반드시 필요한 전제조건"이다.[141] 따라서 성공적 헤징을 위해 한국은 미·중 관계의 '윈-윈' 측면을 최대한 찾아낼 필요가 있어 보인다. 이 과정에서 우리의 이익 혹은 추구하는 이상향이 무엇인지 설정하고 이를 어떻게 미·중과 함께 실현할 수 있을지 고민해야 할 것이다. 특히 한반도 문제를 놓고 미국과 중국 모두의 이익에 부합하는 사안들을 선제적으로 찾아내고 일관된 목소리로 강조할 필요가 있다. 한미경제연구원(KEI)은 미·중 사이 한국의 헤징 전략을 점검한 연구를 통해 북한 비핵화, 역내 정세 안정, 경제적 기회 확대처럼 3국의 공동 이익에 부합하는 문제들을 우리가 적극적으로 발굴하고 진전시켜야 한다는 분석을 전하고 있다.[142]


## 균형 잡기 만으로는 부족
## 같은 처지 이웃들과 뭉쳐야

　　한편 미·중 갈등이 유발하는 딜레마를 궁극적으로 완화하려면 이들 둘의 움직임을 주시하며 위험을 분산하겠다는 전략만으로는 부족하다. 이분법적 접근법을 경계하되 근본적 안보 환경을 개선할 수 있는 훨씬 다각적인 전략을 취할 필요가 있다.

스투르예 드 스위랑드 벨기에 루벤대학 교수는 헤징 전략은 기본적으로 미국과 중국의 힘겨루기 구도에서 개별 국가들이 이익을 꾀하는 데 초점을 맞추기 때문에 이 둘의 패권 경쟁을 궁극적으로 예방하기 위한 비전을 제시하지 못한다는 점을 한계로 지적한다.[143]

이 같은 측면에서 미·중 사이 헤징을 추구하는 국가들은 내부적으로는 국력 강화를 통해 외부 압력에 휘둘리지 않고 스스로 균형 잡기를 가능하게 할 힘을 키우고, 대외적으로는 보다 적극적으로 역내·세계 정세를 안정시킬 노력들을 기울일 필요가 있다. 이를 위해서는 같은 우려와 이해관계를 공유하는 여러 나라들과 힘을 합쳐 경쟁이 아닌 협력의 분위기를 조성할 필요성이 제기된다. 눈앞의 어려움을 피하는 데만 급급하지 않고 좀 더 시야를 멀리 볼 필요가 있다는 얘기다.

미국과 중국의 패권 경쟁 속에서 딜레마에 빠져 있는 것은 한국만이 아니다. 미국 주도의 국제 질서에서 살아가는 것에 익숙해 있던 많은 나라들이 갈수록 중국의 영향력 확대를 실감하고 있다.

유럽지역 중국 싱크탱크 네트워크(ETNC)는 유럽연합(EU) 소속 18개국의 미·중 갈등 접근법을 분석한 보고서에서 나라별 여건상 차이는 있지만 이들 모두가 미국을 핵심적인 안보 동맹으로 여기면서도 중국과도 최대한 협력하길 바라고 있다고 밝혔다.[144] 아시아 지역에서도 마찬가지다. 반 잭슨 신미국안보센터(CNAS) 연구원은 한국, 일본, 아세안 등 역내 국가들의 헤징 전략을 다룬 연구에서 이들이 불확실한 환경에 대응해 미·중 모두와의 관계 강화, 자체적인 방위비 인상과 군 현대화, 협력 관계 다변화와 다자주의 참여 확대 등의 다양한 정책을 구사하고 있다고 분석했다.[145]

결국 이제 '미·중 사이의 딜레마'라는 이슈는 기후변화, 사이버 안보, 팬데믹과 마찬가지로 한 나라만의 고민이 아닌 공동의 대응이 필요한 일종의 새로운 국제 문제가 된 셈이다. 이런 면에서 헤징 전략은 다음 장에서 살펴볼 다자 협력과 병행돼야 한다.

# 이분법을 넘어
# 다자 협력에서 기회를 찾는다

6.

장기적 관점에서 미국과 중국 사이에서의 딜레마를 극복하려면 같은 처지의 국가들과 힘을 합쳐 국제 사회 안에 흐르는 긴장 분위기를 진정시킬 필요가 있다. 여러 나라가 함께 공동의 문제를 다루기 위해 머리를 맞대는 다자 협력에 한국 역시 공을 들여야 하는 이유다.

다자 협력의 장은 경쟁과 갈등 속에서도 국가들 사이 꾸준한 상호 작용과 대화를 통해 역내 신뢰를 구축할 기반이다. 협력의 전략을 성공적으로 펼치기 위해서는 한국 역시 미국이 이끄는 동맹 체계 안에서 안주하지 말고 이웃국들과 다양한 영역에서 폭넓은 협력을 모색하기 위해 시선을 넓혀야 한다. 한·미 동맹을 구식으로 깎아내리며 이를 대체하기 위한 어떤 이상적인 신 안보 체계를 짜자는 의도가 아니다. 미국과의 신뢰 관계를 지키면서 세계의 안보와 경제 환경 변화에 대응해 전략을 다각화함으로써 우리의 의지대로, 우리의 국익에 부합하는 쪽으로 움직일 수 있는 여지를 넓히기 위한 전략의 일환이다.

## 전통적인 동맹 체계의
## 한계가 드러나고 있다

전후 세계에 아시아 태평양 지역의 질서는 미국을 핵심으로 하는 '중심과 바퀴살(hub and spoke)' 형태의 동맹이 이끌어 왔다.[146] 한국, 일본, 호주 같은 역내 주요국들은 가운데 중심점에서 여러 개의 살이 뻗어 있는 바퀴의 모양처럼 미국과 양자 동맹을 맺고 있지만 서로 간에 혹은 다자 동맹을 형성하고 있지는 않다. 당초 공산주의 소련의 억제를 목적으로 시작된 미국의 역내 군사적 관여는 냉전 종식 이후로도 이 지역에서 안정된 힘의 균형을 유지시키는 역할을 하고 있다고 여겨졌다.[147]

아시아에서는 여전히 복잡하게 얽힌 역사와 영유권 갈등 때문에 역내 국가들 간 불신의 고리가 끊어지지 않고 있다. 미국의 존재는 일본의 재무장을 억제하고 역내 국가들의 군사적 충돌을 억제하는 효과를 낸다는 기대를 받았다.[148] 리처드 아미티지 전 미국 국무부 부장관과 조지프 나이 하버드대 교수는 미국의 동맹 구도 밖에 있는 중국 역시도 이 체제가 역내 안정적 환경을 조성했기 때문에 다시 국력을 키울 수 있었다고 설명한다.[149]

아이켄베리 프린스턴대 교수는 동아시아 내 미국의 역할을 분석한 연구에서 미국 주도의 역내 안보 질서가 2차 대전 이후 냉전을 거쳐 반세기를 훌쩍 넘게 안정적으로 이어지면서 역내에서 순기능을 하는 제도로 자리잡았다고 진단했다.[150] 한국 역시 북한과 대치하고 있는 데다 중국, 러시아, 일본 등 이웃 강대국들이 으르렁대고 있는 여건 속에 처해 있다 보니 미국과의 양자 동맹 체제를 특히 중시해 왔다.

하지만 21세기로 넘어와 시간이 흐르면서 우리가 사는 세상의 모습이 변했듯 안보 환경도 과거와는 달라졌다. 냉전 종식 이후 정치적 경제적 측면 모두에서 자본주의 대 공산주의라는 이분법적 구분이 옅어지면서 역내 국가들이 상호 작용하는 범위도 깊고 넓어졌다. 1990년대 아시아를 연쇄 충격으로 몰아넣은 금융 위기는 처음으로 한국, 중국, 일본의 정기적 3자 회의를 가능하게 한 '아세안(ASEAN, 동남아시아국가연합)+3'이 출범하는 직접적 계기가 됐다.[151] 공동의 위기는 이념이나 국가별 체제의 차이를 초월하는 협력의 필요성을 알려주었다.

상호 경제적 연결성으로 인한 문제만이 아니라 미세 먼지나 대형 지진, 폭우 같은 자연 재해, 사이버 보안, 테러 같은 초국경적 이슈들이 새로운 위협으로 떠오르면서 역내 국가들 간 다자 협력의 필요성이 한층 높아졌다. 최근 코로나19 사태 역시 공동의 위협에 대한 공조는 선택이 아니라 필수임을 재차 상기시켰다. 국제관계 학계에서 다자 협력의 중요성을 앞장서 강조해 온 비노드 아가왈 캘리포니아대 버클리 캠퍼스 교수는 아시아 지역의 제도적 질서를 검토한 연구에서 과거에는 역내 양분된 경제 안보 질서가 세워져 있었지만 현재는 자유 무역과 금융 협력, 다양한 수준의 안보 대화가 확산하며 새로운 환경을 조성하고 있다고 강조했다.[152]

동맹과 동맹이 아닌 세력을 구분하는 미국 중심의 동맹 체제는 한계를 노출하고 있다. 본질적으로 미국에 대한 경쟁 체제를 견제하는 성격을 갖고 있기 때문에 역내 협력의 확대를 가로막는 요인으로 작용하고 있다는 비판을 받는 것이다. 지역 안보 문제를 둘러싼 논의와 조치 대부분이 미국을 거쳐 이뤄지다 보니 정작 실질적으로 얼굴을 맞대고 있는 역내 국가들 간의 협력은 취약하다는 우려도 나온다.[153] 예컨대 말레이시아는 1990년 동아시아 국가들의 협력 강화를 위해 동아시아경제협의체(EAEC) 창설을 제안했다. 하지만 미국의 강력한 반대로 역내 미 동맹들의 지지가 모이지 않으면서 결국 무산됐다. 당시 미국은 미국을 배제하는 지역국들만의 모임은 '태평양 한가운데에 선을 긋는 일'이라고 반발했다.[154]

미국 중심의 안보 질서가 당연시되는 분위기는 중국, 러시아처럼 미국과 대척점에 있는 세력과 갈등을 부채질하는 요인이라는 지적을 받았다. 영국 코번트리대학의 아시아 전문가 닐 렌윅은 미국 중심의 역내 동맹 체계를 비판한 논문에서 이를 '시대착오적'이라고 표현하면서 "빠르게 변화하는 예측불가한 환경 속에서 의사결정자들을 낡은 냉전식 확신에 빠져들게 한다"고 비판했다.[155] 이런 관점에서 보자면 미국의 동맹 체제 안에 있느냐 밖에 있느냐를 먼저 따지는 행위는 미국과 중국이 서로를 대립적으로 바라보도록 부추기는 면이 있다. 반드시 미국이 주도하는 질서 안에서만 협력의 길을 찾아야 한다면 진영을 가리지 않는 공동의 문제를 놓고 새로운 돌파구를 모색할 외교적 상상력이 제한될 수밖에 없다.

미국이 갈수록 불안정한 모습을 보이고 있다는 점도 변수로 떠오르고 있다. 미국은 여전히 아시아 태평양을 핵심 이익이 걸린 지역으로 보고 이 곳의 주도권 유지에 집중하고 있다. 하지만 대내외 환경의 변화로 이전과 같은 전폭적인 동맹 지원이 어려워지면서 전략상의 변화를 꾀하고 나섰다.

9·11테러와 그에 따른 중동 지역 전쟁, 글로벌 금융위기를 잇따라 감당해야 했던 미국은 이제 자신들 지원 하에 경제 성장을 일군 동맹들에게 책임을 나눠 질 것을 촉구하고 있다. 앞선 장들에서 논의했듯 도널드 트럼프 대통령이 정제되지 않은 표현으로 '무임승차론'을 제기하기 전부터 미국에서는 아시아와 유럽 동맹들의 책임 확대가 필요하다는 목소리가 지속적으로 나오고 있었다. 이에 따라 동맹들도 어떻게 하면 미국의 일방적 움직임을 견제하면서 자신들의 이해관계를 지킬 수 있을지 내심 고민하고 있었다. 그에 따른 미국과 한국, 일본 등 동맹들 사이의 갈등은 단순히 누가 얼마나 비용을 분담할 것인가의 문제를 넘어선다. 전후 시대에 당연한 것처럼 여겨지던 동맹 관계가 노골적으로 상호 비용편익을 따지게 됐다는 점은 신뢰 면에서도 시사하는 바가 크다.


## 다자 협력과 대화를
## 포기할 수 없는 이유

안보 위협이 다양해지고 미·중 신냉전이라는 또 다른 갈등 구조가 점점 명확해지고 있는 국면을 안정적인 신 질서로 이끌기 위해서는 기존의 방식을 뛰어넘는 노력이 필요하다.

국제관계학의 구성주의 이론은 각 국가가 처한 환경에서 스스로 생존을 위해 싸워야 한다는 무정부 상태 개념은 당연한 것이 아니라 국가들 간 사회화 과정에서 만들어졌다고 지적한다. 구성주의 학파의 대표자인 알렉산더 웬트 오하이오주립대 교수는 '호혜적인 상호작용이 반복되면 국가들이 정체성과 이해관계를 규정하는 관점 역시 변화할 수 있고, 이는 보다 안정적인 국제 질서의 구축으로 이어질 수 있다'고 강조한다.[156] 구성주의는 또한 물질적 요소뿐만 아니라 공동의 표준, 규칙 같은 규범적 요인들이 국가들의 정체성과 이해관계를 형성하는 요인이자 이들 사이 행동의 기준으로서 국제관계를 짜는 주요한 요인이라고 본다.[157] 예컨대 북한과 영국 모두 핵무기를 갖고 있지만 미국이 영국은 위협적으로 여기지 않는 이유는 이들이 친선 관계를 형성하고 있기 때문이라는 설명이다.[158]

이런 관점에서 구성주의 학자들은 국가들이 협력을 통해 상호 공감할 수 있는 규범을 만들고 적극적인 사회화 노력을 기울인다면 긴장을 완화하고 공동체 의식을 구축할 수 있다고 말한다.[159] 이는 앞으로 미·중 관계는 물론 두 강대국을 둘러싼 다른 나라들의 입지도 각국이 어떻게 상호작용하며 이해관계를 구축하느냐에 따라 향방이 달라질 수 있다는 뜻이다.

아시아 지역에서는 1967년 아세안(ASEAN, 동남아시아국가연합) 설립이 지역 공동체를 위한 첫 발걸음이 됐다. 1994년에는 북한이 유일하게 참여하고 있는 역내 다자 체제인 아세안지역안보포럼

(ARF)이 만들어졌다. 이후 역내 다자 협력 체계는 아세안+3 정상회의 정례화와 미국, 러시아, 인도, 호주 등까지 아우르는 동아시아정상회의(EAS) 발족으로 조금씩 진화했다. 이러한 다자 협력 틀은 역내 권력 경쟁을 완화하고 분쟁을 해소하는 데 필요한 집단적 원칙과 표준을 만들자는 목표를 가지고 있다. 이 같은 협력 틀에 적극적으로 참여하는 것은 한국이 같은 우려를 공유하는 나라들과 관계망을 넓힐 좋은 기회다.

앞서 미국과 중국 사이에서 중견국들의 역할을 살펴봤듯 여러 나라가 힘을 합쳐 집단적으로 대응하면 영향력도 커진다. 이들이 역내 또는 국제적 문제에 대해 찾아낸 공동의 해법은 결과적으로 미국과 중국의 이익에도 부합할 수 있다. 이는 두 나라 간의 불신을 완화하면서 역내 질서가 제로섬(한 쪽이 이익을 얻으면 다른 한 쪽은 반드시 손해를 본다는 논리)에 빠져드는 상황을 막는 효과로 이어질 수도 있다.[160]

다자 협력을 바탕으로 한 역내 공동체 구축 시도를 놓고 '실질적인 안보 문제를 푸는 데 실효성을 내지 못하고 있다', '강대국들의 또 다른 경쟁의 장이 열렸다', '허울 뿐인 엇비슷한 조직을 남발하고 있다' 등 여러 비판이 따라오기도 한다. 하지만 국제 관계 역시 인간 사회의 한 형태라는 점에서 뿌리 깊은 역사적 갈등과 영유권 분쟁, 첨예하게 이익이 갈리는 안보 문제들을 모두의 입맛에 맞게 단숨에 마법처럼 해결할 방법은 어디에도 없다.

인내심을 갖고 위기를 관리하고 공동의 규범과 규칙을 형성해 나가야 한다는 장기적인 안목이 필요한 이유다. 제임스 굿비 스탠퍼드대 후버연구소 연구원과 피터 헤이스 노틸러스연구소 국장은 동아시아 내 다자 협력의 필요성을 강조한 연구에서 다자 체계는 상호 오해 해소와 오판을 예방하고 참여국들 사이 투명성 증진을 가능하게 한다고 설명한다. 이들은 동북아 지역에서 유독 냉전과 2차 대전의 여파가 지속되고 있는 원인으로 다자 협력체가 부재하다는 점을 지목한다.[161] 데이비드 카피 뉴질랜드 웰링턴대학 교수와 폴 에반스 캐나다 브리시티컬럼비아대학(UBC) 교수는 협력적 안보 체계를 구축하기 위해서는 우선 국가들 사이 '대화의 습관(habits of dialogue)'을 들이는 것이 긴요하다고 말한다.[162]

다자 협력 강화는 한반도 문제뿐만 아니라 미·중 사이에서 한국의 딜레마를 줄이기 위해서도 긴요하다. 한국이 역내 최대 안보 이슈인 한반도 문제의 당사자라는 점은 다자 협력의 틀을 잘만 활용하면 안보와 경제 모든 면에서 우리의 입지를 넓힐 수 있다는 의미이기도 하다. 싱가포르 난양공대 라자나트남 국제연구원(RSIS)의 랄프 에머스 교수와 사라 테오 연구원은 아태 지역 미들 파워들의 안보 전략을 분석한 연구에서 북핵 위협과 관련해 여러 이해 당사국들이 있지만 한국은 한반도 문제의 직접적 연관국으로서 이를 관리하는 데 특별히 핵심적 역할을 할 수 있다고 강조하고 있다.[163]

헤징 전략을 다룬 장에서 살펴봤듯 미국과 중국 모두가 한반도를 자신들의 핵심 이익이 걸린 지역으로 보고 있다는 점은 우리에게 위기이자 기회의 요인이다. 미국과 중국 사이의 긴장감이 높아지고 있는 것은 맞지만 이들이 경제 성장이나 역내 정세의 안정적 관리 측면에서 서로 이해관계를 공유하는 측면도 있다.

미국과 중국은 역내와 글로벌 이슈를 놓고 다자 협력을 시도한 적도 있다. 한반도 평화를 위한 6자 회담이 대표적 사례다. 불신과 이견, 약속 파기의 악순환 속에 협상의 진전이 어려운 것이 사실이지만 이는 관련국 모두가 한반도 문제를 중요한 국익으로 보고 있다는 의미이기도 하다. 때문에 협상이 교착상태에 빠져 있을지라도 그 필요성은 여전히 유효하다. 미국에도 국익 차원에서라도 다자 협력이 필요하다는 인식이 조성돼 있다. 마스탄두노 다트머스대 교수는 국제기관의 실용성을 강조한 연구에서 역내 국가들 간 신뢰 구축을 돕고 이들이 함께 책임을 나누는 다자주의 체계를 구축한다면 미국의 부담 역시 경감될 것이라고 밝혔다.[164]

## 진영을 나누지 않는
## 다자 협력이 필요하다

다자 협력 체제 실현은 특히 한반도의 영구적 평화 구축을 위한 필수 요인으로 주목받고 있다. 니클라스 스완스트롬 스웨덴 안보정책개발연구소장은 관련 연구에서 북한과 미국의 양자 간 협상이 단기적으로는 빠른 긴장 완화의 효과를 낼 수 있겠지만 한반도 평화를 위한 합의의 지속가능성을 확보하기 위해선 한국은 물론이고 중국, 러시아, 일본 등의 우려까지 다룰 필요가 있다고 강조하고 있다.[165] 예컨대 북·미가 미국의 우려 사항인 대륙간탄도미사일 (ICBM) 해체에 합의한다면 한국과 일본은 중단거리 미사일 문제는 어떻게 되는 것인지 물음을 제기할 거란 지적이다. 북한의 전략적 중요성을 보고 있는 중국과 러시아가 미국 위주의 북한 개혁개방에 순순히 협조할 가능성도 불투명하다.

국력이나 국가 체계에 관계없이 역내 다양한 국가가 참여하는 협력의 장은 집단적 교제를 통해 공동의 우려를 해소하고 모두의 이익을 증진할 기회를 키운다는 기대를 받고 있다. 이런 측면에서 일각에선 미국과 중국 모두를 아우르는 다자 협력 체제를 강화해야 한다는 주장도 꾸준히 제기되고 있다. 토머스 버거 보스턴대 교수는 미·중 간 신뢰를 구축하려면 나토와 러시아·구 소련 국가들이 함께 하고 있는 '평화를 위한 동반자 관계(the Partnership for Peace)' 프로그램처럼 동아시아에도 자유 민주주의 국가들 위주의 다자협력에서 배제되어 있는 중국 같은 나라들을 아우를 수 있는 장이 필요하다고 제언하고 있다.[166]

중국의 한반도 전문가인 양시위 중국 국제문제연구소(CIIS) 선임 연구원은 역내 안보 딜레마를 다룬 논문에서 모두의 이해관계가 얽혀 있는 한반도 문제를 놓고 냉전 때와 같은 진영 나누기는 제로섬 게임을 부추길 뿐이라고 지적하면서 6자 회담처럼 한·미·일 뿐만 아니라 북·중·러를 포함하는 공동의 안보 개념을 고안할 필요가 있다고 주장했다.[167] 그는 한반도 문제에 관한 대화 체계가 성공한다면 동북아 안보 협력 틀로 발전할 수 있다고 본다. 미국과 중국 모두가 안정적 관리를 원하는 한반도는 이들이 신뢰 쌓기와 갈등 조정을 시도할 기회의 무대라는 것이다.

## 다자 협력 체제에서
## 더 중요하게 작용하는 중견국의 목소리

다자 협력은 한반도 문제를 넘어 대외 전략 측면에서도 한국에 여러 가지 기회를 제공한다. 한국은 국력 신장을 통해 역내와 글로벌 차원 모두에서 핵심적인 미들 파워 중 하나로 떠올랐다. 그만큼 대외 무대에서 우리 목소리를 내고 역량을 발휘할 수 있는 여력이 커졌다.

국제관계 학계에서도 국제 정세의 격변 국면에서 중견국이 할 수 있는 역할에 대한 관심이 높아지고 있다. 미국의 언론인 파리드 자카리아는 저서 《포스트 아메리칸 월드: 나머지 세계의 부상》에서 세계 여러 나라들이 지난 수십 년 사이 막대한 경제 성장을 이루면서 국제 권력 지형의 변화가 일어나고 있다고 말한 바 있다.[168] 정치 군사적 면에서 미국의 압도적 힘이 여전하더라도 경제, 사회, 문화적 영역에서는 힘의 분배 구도가 변화하고 있다는 지적이다.

캐나다 워털루대학의 앤드루 쿠퍼 교수는 그의 연구에서 국제 질서의 다극화가 진행되면서 '나머지의 부상(rise of the rest)' 현상이 갈수록 뚜렷해지고 있다고 진단하면서 그만큼 중견국들이 국제 정세에 영향력을 미칠 여지도 커졌다고 분석했다.[169] 특히 G20 같은 글로벌 거버넌스의 장에서 중견국들이 자신들의 주특기 분야에 따라 구체적인 이슈별로 리더십을 발휘할 수 있다고 강조했다. 앞서 살펴본 중견국들의 연합 움직임도 결국 다자 협력을 통한 힘 키우기와 궤를 같이 한다.

　다자 협력 체제는 주변 강대국들에 비해 상대적으로 덩치가 작은 한국이 보다 효과적으로 우리의 이해관계를 증진할 수 있는 장으로 주목받기도 한다. 한국국제교류재단(KF)이 브뤼셀 자유대학(VUB)과 함께 설립한 유럽의 한반도 전문 연구 기관 'KF-VUB 코리아 체어'는 한국의 글로벌 전략을 다룬 보고서에서 한국의 보수와 진보 정권 모두가 국익 차원에서 다자 협력 틀 안의 역할 강화를 추진해 왔다고 진단한다.[170] 이 연구소는 '미국, 중국처럼 힘이 센 나라들을 1:1로만 상대해야 한다면 이들과 이견이 빚어질 경우 우리가 선호하는 정책을 밀고 나가기가 쉽지 않지만 다자적 틀에서는 한국이 중견국으로서 공공의 문제를 놓고 목소리를 내고 지지를 모을 수 있는 여지가 커진다'고 설명한다. 이 같은 측면에서 한국은 다자 체제를 효과적으로 활용하기 위해 협력의 영역과 방식을 놓고 창의적인 아이디어들을 부단히 고민할 필요가 있다.

　한반도 평화 프로세스를 비롯해 우리가 추구하는 다양한 대외 정책상의 목표나 방식에 대해 다자 협력 체제의 강력한 공감과 지지를 얻는다면 한국의 입지 역시 견고해질 것이다. 북핵 위협과 한반도 평화 구축은 남북 갈등을 넘어 아시아 지역 전체, 나아가서는 전 세계적 시선이 집중되고 있는 공동의 문제다. 한국의 신 남방 정책이 다자 협력체를 우리가 추구하는 한반도 해법 추진에 적극 활용하겠다는 의지를 담고 있다는 점은 이런 측면에서 긍정적이다.

이 정책은 "아세안과 인도는 남북한과 동시 수교 및 우호 관계를 유지하면서, 우리 정부의 한반도 정책을 적극 지지하는 우호 세력"이라는 점에 주목하며 아세안과 한반도 비핵화와 영구적 평화 구축을 위한 협력 모색을 강조한다.[171]

아울러 대외적 입지를 강화하고 우리가 영향력을 발휘할 수 있는 영역을 넓히기 위해서는 한반도 문제를 넘어 역내 혹은 국제 사회의 공공 이익에 해당하는 영역에서도 협력을 모색해야 한다. 역내 국가들 간 협력의 중요성을 강조해 온 학계 연구들은 군사적 이 슈만이 아니라 환경, 질병, 이민, 국제 범죄 등 비전통적 안보 문제 역시 주요한 협력 분야로 지목하고 있다.[172] 협력의 방식은 정부 관료들 간의 의견 교환 수준을 넘어 민간과 학계, 시민사회, 지역사회 등 다양한 수준에서 교류를 증진해야 한다는 제언이 나온다.[173]


## 다자 협력이 주는 경제적 기회

경제적 측면에서도 다자 협력은 대외 환경의 불확실성이 유 발하는 위험을 낮추고 한국의 생존력을 키우는 데 반드시 필요한 요소다. 미·중 무역 갈등과 코로나19 사태에 따른 대외 경제적 환경 변화에 필수적인 대응 전략으로 주목받고 있는 시장과 공급망의 다 양화를 실현하려면 여러 대상들과 원활한 협력과 소통이 필수다. 한국 경제의 높은 대외 연결성을 고려할 때 한국은 글로벌 무대에서 경제적 기회를 확대할 수 있는 협력의 장에도 적극적으로 참여할 필요가 있다.

특히 미·중 갈등과 코로나19 사태로 인한 무역 위축에 대응하기 위한 대외 연결고리 다변화 측면에서 다자 간 경제 협력을 적극 활용해야 할 것으로 보인다. 거듭 강조되고 있는 '계란 나눠 담기' 전략의 핵심에도 결국 다자 협력이 있다.

미국, 중국, 일본, 러시아 등 기존에 한반도와 밀접한 관계를 맺어온 나라들을 넘어 더 멀리 북방과 남방 지역 국가들과 교역을 강화해야 할 필요성이 꾸준히 제기되고 있는 이유도 같은 맥락이다. 예컨대 DHL은 미·중 무역 갈등과 일본의 수출 규제 등을 겪은 한국이 기존의 주요 무역 파트너들에 대한 의존도를 낮출 필요가 있다고 분석하면서 아세안이 지리적으로 가까운 데다 높은 경제 성장률을 보이고 있어 한국에 이상적인 파트너라고 진단했다.[174] 북방 지역은 우리 산업계에 새로운 사업 기회를 제공하기도 한다. 한국 정부의 북방경제협력위원회는 '9개 다리' 사업을 통해 중국 동북 3성, 러시아, 동유럽까지 이어지는 아시아 대륙에서 철도, 전력, 항만, 수산, 가스, 조선, 농업, 산업단지, 북극 항로 등 9가지 영역의 동시다발적 협력 사업을 추진하겠다고 밝혔다.[175]

한국이 경제적 협력을 모색해야 할 대상은 인근 지역에만 국한되지 않는다. 한국의 대중 수출 의존도를 낮추고 글로벌 가치사슬에서 보다 유리한 위치를 점하려면 아시아 태평양 지역의 최대 규

모 무역 협정인 CPTPP 참가를 적극적으로 고려해야 한다는 의견도 있다.[176]

유럽연합(EU) 역시 필수적인 협력 대상이다. 2018년 기준 EU는 한국에게 중국, 미국에 이어 세 번째로 큰 수출 시장이자 상위 2위의 수입 대상권이다.[177] 한국은 2010년 유럽연합(EU)과 자유 무역협정을 체결하고 '전략적 동반자 관계'를 형성했다. EU는 전 세계적으로 한국 등 10개국과 해당 관계를 짜고 있다.


## 한국은 국제 사회에서 스스로 자리를 찾아야

다양한 파트너들과 협력을 발전시키는 일은 한국의 대외 시장을 넓히고 새로운 경제적 기회를 찾는 데 긴요한 과제다. 이를 성공적으로 이행하기 위해서는 협력 대상 국가들과 양자 관계, 다자 협력 등 다양한 형태의 교류를 하며 공동의 이익을 부단히 추구해야 한다. 이 과정에서 한국의 개발 노하우나 우리 기업들의 기술력을 협력의 촉진제로 활용할 수 있다.

자유 무역 체계의 혜택을 받아 주요 경제국으로 성장한 한국이 불확실성이 증대되고 있는 시기, 국제 무역 체계에 힘을 불어넣기 위해 더 많은 역할을 해야 한다는 요청도 있다. 웬디 커틀러 미국 아시아 소사이어티 정책 연구소 부회장 등은 한·미 경제 관계 개선 과제를 다룬 보고서에서 "한국은 다자 포럼과 국제적 규칙 제정에 대해 더욱 적극적으로 나서야 한다"며 "한국은 미국과 중국, 아

한국은 미국과 중국, 아시아의 선진국과
개발 도상국 사이에서 중요한 가교 역할을 할
잠재력을 갖추고 있다. 한국이 앞으로 다자 포럼과
국제적 규칙 제정에 대해 더욱 적극적으로
나서길 바란다.

웬디 커틀러 미국 아시아 소사이어티 정책 연구소 부회장시아의 선진국과 개발 도상국 사이에서 중요한 가교 역할을 할 잠재력을 갖췄다"고 강조했다.[178] 전국경제인연합회는 한국이 G20과 APEC, OECD 같은 다자 협력 체계를 활용해 국제 사회가 보호무역 조치 동결이나 자발적 감축을 합의하도록 유도해야 한다고 제안하기도 했다.[179]

이런 기대 속에 한국은 2020년 세계무역기구(WTO) 사무총장 선거에 유명희 산업통상자원부 통상교섭본부장을 입후보시켰다. 한국이 안정적 무역 질서를 바탕으로 성장할 수 있었던 만큼 보호주의 확대와 다자 체제 약화 국면에서 글로벌 공조를 다시 북돋는 일을 주도하겠다는 포부였다.[180]

이와 더불어 정부는 포스트 코로나 시대 '함께 잘살기 위한 다자주의'를 실현하기 위한 노력에 앞장서겠다는 뜻을 거듭 밝혔다. 문재인 대통령은 제75차 유엔 총회 기조연설에서 "코로나 위기 속에서도 연대와 협력의 다자주의와 규범에 입각한 자유무역질서를 강화해 나가야 한다"면서 K-방역과 경제 발전 경험을 국제 사회와 공유하며 누구도 소외시키지 않는 '포용성이 강화된 국제협력'을 추구하겠다고 강조했다.[181]

# 달라진 세계,
# 달라진 한국의 위치

**7.**

전쟁의 폐허에서 반세기 만에 세계 10위권 안팎의 경제 강국으로 성장한 한국의 여정은, 운명은 결국 스스로 개척하는 것이라는 말을 실감케 한다. 과거의 쓰린 교훈을 발판 삼아 키운 저력을 효과적으로 발휘한다면 국제 질서의 지각변동이 일어나고 있는 21세기는 오히려 한국이 지정학적 한계를 떨쳐내고 대내외적인 측면 모두에서 한 단계 도약하는 전환점이 될 수 있다.

미·중 패권 경쟁과 코로나19 충격으로 긴장감과 불확실성이 계속되는 여건에서 한국이 위험을 최소화하고 국익을 지키려면 수동적인 자세에 머물러서는 안 된다.

## 관성의 역사에서 벗어나기

위기를 기회로 승화시키기 위해서는 우리 스스로도 현 시대의 한국이란 어떤 나라인지 성찰할 필요가 있다.● 그동안 한국은 지

---

● 미국의 사회과학자 콘수엘로 크루즈 터프츠대학 교수는 국가의 정체성 형성 과정을 분석한 연구에서 '집단적 기억'또는 '집단적 정체성'은 구성원들이 공유하는 역사적 경험이나 도전을 토대로 성립된다고 설명한다.(Consuelo Cruz, 'Identity and Persuasion: How Nations Remember Their Pasts and Make Their Futures', World Politics, 52: 3, pp. 275-312, 2000, p276.)

정학적으로 불안정한 여건과 주변 강대국들이 갖는 기본적 힘의 우위를 당연하게 받아들인 면이 있다. 이는 한국의 대외적 입지에 대한 운명론적 체념이나 이를 구실로 '보호자'가 되어줄 강대국에 의존하기만 하려는 소극적 태도로 이어졌다.

미국과 중국의 갈등이 심화하자 서둘러서 어느 한 쪽 편을 들지 결정을 해야만 한다는 시각의 밑바탕에도 이런 의식들이 자리한다. 스스로의 역량에 대한 이 같은 인식은 과거 무방비 상태의 약소국으로서 강대국들의 위력에 밀린 고통스러운 경험들이 쌓이고 쌓여 만들어진 결과물이다. 새뮤얼 김 컬럼비아대 선임 연구원은 일본의 제국주의, 소련의 공산주의 주도, 미국의 패권, 중국의 재부상 같은 일련의 사건들 모두가 한국의 정체성 형성에 영향을 미쳤다고 분석한다.[182] 근현대 들어 쉴 새 없이 몰아치는 강대국들의 권력 다툼 속에서 한반도는 매번 그 중심에 있었다.

하지만 국제관계는 고정적인 것이 아니라는 점을 기억해야 한다. 인간의 역사가 끊임없이 흐르면서 국가가 상호 작용하는 방식이 변화하고 이들을 둘러싼 시대적 환경도 변한다. 그에 따라 국제 질서 속 힘의 역학관계도 또한 계속 변화한다. 지금 당연한 것처럼 여겨지는 국제 질서는 2차 대전과 냉전을 겪으며 구축된 것으로 길게 잡아야 역사가 100년도 되지 않는다. 긴 안목으로 생각한다면 현 시대는 역사의 거대한 흐름 속 하나의 시점이지 영구적인 것이 아니라는 얘기다.

미국과 일본은 자신들의 동맹 관계를 아시아 태평양 평화와 안보의 '주춧돌'이라고 강조하고 있다. 하지만 돌이켜 보면 이 둘은 2차 대전을 치르는 동안 적 중의 적이었다. 지금은 반미 노선으로 뭉친 중국과 러시아는 공산권 내 주도권 다툼과 국경 분쟁으로 1960년대 초반에는 무력 충돌까지 벌인 사이다. 두 나라는 지금까지도 은근한 상호 견제를 계속하고 있다. 수백 년 역사에 걸쳐 원수지간이던 독일과 프랑스가 유럽 통합을 이끌고 나선 모습을 이들의 선조가 본다면 도저히 믿을 수 없을 것이다. 이 같은 흐름은 앞으로의 국제 무대에서 미들 파워로서 역량을 살려 다른 나라들과 성공적인 상호작용을 하는 경험을 쌓고 또 쌓는다면 한국의 정체성이 훨씬 자신감 있는 형태로 변화하고, 대외 평판 역시 더욱 긍정적으로 향상될 수 있음을 시사한다.

글로벌 권력 지형 역시 세계 각국의 흥망성쇠에 따라 끊임없이 변화하고 있다. 산업혁명의 본산이 유럽이었다면 근현대 경제의 질서를 주도한 쪽은 미국이다. 그리고 현재 국제 경제의 중심축은 서구에서 아시아로 옮겨가고 있다. 유럽이나 일본의 사례처럼 과거 선제적 성장을 이룬 나라들은 장기 침체에 빠져들고 있다. 2차 대전 이후 최빈국 중 하나로 몰락한 중국이 미국과 어깨를 겨루는 시대가 찾아왔다. 이런 상황에서 코로나19 팬데믹은 당연한 것으로 여겨지던 기존의 질서를 완전히 다시 생각하게 하고 있다.

국제 사회를 둘러싼 환경 역시 반세기 전과는 전혀 다르다. 세계화라는 연결망은 국가들이 스스로 원한다고 해도 단칼에 끊어내고 빠져나올 수 없을 정도로 깊고 복잡하게 짜여 있다. 세계 곳곳에서 발생하는 테러, 글로벌 금융 위기, 기후 변화처럼 이전에는 상상할 수 없던 문제들이 선진국과 개발도상국, 자유주의 진영과 비자유주의 진영을 가릴 것 없는 전 인류적 위기로 떠올랐다.

아울러 세계 질서는 상대적 국력은 약할지라도 절대 무시할 수 없는 여러 중견국들의 출현으로 점점 더 다극화하고 있다. 미국과 중국이라는 두 강대국의 갈등이 심화하고 있지만 강대국들이 뚜렷한 리더십을 보이지 못하는 상황을 타개하고자 중견국들이 합심해 협력을 끌어내고 있다. 이 같은 흐름은 국제관계를 모 아니면 도의 논리로 단순화시켜 바라보는 일을 경계하고 '모'와 '도'사이 '개, 걸, 윷'처럼 혼재된 성격을 띤 문제가 갈수록 많아지고 있음을 의미한다. 이를 간과하면 우리가 처한 딜레마를 줄이고 입지를 키울 기회를 스스로 놓치는 결과로 이어질 수 있다.

한국도 변했다. 구한말 조선은 외부 세력으로부터 스스로를 지켜낼 국력도, 국제 무대에서 자기 몫을 주장할 전략도 없었다. 그야말로 무방비 상태에서 한반도를 둘러싼 강대국들의 이권 다툼에 휘말렸다. 고종은 강대국들 사이에서 중립을 추구하겠다고 선언했지만 미국, 일본, 중국, 러시아 누구도 힘이 약한 조선을 지지하지 않았다. 하지만 지금의 한국은 다르다. 국가적 역량을 종합적으로 살펴볼 때 한국은 더 이상 약소국이 아니라 엄연한 중견국이다. 미 싱크탱크 전략국제문제연구소(CSIS)는 2017년 '한국의 중심축(Korean Pivot)'이라는 주제의 3년 연구 프로젝트에서 한국이 명실상부 국제 사회에서 더 많은 힘을 발휘할 수 있는 중견국으로 거듭났다고 평가했다.[183] CSIS 연구진은 한국이 다른 나라들에 안보적 위협을 가하지 않는 방식으로 국력 발전을 이뤘다는 점에 주목하면서 국제 무대에서 '연결자'로서 활약하기 좋은 입지에 있다고 분석했다. 또 한국이 보건 분야 같은 특정한 국제 사회 공공의 문제에서 효과적 역할을 해낼 만한 정부 역량과 재원을 갖췄으며, 국제적 논의의 장을 제공하는 '촉진자' 역할을 할 수 있다고 강조했다.

우리 스스로도 국제 사회에서의 입지를 강화하려는 노력을 부단히 기울여 왔다. 과거 한국 정부의 초점이 국내나 한반도 위주의 문제에 고정돼 있었다면 민주화와 경제 발전을 이룬 뒤로는 바깥으로 시선이 확장하기 시작했다. 이 같은 움직임은 정권의 성향과 관계없이 지속됐다는 점에서 눈길을 끈다. 노태우 정권(1988~1993년)의 공산권을 대상으로 한 북방정책은 러시아·중국과의 정식 수교로 이어졌다. 김영삼 정부(1993~1998년)는 개혁 개방을 강조하며 세계화 전략과 경제협력개발기구(OECD) 가입을 추진했다. 김대중 정부(1998~2003년)는 역내 협력 방안을 연구하기 위한 아세안+3의 동아시아비전그룹(EAVG) 발족을 주도했다. 이후 노무현 정부(2003~2008년)의 동북아 균형자론부터 이명박 정부(2008~2013년)의 글로벌 코리아, 박근혜 정부(2013~2017년)의 유라시아 이니셔티브, 현 문재인 정부의 동북아 플러스 책임공동체까지 공통적으로 역내·국제 무대에서 한국의 역할을 강조하고 있다.

## 세계가 한국을 다시 보고 있다

현재 한국은 하드파워와 소프트파워 영역 모두에서 국제 사회에 상당한 존재감을 드러내고 있다. 통계청에 따르면 2019년 기준 한국의 GDP(약 1조6463억 달러)와 국민총소득(GNI, 약 1조6606억 달러)은 세계 12위와 11위를 달성했다. 아시아 국가들 중에서는 두 가지 수치 모두 각각 전 세계 2위와 3위인 중국과 일본 다음으로 높다. 한국은 이른 바 '선진국 클럽'이라고 불리는 국제 모임에서도 당당하게 자리를 차지하고 있다. 국제통화기금(IMF) 선정 선진 경제 39개국의 일원, 세계은행(WB) 분류 기준 고소득 국가, OECD '공여국 클럽' 개발원조위원회(DAC) 회원국, 주요 채권국 협의체인 '파리 클럽' 가입국이다. 1인당 국민소득 3만 달러와 인구 5000만 명이 넘는 나라들을 일컫는 '30-50클럽'에도 입성했다. 미국, 영국, 독일, 이탈리아, 프랑스, 일본에 이어 7번째이자 식민지 경험이 있는 국가로서는 처음이다.[184]

자타공인 글로벌 기업들도 여럿 배출했다. 삼성전자, 현대차, LG전자 등을 비롯해 10여 개 한국 기업이 미 경제지 〈포춘〉이 선정한 500대 글로벌 기업에 이름을 올리고 있다.[185] 외교적으로도 2010년 주요 20개국(G20) 정상회의 서울 개최 등 주요 국제 회의들을 주도하고 한국의 성공 스토리를 다른 나라들과 공유하는 노력이 계속되고 있다.

자체적인 국방력 역시 상당한 수준으로 성장했다. '글로벌 파이어 파워'는 재래식 육·해·공 전력상으로 한국이 세계 138개국 가운데 6위 수준(2020년 기준)의 강력한 군대를 갖추고 있다고 분석하고 있다.[186] 한국의 순위는 미국, 러시아, 중국, 인도, 일본의 뒤를 이었고 프랑스, 영국, 이탈리아, 독일 등 내로라하는 서구 선진국들보다도 높다.● 스웨덴 싱크탱크 스톡홀름 국제평화연구소(SIPRI)에 따르면 2019년 기준 한국의 군비 지출은 439억 달러로 세계 10위 수준이다.[187] 한국 앞에는 순서대로 미국, 중국, 인도, 러시아, 사우디아라비아, 프랑스, 독일, 영국, 일본 등이 위치했다. 첨단 전력 증강을 핵심으로 한 국방력 강화 움직임도 계속되고 있다. 최근에는 탄도 미사일의 탄두 중량 무제한 확대, 우주발사체에 대한 제한 없는 고체연료 사용이 가능하도록 한·미 미사일 지침을 개정한 데 이어 최신형 '현무-4' 탄도미사일 시험 성공 소식이 전해졌다.[188] 한국 최초의 독자적 군사전용 통신위성 '아나시스 2호'를 확보해 군의 통신체계 강화를 이끌기도 했다.[189] 국방부는 앞으로 5년(2021~2025년)간의 국방중기계획을 통해 다목적 군사기지 역할을 할 수 있는 경항공 모함, 해상 기동 부대 강화를 위한 6000톤급 한국형 구축함, 무장 탑재·잠항 능력을 키운 360톤급·4000톤급 잠수함 확보를 추진하겠다고 밝히고 있다.[190] 장사정포 요격 체계인 한국형 아이언 돔(미사일 방어체계), 보라매(KF-X) 한국형 전투기 등의 개발에도 착수하겠다는 계획이다.

　　문화나 가치를 따지는 소프트파워 측면에서도 한국은 더 이

---

● 　북한은 25위이다.

상 팔로워가 아니라 리더라고 해도 손색이 없다. 한국은 아시아는 물론 전 세계에서 대표적인 민주주의 선두 국가다. 스웨덴이 의장국을 맡고 있는 국제 민주주의와 선거지원 기구(IDEA)'는 2019년 보고서에서 한국의 민주주의 수준에 대해 정부의 대표성, 기본적 인권, 정부에 대한 견제, 공정한 행정, 정치참여 등의 영역 모두를 '높음'으로 평가했다.[191] 한국 드라마나 음악 등 문화 콘텐츠를 필두로 한류는 잠깐의 유행을 넘어 전 세계적으로 탄탄한 팬층을 확보하고 있다. 해외 언론들 사이에서는 독창적인 멜로디와 연출을 갖춘 K팝이 세계 최대 음원 차트인 빌보드 상위권을 오르내리며 '글로벌 현상'으로 자리잡았다는 평가가 나온다.[192] 이런 기세를 몰아 그룹 방탄소년단(BTS)은 한국 가수로서는 사상 처음으로 빌보드 '핫100'에서 1위를 차지하는 쾌거를 이뤘다.

과학 기술 혁신 영역에서도 한국은 무한한 가능성을 펼치고 있다. 한국은 각국의 혁신 능력을 평가하는 '블룸버그 혁신지수'에서 2012년 이후 계속 전 세계 상위 3위권을 지키고 있다. 특히 GDP 대비 연구개발 지출 비중, 제조업의 부가가치 창출 수준, 국내 상장기업 가운데 첨단기술 기업의 비중 등에서 높은 점수를 받았다.[193] 세계적인 과학 학술지 〈네이처〉는 2020년 5월 '한국 특집호'에서 한국이 정부, 산업계, 학계 간 긴밀한 공조가 이뤄지는 '톱 다운' 방식의 혁신 체계로 세계의 주요 정보기술 분야 리더로 떠오르고 있다는 진단을 전했다.[194] 이 매체는 코로나19 팬데믹 와중에 한국이 신속하게 진단키트를 개발·생산할 수 있던 배경에도 이 같은 역량이

있었다고 분석했다.[195]

코로나19 사태는 중견국으로서 한국의 전 세계적 위상을 한층 강화하는 기회였다. 한국은 '3T(Test·Trace·Treat)'로 체계화된 방역 모델과 모바일 앱을 통한 자가격리 관리, 드라이브 스루형 선별진료소 등 혁신 기술 활용으로 세계적인 방역 우수국으로 떠올랐다. 많은 나라들이 한국의 성공적인 방역을 집중 조명하며 이를 벤치마킹했다. 국민들의 자긍심도 높아졌다. 전국경제인연합회가 6.25 전쟁 발발 70주년을 맞아 실시한 여론조사에서 한국 국민 10명 중 8명이 자국을 선진국으로 판단했다.[196] 이들 중 36%는 한국이 선진국이라고 생각한 계기로 K-방역을 꼽았다. 여러 외신들이 한국의 코로나19 모범 방역 사례를 대서특필하면서 한국의 대외적 입지를 재조명했다. 스테판 클링어빌 유엔개발계획(UNDP) 서울정책센터 소장은 〈유엔뉴스〉에 "2월 중순 3월 초 코로나19 신규 확진자가 급증했을 때 한국은 전 세계의 핫스팟(위험 지역)으로 여겨졌다"며 "이런 인상은 이제 근본적으로 바뀌었다. 한국은 (코로나19의) 거점이 아니라 위기를 어떻게 관리할 것인지에 관한 뛰어난 본보기가 됐다"고 밝혔다.[197]

## 하지만 안주하기에는 이르다

국제 질서에 격동이 일고 있는 시기를 무사히 헤쳐 나가기 위해서는 한국이 넘어야 할 산들이 여전히 많다.

한국 경제는 코로나19 충격이 닥치기 전 이미 미국과 중국의 갈등으로 힘든 고개를 지나고 있었다. 전국경제인연합회는 미·중 무역 분쟁이 한창이던 2019년 1~3분기 한국의 수출이 전년 같은 기간 대비 10% 가까이 감소했다고 지적하면서 FTA 수출 활용률을 재고하고 국제 사회와 공조를 통해 다자간 통상 체제 복원을 지원해야 한다고 촉구한 바 있다.[198] 엎친 데 덮친 격으로 코로나19가 촉발한 글로벌 경제 충격은 한국에 이중고를 안겼다. OECD는 2020년 9월 세계 경제 전망에서 한국의 연간 경제성장률이 -1.0% 역성장할 것으로 예상했다.[199] 미국(-3.8%), 일본(-5.8%), 유로존(-7.9%) 등 다른 지역에 비하면 상당히 양호한 편이기는 하다. 순위로 따지면 OECD 회원국 중에서 유일하게 플러스 성장이 기대되는 중국(1.8%)에 이어 2위다. OECD는 2020년 6월 전망에서는 한국이 '덜 엄격하지만 표적이 잘 잡힌 억제 조치'로 성장률 하락이 소폭에 그칠 '주목할 만한 예외국(notable outlier)'이라고 표현했다.[200]

하지만 코로나19 사태의 장기화로 경제활동 둔화가 계속되고 있는 만큼 이번 사태가 한국 경제에 영구적 흉터를 남기는 일을 막기 위해서는 긴장을 놓을 수 없다. OECD는 전 세계적 침체가 한국 경제의 엔진 격인 수출에 타격을 입혔으며 높은 불확실성이 투자 위축과 고용 저하를 야기했다고 지적하고 있다.[201] 이 같은 우려를 고스란히 반영해 2020년 2분기(4~6월) 한국의 실질 국내총생산(GDP) 성장률은 전 분기 대비 -3.2%를 기록했다. 글로벌 금융 위기를 겪고 있던 2008년 4분기(-3.3%) 이후 가장 부진한 성적이었다. 2분기는 전 세계적으로 코로나19 억제를 위한 봉쇄 조치가 대대적으로 취해진 기간이다.

산업통상자원부에 따르면 한국의 수출은 코로나19 여파로 전년 동기 대비 3월(-1.7%), 4월(-25.6%), 5월(-23.8%), 6월(-10.9%), 7월(-7.1%), 8월(-10.1%)로 내리 급감하다가 9월 7.7%로 7개월 만에 겨우 플러스로 반등했다.[202] 중국, 미국, EU, 아세안 등 주요 시장이 경제활동을 재개하면서 우리 수출 역시 회복세를 보인 덕분이다. 하지만 코로나19 재확산이 계속되고 있고 미·중 갈등 역시 대선 결과와 무관하게 장기화될 가능성이 높다는 점에서 긴장을 늦출 수가 없다. 대외 연결성이 높은 한국 입장에서는 국제 무역 환경의 불안정이 나날이 심화하고 있는 상황은 분명 악재다.

안보 영역에서도 팽팽한 정세가 이어지고 있다. 2018년 싱가포르에서 열린 사상 첫 북·미 정상회담을 계기로 한반도 평화를 이룰 길이 열리는 듯했지만 북·미 간 비핵화 협상은 다시 교착상태에 빠졌다. 미국은 싱가포르 공동 선언을 통해 한반도 비핵화를 합의한 뒤 북한이 추가적인 핵실험은 하지 않고 있지만 핵물질 생산 등 핵 활동은 계속하고 있다고 판단하고 있다.[203] 존 힐 미국 미사일방어청장은 2020년 3월 미사일 방어 전략 관련 청문회에서 "북한이 도로 이동식과 잠수함 발사 플랫폼을 포함한 다양한 탄도 미사일 전력을 드러냈다"며 "미국 영토와 역내 배치 부대, 동맹, 파트너들을 위협할 수 있는 미사일을 배치하려는 노력에 속도를 내고 있다"고 밝혔다.[204]

주변 강대국들의 움직임도 심상치 않다. 중국은 '중국몽'의 일환으로 세계 일류 수준의 군대 확보를 추진하며 군사력 증강을 계속하고 있다. 미국 국방부는 '2020년 중국 군사력 보고서'에서 중국이 2049년까지 세계 최고 수준(world-class)의 군대를 확보한다는 목표 아래 군 현대화를 추진해 전함 건조, 지상 기반 재래식 탄도·순항 미사일, 통합 방공 시스템 등의 측면에서는 이미 미국과 동등하거나 미국을 능가하고 있다고 분석했다.[205]

일본도 역내 군비 경쟁에 적극적으로 나서는 모습이다. 일본이 2차 대전에 패전한 뒤 미국 등 연합군에 의해 제정한 평화 헌법(헌법 9조)은 일본의 교전권을 인정하지 않고 전력 보유를 금지했다. 일본 정부는 그러나 '적극적 평화주의'라는 명목 아래 2015년 '집단적 자위권' 행사를 허용하는 안보 관련 법제를 도입했다. 이는 일본과 가까운 관계에 있는 나라에 무력 공격이 발생해 일본에 위협을 가할 경우 군사력 사용이 가능하도록 한 조치로 사실상 평화 헌법의 무력화를 의미한다는 비판이 일었다.

미국과 중국의 신 냉전 양상은 이처럼 녹록하지 않은 상황에서 한국에 더 큰 부담을 안긴다. 이들의 경쟁이 특정 이슈를 둘러싼 힘겨루기를 넘어 구조적 대결로 확대되고 있다는 점은 복잡한 갈등 국면이 장기화될 수 있음을 시사한다. 백악관 주인이 바뀌는 것과 상관없이 미국은 동맹들에 대한 책임 분담과 공동 대응을 강조하면서 중국을 견제하고 압박하는 정책을 이어갈 가능성이 높다는 얘기다. 미국과 중국 모두가 우리의 국익 신장에 긴요한 파트너라는 점에서 이 같은 정세는 과연 한국이 어떤 선택을 하는 것이 현명할지 고차 방정식의 문제를 던진다.

앞서 살펴본 바와 같이 '미국 택일'은 안보와 경제 측면 모두에서 한국이 바로 옆에 붙어 있는 거대한 나라인 중국을 활용할 수 있는 기회를 축소시킨다. 한·미 동맹 내부적으로 '버려짐'과 '얽매임'의 딜레마를 키우기도 한다. 반면 '중국 택일'은 한국이 중국에 정치 경제적으로 종속될 위험을 높인다. 자유 민주주의를 달성한 한국 사회로서는 중국식 권위주의 체계를 받아들이기 어렵다는 점도 문제다. 경제의 선순환과 대외 입지 측면에서 미국과 중국 모두에 대한 연결성을 끊고 고립 노선을 추구하겠다는 방안 역시 비현실적이다. 한반도의 태생적인 지정학·지경학적 중요성을 고려할 때 이 경우 강대국들이 한반도 문제를 놓고 벌이는 논의에서 정작 당사자인 우리가 소외될 위험이 있다.

결론적으로 한국에 던져진 국제 정세의 고차방정식을 풀기 위해서는 양자택일 혹은 고립주의 같은 단순한 전략이 아니라 매우 정교하면서도 다각적인 전략이 필요하다.

# '한국의 길'은 무엇일까

8.

한국의 위상 변화는 우리가 국제 정세의 소용돌이를 헤쳐나가는 데 과거보다 훨씬 나은 위치에 있음을 뜻한다. 하드파워와 소프트파워 영역 모두에서 쌓아 올린 국력은 거센 외풍 속에서도 넘어지거나 흔들리지 않고 스스로 중심을 잡고 설 수 있을 정도가 되었다.

기초 체력을 만들었으니 이제는 우리 스스로 국익과 가치관에 부합하는 바가 무엇인지 설정하고 이를 달성하기 위한 전략을 짤 때다. 미국과 중국의 강 대 강 갈등 구도에서 선택을 강요받는 게 아니라 반대로 이들이 한국을 향해 매력 공세를 펼치도록, 전략적 가치를 키울 지혜와 역량이 우리에겐 있다. 한국과 같은 우려를 공유하고 협력을 통해 문제를 해결하길 원하는 국제 사회의 파트너들도 있다.


## 반드시 '택일' 할 필요는 없다

미국과 중국의 신 냉전 구도와 포스트 코로나 시대 세계 질서의 재편이 맞물리고 있는 현재 한국에는 정치경제적 요인을 복합적으로 고려하는 고차원의 전략이 필요하다. 앞서 논의한 국제 정세의 흐름과 한국이 취할 수 있는 여러 선택지의 장단점을 고려할 때 한국은 국익을 위해 미·중 어느 한 쪽만이 아닌 둘 모두와 끊임없는 상호작용을 해야 한다. 한·미 동맹을 밑바탕으로 삼으면서 중국과도 면밀한 소통과 협력이 필요하다는 얘기다.

미·중 대립이 심화함에 따라 일각에서는 한·미 동맹과 대중 협력은 함께 갈 수 없는 의제라는 견해가 나오기도 한다. 하지만 글로벌 정세는 점점 더 어떤 한 문제를 '예/아니오'로 단순화시킬 수 없는 형태로 변화하고 있다. 미국과 중국의 신경전조차도 세계 질서의 다극화와 고도의 상호 연결성이라는 바탕 위에 펼쳐지고 있다. 갈등의 당사자인 미국과 중국 역시도 상호 복잡한 이해관계가 얽혀 있기 때문에 단칼에 상대방과의 연결고리를 끊어 낼 수가 없다. 게다가 코로나19 팬데믹은 모든 나라들이 실리를 따지고 나서는 결정적 계기가 됐다. 미·중 사이에서 선택의 딜레마를 겪어온 수많은 나라들은 어떤 명분 때문에 이들의 지리한 싸움에 편을 들고 합류하기 보다는 불필요한 갈등을 피하면서 실제적인 국익을 취할 방도가 무엇일지 고민하고 있다.

세계가 대미 동맹과 대중 협력을 바라보는 시각도 결코 이분법적이지 않다. 미국과 유럽의 서구 동맹 관계가 가장 대표적인 예다. 국내에는 유럽국들이 중국의 인권 논란과 홍콩, 대만 문제를 비판한 사례만이 선별적으로 보도되는 경우가 많다. 하지만 유럽의 지도자들은 서구 동맹을 굳건히 하되 중국과도 대화하고 협력하겠다는 뜻을 누구보다 앞장서 강조하고 있다.

유럽연합(EU)과 독일, 프랑스, 이탈리아 등 주요 서구 국가들이 코로나19 사태와 미·중 대립 국면에서 미국은 물론 중국과도 반복적으로 소통을 이어갔다. 샤를 미셸 EU 정상회의 상임의장은 유엔 총회 연설에서 "미국과 중국의 새로운 경쟁 속에 EU는 누구의 편이냐는 단순하고 단도직입적인 질문을 종종 받는다"고 언급했다.[206]

그의 답은 '우리는 누구의 편'이라는 흑백 논리가 아니었다. 미셸 의장은 "우리는 미국과 깊이 연결돼 있다. 역사의 시련을 거치며 강화된 이상과 가치, 서로에 대한 애정을 공유한다. 이는 오늘날까지 대서양 동맹이라는 형태로 유지되고 있다. 그러나 이것이 때때로 접근법과 이해관계가 엇갈리는 일을 막아주진 않는다"고 설명했다. 이어 "우리는 중국 정치경제 체제에 기본적으로 동의하지 않는다. 우리는 중국과 달리 보편적 인권에 대한 존중을 증진하는 일을 멈추지 않을 것이다"라면서도 중국은 '공동의 도전을 다루는 데 긴요한 파트너'이자 '중요한 무역 파트너'라고 강조했다. 그러면서 "EU는 자주적인 세력이자 우리가 하는 선택과 운명의 주인"이라고 역설했다.

한국 역시 미국과 중국 사이에서 당장 반드시 하나를 선택해야만 한다는 생각에서 벗어나야 전략적으로 움직일 수 있는 여지를 넓힐 수 있다. 강대국들의 이해관계가 부딪힐 수밖에 없는 한반도의 지정학적 배경이나 한국이 현재 갖추고 있는 안보·경제 구조를 고려할 때 대립 분위기를 자극하는 것이 아닌 협력과 공존을 이끌어내는 것이 우리의 국익에 부합하기 때문이다. 따라서 한·미 동맹을 지키면서 대중 협력도 증진하기 위한 길을 치밀하게 모색할 필요가 있다.

이를 위해서는 우선 진영 나누기에 휩쓸려 어느 한 쪽을 자극하지 않도록 주의하면서 안보와 경제 모두에서 한 쪽에 대해 지나치게 높은 의존도를 낮춰 나갈 필요가 있다. 한·미 동맹 안에서 우리의 자율적인 외교력과 국방력을 키우고 경제적으로는 수출 주도 경제, 특히 중국에 대한 높은 의존도의 부작용을 완화하기 위한 안전망을 짜야 한다. 한·미 동맹을 굳건히 하되 노골적으로 중국을 자극하는 움직임에 참여하는 것은 자제하고, 중국과의 특수한 지정학적 관계로 인해 한국이 경계할 수밖에 없는 문제들에 대해 미국과 상호 이해를 도모해야 한다.

중국과도 사회 경제적 교류와 협력을 계속하며 중국이 역내 안정과 신뢰 조성이 자신들의 이득과 밀접하게 연관돼 있다고 여길 수 있게 만들어야 한다. 이와 동시에 장기적인 시야로 역내 국가들, 국제 사회의 또 다른 중견국들과 공조를 강화하는 작업도 필요하다. 이 과정에서 한국의 국익에 부합하는 궁극적 목표를 우리 스스로 설정하고, 중견국으로서 실력을 발휘할 수 있는 영역을 택해 글로벌 경쟁력을 갖춰야 할 것이다.

궁극적 목표는 한·미 동맹을 지키면서 중국과도 우호적인 협력 관계를 유지하고, 역내와 국제적 다자 협력을 공고히 하는 데 기여하는 것이 되어야 한다. 이러한 다각적 전략은 결코 쉬운 과제가 아니다. 성공적으로 이행하기 위해서는 치밀한 사고와 끈기 있는 노력이 필요하다. 또한 미국과 중국 사이에서 우리의 이해관계를 설득해 내고 국제 무대에서의 입지를 키우기 위해 다양한 상대국들과 끊임없는 협력과 경쟁을 하며 상호 작용해야 한다.

## 한·미 동맹과 대중 관계, 어떻게 관리할 것인가

특히 한·미 동맹은 안보의 핵심이면서 딜레마 또한 야기하는 동전의 양면 같은 성격을 지니고 있다. 그러므로 상호 신뢰를 지키고 서로의 오해를 불식시키기 위한 보다 면밀한 소통이 중요하다. 미·중 갈등이 심화하면서 핵심 동맹인 한국이 대중 견제에 동참하길 바라는 미국과 대중 관계 악화를 원치 않는 한국 사이 갈등도 덩달아 심화하고 있는 것이 사실이다. 브루스 베넷 미국 랜드 연구소 선임 연구원은 미·중 사이에서 한국이 취해야 할 입장을 묻는 나의 질문에 "미국의 많은 이들은 한국이 이미 선택을 했다고 믿는다"[207]며 미 국무부가 지난 6월 "한국은 수십 년 전 권위주의를 버리고 민주주의를 받아들였을 때 이미 편을 선택했다"고 논평한 사례를 언급했다.[208]

당시 국무부는 이수혁 주미 한국 대사가 "한국이 미국과 중국 사이에 끼어서 선택을 강요받는 국가가 아니라 스스로 선택할 수 있는 자부심을 갖는다"는 발언을 한 데에 이 같은 입장을 밝혔다. 베넷 연구원은 북핵 위협이 증가하고 있는 만큼 한국에 미국과의 동맹이 어느 때보다 절실하다며 "한국이 미국과의 제휴에서 물러서기 시작한다면 미국 역시 한국 안보에 대한 전념에서 물러설 것"이라고 우려했다. 그는 또 방위비 분담금 증액을 주장하는 트럼프 대통령의 관점을 미국 측에서도 제대로 설명하지 못한 면이 있다고 지적하면서도 "한국인들은 트럼프 대통령이 한국에 더 많은 책임 분담 지불을 요구하는 이유를 이해할 필요가 있다"고 강조했다. 미국 일각에 한국과의 책임 분담이 공평하게 이뤄지지 않고 있다고 보는 시각이 분명 있다는 설명이다.

중국의 불안정 조성 행위가 갈수록 심화하고 있다는 면에서 한국 역시 결국 미국의 역내 전략에 더욱 적극적으로 참여할 수밖에 없을 거라는 견해도 나온다. 앤드루 여 미국 가톨릭대학(CUA) 정치학과 교수는 "한국은 1953년 상호 방위조약을 통해 미국 편을 택했으며 한·중 관계 전개 방향과 이따금 동맹 내 마찰에도 여전히 미국과 가까운 동맹"이라고 말했다.[209] 미국외교협회(CFR), 전미북한위원회(NCNK) 등 미국의 주요 외교안보 연구기관에서 활동한 여 교수는 미국의 아시아 동맹 체계와 지역 협력 문제를 중심적으로 다뤄 왔다. 그는 "중국의 의도가 훨씬 더 해로운 것으로 판명될 경우 한국 정부도 중국과 미국 사이 중간지대를 찾으려는 시도가 손해를 야기할 수 있다고 여길 것"이라고 예상했다. 자칫하면 중국의 강압적 활동은 더욱 심해지는데 대중 전략 동참을 꺼리는 한국에 대한 미국의 불만도 높아지는 상황이 초래될 수 있다는 우려다.

실제로 미국 정부는 다른 나라들에 편 가르기를 압박하고 있다는 비판에 대해 한 쪽을 선택하라는 것이 아니라 중국의 해로운 행동에 책임을 묻고 규칙에 기반한 국제 체제를 지키는 데 동참해 달라는 뜻이라고 주장하고 있다.

　　미국에서 제기되고 있는 우려들은 미국과의 상호 신뢰 유지와 오해 해소의 문제를 보다 섬세하게 관리하는 한편 안보와 경제 측면에서 미국과 중국 모두에 대한 지나친 의존 문제를 해소해야 할 필요성을 상기시킨다. 북한의 핵위협에 대응하기 위해서 뿐만 아니라 일본, 중국, 러시아 등을 자제시키고 역내 안정을 유지하는 역할을 한다는 면에서 미국은 한국에게 중요한 동맹이다. 아울러 한국과 자유 시장 경제와 민주주의라는 시스템상의 가치를 공유하는 핵심 파트너이기도 하다.

　　이런 측면에서 미국에 지정학적 위치에서 파생되는 우리의 딜레마를 설명하고 중국의 오해와 응징 가능성을 해소할 실질적 대안을 함께 고민할 필요가 있다. 동맹들에게 갈수록 더 많은 책임 분담을 원하고 있는 미국과 동맹 내 주도권 강화를 꾀하는 한국의 입장이 절충되는 지점을 찾는 것 역시 중요한 과제다.

　　한편으로 한국 입장에서는 중국과 떼려야 뗄 수 없는 관계에서 나오는 기회와 위기 역시 간과할 수 없다. 중국은 경제적 중요성 때문은 물론 지리적으로 우리가 영향권을 벗어날 수 없는 영원한 이웃이라는 면에서 끊임없는 관계 관리가 필요한 대상이다. 중국의 대외 공세가 거세지고 있다는 점은 중국과의 불화가 야기할 수 있는 부작용을 더더욱 경계해야 한다는 의미이기도 하다.

미국 내 자기중심적 기조의 장기화 조짐이나 코로나19 사태가 촉발한 전 세계적 경제 충격을 고려할 때 미국의 지원이나 중국의 선의를 기대하는 것만이 아닌 우리 스스로 국익을 보호할 전략을 모색해야 할 필요성도 떠오른다. 아울러 북한 문제는 물론 국제 정세 상으로도 무역 위축, 코로나19 극복, 기후 변화 등 편 가르기가 아닌 협력이 어느 때보다 필요한 시점이기도 하다. 중국과 대화 가능성을 차단하거나 협력 체계 안에서 중국을 배제하는 접근법으로는 이 같은 문제를 해결할 수 없다.

## 우리 국익을 기준으로
## 다각도의 전략을 세워야 한다

국내외 전문가들 사이에서도 "쉽지 않은 과제일지라도 한·미 동맹을 단단히 지키며 중국과의 소통과 협력에도 공을 들여야 장기적으로 우리의 국익을 지킬 수 있다"는 제언이 나오고 있다. 더불어 안보와 경제 영역의 자율성 확대, 같은 처지의 나라들과 협력 강화, 다자주의 지지를 통한 미·중 갈등 완화 등도 복합적 추진이 필요한 전략으로 지목된다.

김흥규 아주대 정치외교학과 교수는 나와의 인터뷰에서 "조바심에 기인한 미·중 간 섣부른 선택은 자제할 필요가 있다"며 "미국과 결속을 강화하고 중국과도 연대해 협력을 확대하는 플러스 섬(plus-sum·모두가 이익을 얻음) 게임을 추진해야 한다"고 강조했다.[210]

중국의 외교안보와 미·중 관계 등을 폭넓게 연구해 온 김 교수는 청와대 국가안보실 정책자문위와 외교부 혁신이행 외부자문위에 참여하고 있다.

그는 "경제의 중국 의존도 완화 및 다변화, 미국에 대한 안보 의존도 완화를 위한 고민을 하면서 보다 성숙한 동반자와 동맹으로 거듭날 역량을 갖춰야 한다"며 "핵심은 우리의 자율성을 확대하기 위한 시간을 버는 것"이라고 분석했다. 미국의 대중 지역 동맹화 움직임에 대해선 신중할 필요가 있다는 당부다. 김 교수는 미·중 경쟁 시기의 불확실성에 대응할 '한국형 상쇄 전략'을 강조했다. 북핵에 대해 한·미 동맹을 최대한 활용하는 '적극적 억지'와 북한의 군사적 도발에 대응할 한국 주도의 '공세적 방어' 전략을 추구하고, 주변 강대국들에 대해선 '외교와 동맹을 통한 잠재적 위협 억제'와 '자체적인 최소 억지 능력 확보'를 추진해야 한다는 설명이다.

김 교수는 "현 구도가 미·중 냉전적 대결과 나머지 세계의 구도라는 것을 인식하고 이들과 연대를 통해 대처해야 한다"며 같은 고민을 하는 호주, 독일 등과 공동 행동을 계획해 미·중 사이 선택의 비용을 최소화해야 한다고 분석했다. 또 "일본과의 관계는 반드시 복원할 방법을 찾아야 한다. 우리에게 많은 전략적 자산을 안겨준다. 위협에 대한 인식도 서로 상응한다"고 지적했다. 그는 "한국이 처한 비가변적 환경, 역량, 국제 정치 구조를 고려해 우리의 정체성에 대해 공감대를 형성해야 한다"고 말하면서 1.5트랙(반민 반관) 대화 활성화로 미·중 모두와 소통을 강화해야 하는데 이를 위한 자산인 '인력'에 특히 많은 투자를 해야 한다고 권고했다.

라몬 파체코 파르도 한국국제교류재단/브뤼셀자유대 한국석좌(KF-VUB Korea Chair) 교수 겸 영국 킹스칼리지런던 국제관계학 교수는 나에게 "한국이 편을 선택할 수도 없고 선택하지도 않을 것이라고 본다"며 "자체적 군사 역량을 강화하면서도 미국과 강력한 동맹을 유지해야 한다고 생각한다. 중국과도 외교적 관여가 필요하다. 중국은 늘 그 자리에 있을 것이기 때문에 불필요하게 적대감을 불러일으키는 건 타당하지 않다"고 강조했다.[211] 유럽의 대표적 한반도·동아시아 전문가인 그는 지난 2017년 한국국제교류재단의 유럽 최초 한국석좌로 임명됐다. 그는 한국과 유럽 정부에 두루 자문을 제공하며 상호 정책 교류에 앞장서고 있다.

파체코 파르도 교수는 미·중 사이 한국의 성공적 전략을 위한 세 가지 복합적 정책을 제언했다. 그는 "먼저 다자주의와 지역주의(지역 국가들 간 협력과 통합 강화)를 지원해야 한다. 국제·지역 기관들은 미국과 중국의 일방주의가 최악으로 치닫는 일을 견제한다"고 했다. 이어 "행동의 자율성을 키우기 위한 역량을 계속 강화해야 한다. 군대를 지속적으로 현대화하고 동남아시아 등과 FTA 네트워크를 확대하며 EU, 호주 같은 제3의 세력과 연합을 구축해야 한다"고 강조했다.

또 "미국이나 중국이 추구하는 불필요하게 적대적인 정책을 회피해야 한다"며 "미국의 인도태평양 전략(FOIP)의 경우 한국은 사안별 협력이 바람직하다. FOIP가 지금과 같이 공개적으로 반 중국 성격을 띠는 한 한국이 공식적으로 합류하는 건 타당치 않다"고 지적했다. 아울러 "소프트파워는 한국의 최대 외교정책 자산"이라며 "문화는 정치인과 외교관이 전달할 수 없는 메시지를 전파하는 데 도움을 준다"고 말했다. 그는 "한국은 경제 발전과 민주주의 공고화의 모범 사례로 여겨진다"며 앞으로 WTO, WHO, 녹색 성장, 경제 개발 등의 다자협력 분야에서 역량을 발휘할 수 있다고 분석했다.

윌리엄 오버홀트 미국 하버드대 케네디스쿨 선임 연구위원은 한국의 전략에 관한 나의 질문에 "한국 경제에 중국은 가장 큰 시장이자 매우 중요한 제조 기지다. 중국 시장에 대한 의존을 버리면 경제적 쇠퇴를 야기할 수 있다"며 "동시에 한국이 중국 종속국 이상이 되려면 방위를 위해 미국과의 동맹에 기댈 필요가 있다"고 설명했다.[212] 그는 "경제적 중요성과 안보적 필요 사이에는 당연히 긴장감이 있다. 하지만 한국은 중요한 나라다. 둘 다 할 수 있다. 누군가의 볼모가 될 필요가 없다"고 강조했다. 미국의 대표적 동아시아 통인 그는 랜드연구소 아태 정책 센터장을 비롯해 다양한 민간과 정부 기관에서 미국과 아시아 국가들의 관계를 분석하는 연구·자문직을 역임했다. 오버홀트 위원은 "한국만 대중 경제적 접근과 미국의 안보 지원이 필요한 게 아니다. 중국도 미국도 한국이 필요하다. 한국은 무력하지 않다. 상당한 지렛대를 갖고 있으며 한국 정부가 할 수 있는 일들이 있다"고 분석했다.

그는 "중국, 미국, 한국 모두 한반도 전쟁 예방과 북한 핵무기 제거를 원하지만 이 문제를 다루는 데 서로 다른 우선순위, 수단, 전략적 직관을 갖고 있다"며 "미·중 사이 긴장이 소통을 저해하고 의심을 조성하고 있는 만큼 한국이 주도권을 잡고 소통을 증진하며 의심을 줄이는 역할을 하는 게 훨씬 더 중요해졌다. 10년 전이라면 이런 측면에서 한국의 역할이 상대적으로 미미했지만 미래에는 결정적일 것"이라고 강조했다. 그는 한국이 중국과 일본이 남북 대립을 조장하지 못하도록 북한과 긴장 완화를 모색하는 한편 미·중에 한반도 문제에 대한 주도권을 피력할 필요가 있다고 제언했다.

필수 자재의 전적인 중국 의존 예방 역시 주요 과제로 지목했다. 나아가 "가장 중요한 일은 국내적 단합이다. 한국은 심각한 정치적 분열을 겪고 있다"며 "모두가 내부 평화와 국가적 자주성을 위협하는 요인들에 맞서 단합하는 일이 중요하다는 데 동의한다면 긴장을 관리할 수 있다"고 당부했다.


## 한국 정부의 전략은

한국의 생존 역량을 키우기 위해 장기적인 안목에서 다각적 전략을 취해야 한다는 의견이 제기되고 있다. 우리 스스로 미국과 중국 사이에서 당장 하나를 선택해야만 한다는 논리에 빠져들기보다는 이들 사이에서 우리가 움직일 수 있는 여지를 최대한 넓히기 위한 역량을 키우고, 대외 안보와 경제 환경의 불확실성을 완화할 수 있는 대내외적 노력을 적극적으로 기울여야 한다는 진단이다.

현재 우리 정부 역시 한·미 동맹의 긴요함과 대중 협력 필요성을 모두 고려하는 동시에 다자 협력의 장을 적극 활용하려는 접근법을 취하고 있다. 외교부는 주요업무 추진계획에서 미·중 경쟁 대응 방향으로 "한·미 동맹의 호혜적, 미래지향적 발전을 중심으로 한·중 전략적 협력동반자 관계의 발전을 추구하면서 규범 기반 국제질서 유지 등을 위해 주변국과 다층적 협력을 추진한다"고 밝히고 있다.[213]

강경화 외교부 장관은 미국 아시아 소사이어티가 주최한 한 화상 세미나에서 "(한 쪽을) 선택해야 한다는 생각은 도움이 되지 않는다고 본다"며 "우리는 한·미 동맹이 우리의 근간이라는 점을 매우 분명히 해왔다. 그러나 중국은 우리의 최대 무역, 경제 파트너로 우리 기업인과 국민들에게 매우 중요하다"고 말했다.[214] 외교부는 아울러 협력 '대상국'이 아닌 '사안의 성격'을 기초로 국익과 원칙에 따른 일관된 결정 관행을 축적하고 이를 뒷받침할 중견국과의 연대를 강화함으로써 협력을 확대하며, 외교 기반을 공고히 한다는 전략을 밝혔다. 신 남방·북방 정책을 활용해 협력 대상을 다변화하는 동시에 역내 외 우리와 같은 고민을 하는 '유사 상황국', 같은 규범을 추구하는 '유사 입장국'들과 연대해 포용적 질서 구축을 도모하겠다는 목표다.

나아가 다자 협력 무대에서 보건 대응과 기후 변화, 개발 원조 협력, 핵 비확산 등의 국제적 의제 추진을 주도하겠다는 계획도 밝히고 있다.

## 맺는말

우리 앞에 놓인 길은 결코 평탄하지 않다. 미·중 경쟁과 포스트 코로나 세계는 국제협력뿐만 아니라 국내적으로도 '내부 공조'가 어느 때보다 절실한 때다. 따라서 이 시간을 슬기롭게 헤쳐 나가려면 정부 차원의 외교안보 대응 마련을 넘어 정치권과 경제 산업계, 시민사회 등 한국 사회 구성원 모두가 국가적 대 전략 구상을 위해 함께 머리를 맞댈 필요가 있다. 논의의 마지막으로 이 책에서 살펴본 국제 정세의 흐름을 바탕으로 한국 사회 모두가 함께 고민해 볼 만한 과제들을 정리해 보았다.

먼저 복합적 전략의 실효성을 높이기 위해서 한반도와 국제 이슈들을 놓고 우리의 '국익'이 무엇인지 보다 명확한 비전과 국민적 공감대를 갖출 필요가 있다.

미국이나 중국 같은 강대국들이 우리에게 강요하는 '한국은 ○○한 나라'라는 프레임을 그대로 받아들이는 것이 아니라 우리 스스로 현 시대 한국의 정체성을 고민해야 한다. 그리고 이를 바탕으로 미국과 중국의 이해 관계가 첨예하게 엇갈리는 문제들을 우리의 국익을 최우선에 두고 다룰 수 있어야 할 것이다. 예컨대 한반도는 대륙과 해양을 연결하는 위치로 인해 강대국들의 눈독들임이 불가피하다는 지정학적 여건을 바로 봐야 한다. 또한 경제 구조의 특성상 외부와의 연결성이 중요하다는 점을 인지해야 한다. 이런 여건을 고려하면 한반도를 둘러싼 강대국들의 힘의 균형 문제를 간과해 역내 균형을 흔드는 조치를 자처하지 않도록 주의가 필요할 것이다.

대외 연결성의 안정적 관리가 필요한데 보호주의 장벽을 쌓는다거나, 다른 나라들과 협력이 필요한데 일방주의의 유혹에 빠져드는 상황 역시 바람직하지 못하다. 나아가서 혼돈의 근현대사를 거치면서 확보한 중견국 입지를 기반으로 한국이 국제무대에서 역량을 발휘하고 경쟁의 우위를 누릴 수 있는 영역들을 발굴할 필요가 있다. 결국 지금 한국의 국가적 비전은 단절이 아닌 연결, 배제와 고립이 아닌 협력이 되어야 할 것이다.

### 스스로 설 힘을 키우는 일도 긴요하다.

미국과 중국 둘 사이에서 갈팡질팡하며 결정을 못하는 것과 스스로 중심을 잡고 서서 정교하게 균형을 잡는 것은 천지차이다. 균형을 잘 잡으려면 중심이 탄탄해야 한다. 탄탄한 국력을 바탕으로 무게중심을 잡고 강대국들 사이에서 정교한 힘의 균형을 잡아야 이들도 한반도를 함부로 대할 수 없다. 다른 강대국에 의존만 하는 것이 아닌 우리 스스로 국가적 전략을 설정하고 추진할 수 있는 독자적인 힘을 키우는 것은 미·중 대립 구도가 부추기는 이분법의 늪에 속수무책으로 끌어 들어가는 상황을 막기 위해 필수적이다. 일본의 대한제국 지배를 지지한 시어도어 루즈벨트 전 미국 대통령이 한국에 대해 한 평가는 이런 자율적 역량의 중요성을 상기시킨다. 과거 그는 한국에 대해 "그들은 스스로를 방어하기 위한 한방조차 날리지 못했다"며 "일본이 한국의 보호국이 돼야 한다. 한국은 스스로 서는 데 완전히 무능력함을 보여줬다"고 주장했다.[1]

물론 자율성 강화를 성급하고 일방적인 자세로 추진하는 것은 주의가 필요하다. 북한의 위협 같은 현실적 안보 문제가 앞에 놓여 있는 만큼 불필요하게 한·미 동맹의 신뢰를 훼손하거나 역내 안보 환경 불안을 부추기는 움직임은 신중해야 한다.

자주력 강화는 우선적으로 미국에 대해 동맹 관계에서의 '얽매임'과 '버려짐'의 딜레마를 완화하고 우리가 미·중 사이에서 움직일 수 있는 공간을 넓히기 위한 의도다. 또 충분한 상쇄 방안을 마련하지 못한 상황에서 대중 견제 전선에 얽혀 들어가 얼굴을 맞대고 있는 중국을 자극하는 일을 방지하기 위함이기도 하다. 나아가서 상대적 국력은 약할지 몰라도 절대 함부로 대할 수 없는 알찬 국가로 자리매김해 우리가 추구하는 한반도 및 대외 정책들에 대한 중국의 부응을 촉진하기 위한 목적이다.

한반도 평화가 미국과 중국은 물론 역내 국가들의 '국익'에 부합한다는 점을 거듭 강조해야 한다.

이를 위해서는 평화가 바람직하다는 피상적인 주장을 넘어 역내 정치적 안정과 경제적 기회 확대 같이 상대국이 기본적으로 공감하고 있는 사안들에 진전을 이룰 수 있는 구체적인 조치들을 구상하고 일관적인 자세로 추진해야 한다.

한반도의 지정학적 위치를 활용해 남북을 중심으로 미국과 중국은 물론 역내 국가들도 경제적 이익을 도모할 수 있는 협력 구상이 좋은 예다. 또한 북한의 호응이 따라오지 않고 대화가 교착상태에 빠진 상태일지라도 협력 사업을 현실화할 방안들을 지속적으로 제시하고 실행 의지를 피력해야 한다. 이런 측면에서 역대 한국 정부들이 한 방향으로 북방·남방 진로의 확대를 모색하고 있다는 점은 바람직한 일이다.

큰 방향성이 유지되고 있다는 점은 긍정적이지만 구체적인 내용을 국내 정치 리더십 변화와 관계없이 꾸준히 이어가는 것 역시 중요하다. 아울러 미국과 중국 모두에 대해 부지런하게 정부, 민간, 기업, 학계, 시민사회 등 다양한 영역에서 상시적이고 폭넓은 소통 노력을 기울일 필요가 있다.

**종합적인 국력을 키우는 일에도 더욱 박차를 가해야 한다.**

외교안보 분야의 자주적 역량뿐만 아니라 경제력과 소프트 파워 확충 역시 향후 한국의 국가적 성공 여부가 달린 문제다. 한국

경제는 대외 영향력을 많이 받는 만큼 외부 환경 변화에 기민하게 대응할 수 있는 역량 강화가 긴요하다.

　　미·중 경쟁과 코로나19 사태는 공통적으로 글로벌 가치사슬의 다양화와 핵심 기술의 국산화, 4차 산업 혁명을 촉진하고 있다. 이 같은 국제 경제 질서의 재편 시기는 발 빠른 대처에 성공한 국가가 미래 국력 경쟁에서 새로운 우위를 점할 수 있는 기회를 제공하기도 한다. 지금은 전 세계적으로 공급망과 시장을 한층 다변화해야 한다는 목소리가 높아지고 있다. 한국 역시 현 국면을 '차이나+a'와 '차이나+차이나'의 전략을 모두 활용해 공급망의 탄력성을 키우고, 한국산 상품과 서비스의 진출로를 다양화하는 계기로 활용해야 한다. 한국은 2017년 기준 52개국과 자유무역협정(FTA)을 맺어 'FTA 경제 영토'가 세계 3위 수준이다.[2] 그러나 해외 시장의 크기를 키우는 데에만 집중하는 것이 아니라 기업이 이런 협정들을 효과적으로 사용할 수 있도록 지원해야 한다. 제조업뿐만 아니라 서비스 산업 역시 디지털 혁명과 접목해 더 많은 세계 소비자를 공략할 수 있는 전략을 짜야 한다. 예컨대 한국 문화나 기술에 대한 관심이 높아지고 있다는 점을 활용해 비대면 기술을 통한 관련 컨텐츠의 해외 시장 진출을 노려볼 수 있다.

　　위기 대응 차원에서 '전략적 자주성'이 필요한 영역도 검토해야 할 것이다. 공공 부문은 물론 기업도 필수기술과 자재는 무엇인지, 어느 정도 수준으로 국산화가 필요한지, 이 과정에서 필요한 지원 방안은 무엇인지 정리해 볼 필요가 있다. 이 과정에서 판명된 핵심 자재와 기술 수급 관련 문제들에 대해 만일의 사태에 대비한 비상 계획을 미리미리 갖춰야 할 것이다. 한국은 2019년 비화한 일본의 수출 규제 사태를 극복한 경험이 있다. 대한상공회의소에 따르면 당해 한국 경제의 대일 수입 의존도는 일본의 수출 규제 이후 1분기 9.8%, 2·3분기 9.5%, 4분기 9.0%로 떨어졌다. 민관 협력을 통해 핵심 품목을 국산화하고 수입 경로를 다변화해 공급망 안정을 꾀한 결과였다.[3] 물론 수출 의존도가 높고 소비시장 크기가 제한적인 한국의 경제의 기본적 특성상 지나친 내부 지향적 보호주의에 빠지는 것은 주의해야 한다. 세계 일각에서 나타나고 있는 보호주의 흐름 속에서도 계속 글로벌 시장의 문을 두드리고 무역 활로를 개척해야 하겠다.

기술 혁신도 발맞춰 이뤄져야 한다. 정보기술과 인공지능, 로봇, 사물인터넷, 무인 자동차나 기기, 제약, 첨단 소재, 신 에너지 같이 4차 산업의 핵심 분야들에 대해 적극적인 투자와 인재양성이 필요하고 불필요한 규제를 완화해야 한다. 한국은 유수의 기술 제조 기업들이 활약하고 있는 데다 5G 기술을 세계 최초로 상용화하는 등 양질의 디지털 인프라를 이미 갖추고 있다. 그만큼 포스트 코로나 시대 기술 경쟁에서 유리한 입지를 차지하고 있다. 이는 미국과 중국에 대해서도 마찬가지다. 디지털 경제에서 앞서 나간다면 미국과 중국 모두 한국의 기술력과 혁신의 힘을 필요로 할 수밖에 없다. 대외경제연구원 연구진은 미·중 간 기술 패권 경쟁을 분석한 보고서에서 "급변하는 국제환경 속에서도 상대국이 필요로 하는 기술력을 갖고 있다면 국익 실현을 위한 자율적 공간 확보가 가능하다"
고 강조하고 있다.[4] 기술 자체의 개발뿐만 아니라 이것들을 실생활
에서 활용할 다양한 아이디어와 서비스를 고안하는 노력도 필요하
다. K-방역의 경험에서 배웠듯 혁신에서 선도적 지위를 차지하면
우리가 해당 분야의 글로벌 표준을 설정하는 기준이 되고 한국과의
협력을 갈망하는 나라들도 자연스럽게 많아진다. K팝, K푸드, K방
역을 넘어 K사이언스, K기술 같이 세계를 사로잡을 수 있는 양질의
'K-○○'를 다방면에서 창출해 내야 한다.

　장기적인 관점에서는 역내·국제적 차원의 협력이 한국이
미·중 갈등과 코로나19 충격이라는 이중고를 헤쳐 나가는 데 긴요
하다. 탄탄한 국력을 갖췄으면서 공동 번영과 평화를 추구하는 규
범적인 국가로서 명성을 쌓는 일은 국제 사회에서 한국에 우호적
인 여론을 조성하는 데 필수적이다. 한반도 평화는 역내 정치 경제
적 안정을 위한 핵심 이슈다. 우리가 원하는 방향으로 한반도 평화
해법을 실현할 가능성을 키우기 위해서는 이에 대한 역내 국가들의
강력한 지지가 뒷받침돼야 한다.


　**중견국으로서 명성을 높이려면 한반도 문제를 넘어선 국제
사회 공동의 우려에 대해서도 우리의 역할을 키울 필요가 있다.**
　한국이 뛰어난 역량을 갖춘 분야에서 노하우를 전수하고 역
내·국제 공조를 증진할 수 있어야 한다. 예컨대 빠른 경제 성장을
이룬 한국의 경험을 개발도상국과 공유할 수 있다. 국제기구로서는

처음으로 한국이 본부를 유치한 녹색기후기금(GCF)을 활용해 녹색성장을 둘러싼 논의를 주도할 수 있고, 코로나19 사태를 계기로 국제협력과 공조가 필요하지만 리더십이 발휘되지 않고 있는 사각지대 영역에서 한국이 할 수 있는 역할을 찾아볼 수도 있다. K방역은 향후 글로벌 보건 공조의 선도를 가능하게 할 기반이다. 향후 국제사회가 코로나19로 타격 입은 글로벌 무역 질서를 안정화시키는 과정에서도 한국이 기여할 수 있는 부분이 있다. 대외 의존 수준이 높은 우리 경제가 활력을 유지하려면 글로벌 교역의 원활한 흐름이 필수다. 따라서 추후 경제통상 영역의 국제적 기준을 재정비하는 작업에서 적극적으로 우리 목소리를 낼 필요가 있다.

다만 한국이 효과적으로 중견국 역량을 드러내기 위해서는 선택과 집중의 접근법이 필요해 보인다. 미국외교협회(CFR)는 한국이 미들 파워 역할의 '과도한 확장(overstretch)' 문제를 피하기 위해서는 역할을 하고자 하는 영역의 우선순위를 정하고 이를 리더십에 관계없이 지속적으로 추진해야 한다고 권고하고 있다.[5] 모양새 좋은 협력 사업을 제안하기만 하고 정작 이를 완수하는 모습을 보이지 못한다면 오히려 한국 외교정책의 신뢰도를 갉아먹을 수 있다는 지적이다.[6]

아울러 다자 협력을 성공시키기 위해서는 함께하는 나라들과 구체적이고 지속적인 상호작용이 필수다.

상호 신뢰할 수 있는 촘촘한 네트워크가 구축되어야 각자도생에 빠지는 우를 범하지 않고 경쟁이 아닌 협력이 바람직한 것으로 여겨지는 환경을 조성할 수 있기 때문이다. 아시아 지역의 메인 다자 협력 체제인 아세안은 역내 긴장 완화를 위한 점진적 노력을 함께 기울여 나가야 할 핵심 파트너다. 같은 이유로 일본과도 궁극적으로 화해와 협력을 지향해야 한다. 지정학적으로 떨어질 수 없는 이웃이자 역내 핵심 경제국인 한국과 일본이 불협화음을 내는 한 아시아 지역에서 내구성 있는 공조는 어렵다. 이런 측면에서 한국과 일본이 협력해 역내 문제에 관한 한·중·일 또는 한·미·일 형태의 조율의 장을 모색할 필요가 있다는 지적이 나온다.[7]

역내를 넘어 유럽의 중견국들과도 협력의 수준과 범위를 더욱 넓혀야 한다. 많은 유럽국들이 한국과 민주주의, 자유 시장 경제 같은 가치를 공유하고 있다. 유럽국들도 '유럽의 길'을 고민하면서 미·중 갈등 구도에 말려들지 않으며 그 부작용을 완화하기 위한 다자 협력에 공을 들이고 있다. 유럽연합(EU)은 한반도 문제에도 지속적인 관심을 표명해 왔다. 회원국 대다수가 한국은 물론 북한과도 외교 관계를 맺고 있다. EU 차원에서 북한과의 정기적인 정치 대화 노력을 기울이고 있기도 하다.[8] 지리적으로 멀리 떨어져 있긴 하지만 이들과의 연대 강화를 통해 한국의 규범적 위상을 강화하고, 국제 사회의 지지가 필요한 이슈들에 대해 잠재적으로 든든한 지원군을 확충할 수 있다.

**한국이 일련의 다각적 전략을 성공시키려면 가장 중요한 것**

이 '국가적 대외 전략에 대한 통합된 지지'이다.

한국의 접근법은 북한뿐만 아니라 미국과 중국에 대해서도 정권의 성향에 따라 급격하게 변화한다는 비판을 많이 받아왔다. 니클라스 스완스트롬 스웨덴 안보정책개발연구소장은 한반도 다자 협력 체계 분석문에서 "한국의 계획은 종종 특정 대통령의 계획으로 그치고 차기 정부로 이어지지 않는다"며 "심각한 정치 양극화 속에서 차기 정부는 전임자의 유산 폐기를 추구한다"고 지적하고 있다.⁹ 미국의 동아시아 전문가인 멜 거토프 포틀랜드 주립대 명예교수는 그의 연구에서 "한국이 또 다시 강대국들의 볼모가 되지 않으려면 지도자들이 반드시 합리적인 안보 규정을 마련해야 한다"고 조언한다.¹⁰

미국과 중국 간 갈등 요인이 점점 확대되고 있는 지금, 범국가적 차원에서 이들을 상대할 일관되고 통합된 비전이 부족하다는 점은 한국이 극복해야 할 최대의 난제다. 친미냐 친중이냐로 나와 너를 구분하고 진영 싸움을 하는 것은 복잡하게 얽힌 세계 정세를 단순화시켜 오히려 스스로 전략의 범위를 좁히는 실수로 이어질 수 있다.

이런 자기 손해적인 상황은 한반도가 분단과 6.25 전쟁 때처럼 또 다시 강대국 패권 다툼의 볼모로 잡힐 위험을 키운다. 앞으로 펼쳐질 미·중 신 냉전과 포스트 코로나 시대에 대응하려면 누구 편을 들지 우리끼리 공방전을 벌이는 게 아니라 통합된 대 전략을 수립하기 위해 머리를 맞대야 한다.

미국의 글로벌 리더십 향방은 모호해지고 중국의 공세는 점점 더 심화하는데 코로나19 사태까지 세계를 뒤흔들면서 국제 정세에는 전후 시대 최악의 불확실성이 엄습하고 있다. 우리 스스로 확고한 비전을 갖춰야 위기 속에서 갈팡질팡하지 않고 굳건히 설 수 있다.

미국과 중국의 발길질 틈에서 우왕좌왕하는 것이 아니라 이들 강대국의 어깨 위에 단단히 중심을 잡고 서야 한다. 거인들의 어깨 위에 올라서면 더욱 멀리 볼 수 있다. 눈앞의 불안감에 동요하지 않고 위기를 기회로 삼아 장기적 번영과 평화를 위한 '한국의 길'을 함께 계획할 때다.

# 참고문헌

참고문헌

# 1부.
## 미·중 라이벌이 벌이는 신 냉전의 흐름을 읽다

1    South China Morning Post, 'Coronavirus: China and US in 'new Cold War' as relations hit lowest point in 'more than 40 years', spurred on by pandemic', 2020.5.5.

2    CNBC, 'This is the start of a new Cold War,' former Trump trade official says of rising US-China tensions', 2020.5.5.

3    António Guterres, 'COVID-19 Dress Rehearsal for World of Challenges to Come, Secretary-General Tells General Assembly', UN, 2020.9.22.

4    World Bank, 'Global Economic Prospects', 2020.6.8. p5.

5    Kristalina Georgieva, 'Confronting the Crisis: Priorities for the Global Economy', IMF, 2020.4.9.

6    Francis Fukuyama, 'The End of History?', National Interest, 16, pp. 3-18, 1989, p4.

7    White House, 'United States Strategic Approach to the People's Republic of China', 2020.5.26. p1.

8    위와 동일, 2020.5.26. p8.

9    Fox Business, 'Trump on China: 'We could cut off the whole relationship'', 2020.5.14.

10    Ministry of Foreign Affairs of the People's Republic of China, 'State Councilor and Foreign Minister Wang Yi Meets the Press', 2020.5.24.

11    South China Morning Post, 'Two Sessions 2020: China-US rivalry in 'high-risk period', Chinese defence minister says', 2020.5.27.

12    Global Times, 'Official denies national security law treats HK as "one country, one system"', 2020.7.1.

13    Daniel Russel, 'The 3 Flashpoints That Could Turn a US-China 'Cold War' Hot', The Diplomat, 2020.6.3.

14    International Monetary Fund, 'China's Economic Outlook in Six Charts', 2018.7.26.

15    Robert Jervis, 'International Primacy: Is the Game Worth the Candle?', International Security, 17: 4, pp. 52 - 67, 1993, p53.

16    Douglas Paal, 'China's Counterbalance to the American Rebalance', Carnegie Endowment for International Peace, 2015.11.1.

17    Lee Hochul, 'Power Politics Behind the Transforming Geopolitics in East Asia', East Asia: An International Quarterly, 34: 4, pp. 307-320, 2017.

18  Patrick Cullen, 'The Rebalance to Asia Under Trump', Royal United Services Institute for Defence Studies, 162: 2, pp. 8-15, 2017, p8.

19  Teng Jianqun, 'Trump's America First Security Strategy: Impact on China-US Relations', China International Studies, 70: 116, pp. 116-131, 2018, p123.

20  Markus B Liegl, 'China's Use of Military Force in Foreign Affairs: The Dragon Strikes'. London; New York: Routledge, 2017, p238.

21  Weifeng Zhou and Mario Esteban, 'Beyond Balancing: China's Approach towards the Belt and Road Initiative', Journal of Contemporary China, 27: 112, pp. 487-501, 2018, p487.

22  Niall Ferguson and Moritz Schularick, 'Chimerical? Think Again', Wall Street Journal, 2007.2.5.

23  Graeme Dobell, 'Not the new cold war', Inside Story, 2018.11.27.

24  Henry Kissinger, 'The Coronavirus Pandemic Will Forever Alter the World Order', Wall Street Journal, 2020.4.3.

25  Robert Lighthizer, 'The Era of Offshoring U.S. Jobs Is Over', New York Times, 2020.5.11.

26  Pew Research Center, 'U.S. Views of China Increasingly Negative Amid Coronavirus Outbreak', 2020.4.21.

27  Pew Research Center, 'Americans Fault China for Its Role in the Spread of COVID-19', 2020.7.30.

28  Newsweek, 'Legislation to Punish China for Coronavirus Is on Track to Outpace Counterterrorism Proposals After 9/11', 2020.5.29.

29  South China Morning Post, 'China's economic strategy shift shows Xi Jinping is preparing for 'worst case scenario', analysts say', 2020.5.25.

30  Financial Times, 'US and China: edging towards a new type of cold war?', 2020.5.8.

31  Tass, 'World faces new Cold War between US, China, says expert', 2020.5.7.

32  U.S. Department of State, 'Special Briefing with Keith Krach, Under Secretary of State for Economic Growth, Energy, and the Environment; Cordell Hull, Acting Under Secretary of Commerce for Industry and Security; Dr. Christopher Ford, Assistant Secretary of State for International Security and Nonproliferation; and Ian Steff, Assistant Secretary of Commerce for Global Markets', 2020.5.20.

33  US Department of State, 'Deputy Secretary Biegun Remarks at the U.S.-India Strategic Partnership Forum', 2020.8.31.

34  Michael Pompeo, 'On China's Attempted Coercion of the United Kingdom, US Department of State', 2020.6.9.

35  Sky news, 'Pompeo warns of 'disconnect' over Victoria's Belt and Road deal',

2020.5.24.

36 Global Times, 'Australia to pay heavy economic price, if acting as a US attack dog: experts', 2020.5.14.

37 Nader Habibi and Hans Yue Zhu, 'China's efforts to win hearts and minds with aid and investment may make all the difference if there's a cold war with the US', The Conversation, 2020.6.12.

38 Bangkok Post, 'Partners vow to press on with signing RCEP deal', 2020.5.21.

39 State Council China, 'Premier Li Keqiang Meets the Press: Full Transcript of Questions and Answers', 2020.5.29.

40 Peterson Institute for International Economics, 'China and the Trans-Pacific Partnership: In or out?', 2020.6.23.

41 Eurasia Group, 'Top Risks 2020', 2020, p7.

42 The Times, 'A digital iron curtain is descending as China and America tussle over Huawei', 2020.5.28.

43 Foreign Policy, 'The Great Decoupling', 2020.5.14.

44 John Mearsheimer, 'The Tragedy of Great Power Politics'. Updated ed. New York: W.W. Norton, 2014

45 Graham Allison, 'Destined for War: Can America and China Escape Thucydides's Trap?'. Melbourne: Scribe, 2017.

46 Lyle J Goldstein, 'Meeting China Halfway: How to Defuse the Emerging US-China Rivalry'. Washington DC: Georgetown University Press, 2015.

47 Adam P. Liff and G. John, Ikenberry, 'Racing toward Tragedy? China's Rise, Military Competition in the Asia Pacific, and the Security Dilemma', International Security, 39: 2, pp. 52–91, 2014, p88~89.

48 Graham Allison, 'Destined for War: Can America and China Escape Thucydides's Trap?'. Melbourne: Scribe, 2017.

49 Henry Kissinger, 'On China', London: Allen Lane. 2011. p527.

50 Carla Norrlof, 'Hegemony and Inequality: Trump and the Liberal Playbook', International Affairs, 94: 1, pp. 63-88, 2018, p63.

51 The Hill, 'Former Mattis staffer: Trump 'shooting himself in the foot' on foreign policy', 2019.11.5.

52 I G. John Ikenberry, 'The American Liberal Order: From Creation to Crisis', in Michael Cox and Doug Stokes, eds. US Foreign Policy. 3rd ed. Oxford: Oxford University Press, pp. 359-368, 2018, p367.

53 Barry Posen, 'The Rise of Illiberal Hegemony', Foreign Affair, 2018.2.13.

54 Robert Axelrod and Robert O Keohane, 'Achieving Cooperation under Anarchy: Strategies and Institutions', World Politics, 38: 1, pp. 226-254, 1985, p226.

55 Michael Doyle, 'Liberalism and World Politics', The American Political Science Review, 80: 4, pp. 1151-1169, 1986, p1158, p1161~1162.

56 Michael Clarke and Anthony Ricketts, 'US Grand Strategy and National Security: The Dilemmas of Primacy, Decline and Denial', Australian Journal of International Affairs, 71: 5, pp. 479-498, 2017, p484~485.

57 Brian Schmidt, 'Theories of US Foreign Policy', in Michael Cox and Doug Stokes, eds. US Foreign Policy. 3rd ed. Oxford: Oxford University Press, pp. 7-21, 2018, p18.

58 Stephen Walt, 'US Grand Strategy After the Cold War: Can Realism Explain It? Should Realism Guide It?', International Relations, 32: 1, pp. 3-22, 2018, p12.

59 Keith Shimko, 'Realism, Neorealism, and American Liberalism', The Review of Politics, 54: 2, pp. 281-301, 1992, p281~283.

60 Stephen Walt, 'US Grand Strategy After the Cold War: Can Realism Explain It? Should Realism Guide It?', International Relations, 32: 1, pp. 3-22, 2018, p10.

61 Michael Mastanduno, 'System Maker and Privilege Taker: U.S. Power and the International Political Economy', World Politics, 61: 1, pp. 121-154, 2009, p121~122.

62 Stockholm International Peace Research Institute, 'Trends in World Military Expenditure 2019', 2020. 4.

63 Financial Times, 'Currency warrior: why Trump is weaponising the dollar', 2019.7.1.

64 Joseph Nye, 'Is the American Century Over?': Overview', Belfer Center, 2015.1.

65 Pew Research Center, 'Key Findings on How Americans View the U.S. Role in the World', 2016.5.5.

66 White House, 'National Security Strategy', 2017, p1.

67 White House, 'The Inaugural Address', 2017.1.20.

68 The National, 'Jared Kushner: Abraham Accord 'big turn for optimism' in Middle East', 2020.9.2.

69 Micah Zenko and Rebecca Lissner, 'Trump Is Going to Regret Not Having a Grand Strategy', Foreign Policy, 2017.1.13.

70 Barry Posen, 'Restraint: A New Foundation for U.S. Grand Strategy', Ithaca; London: Cornell University Press, 2014

71 John Mearsheimer, 'Donald Trump Should Embrace a Realist Foreign Policy', National Interest, 2016.11.27.

72 CBS NEWS, 'Kissinger says Trump could go down in history as "a very considerable president"', 2016.12.18.

73  VOA KOREA, '트럼프 "미국, 세계 경찰 아냐" ...동맹 무임승차론 인식 재확인', 2020.6.10.

74  Stephen Walt, 'Has Trump Become a Realist?', Foreign Policy, 2018.4.17.

75  Lobelog, 'Bacevich and Mearsheimer on Year One of the Trump Administration', 2018.1.22.

76  Ipsos Poll Conducted for Thomson Reuters, 'Core Political Data', 2020.5.20.

77  Republican National Committee, 'Resolution Regarding The Republican Party Platform', 2020

78  Promiseskept.com, 'Trade & Foreign Policy President Donald J. Trump Achievements', 2020

79  Donaldjtrump.com, 'Trump Campaign Announces President Trump's 2nd Term Agenda: Fighting For You!', 2020.8.23.

80  Washington Post, 'In Trump, some fear the end of the world order', 2018.6.9.

81  CNN, 'The pandemic could reshape the world order. Trump's chaotic strategy is accelerating US losses', 2020.5.23.

82  미국 하원은 트럼프 대통령이 우크라이나 대통령에게 바이든 부자의 뒷조사를 압박했다는 의혹에 대해 권력 남용, 의회 방해 등의 혐의를 적용해 민주당 주도로 2019년 12월 탄핵안을 가결했다. 그러나 공화당이 장악하고 있는 상원은 2020년 2월 표결에서 탄핵안을 최종 부결시켰다.

83  Joe Biden, '트위터(@JoeBiden)', 2019.5.16.

84  2020 Democratic Party Platform, '2020 Platform Committee', 2020, p74.

85  2020 Democratic Party Platform, '2020 Platform Committee', 2020, p74.

86  Joebiden.com, 'The Biden Plan for Restoring American Leadership', 2020

87  George Löfflmann, 'Leading from Behind – American Exceptionalism and President Obama's Post-American Vision of Hegemony', Geopolitics, 20: 2, pp. 308-332, 2015, p326~328

88  Josep Borrell, 'China, the United States and us', EEAS, 2020.7.31.

89  Pew Research Center, 'How people around the world see the U.S. and Donald Trump in 10 charts', 2020.1.8.

90  Gallup, 'U.S. Leadership Remains Unpopular Worldwide', 2020.7.27.

91  Politico, 'Democrats can't just unwind Trump's foreign policy', 2019.8.24.

92  Eurasia Group, 'After the G-Zero: Overcoming fragmentation', 2016, p3.

93  Wired, 'The US-China Feud Makes It Harder to Fight Coronavirus', 2020.3.11.

94  2020 Democratic Party Platform, '2020 Platform Committee', 2020, p85.

95  2020 Democratic Party Platform, '2020 Platform Committee', 2020, p20.

96  Washington Post, 'America is at a low ebb, shaken by multiple blows, and Trump adds to the distress', 2020.5.31.

97  Gallup, 'U.S. National Pride Falls to Record Low', 2020.6.15.

98  Thomas Wright and Kurt Campbell, 'If Biden wins, he'll have to put the world back together', Brookings, 2020.4.14.

99  Eurasia group, 'Biden win in November would bring major US foreign policy shift', 2020.7.2.

100 White House, 'Remarks by President Trump to the 75th Session of the United Nations General Assembly', 2020.9.20.

101 UNFPA Asia and the Pacific, 'Population trends', 2020

102 ADB, 'ASIA 2050: Realizing the Asian Century: Executive Summary', 2011.8, p3.

103 Kishore Mahbubani, 'Top 10 trends of 2014: The expanding middle class in Asia', WEF, 2014, p25b.

104 Homi Kharas, 'The Unprecedented Expansion of the Global Middle Class', Brookings, 2017.2.28, p13.

105 Kurt Campbell, 'Senate Committee on Foreign Relations Testimony East Asia Subcommittee', 2016.7.13, p6.

106 US Department of Defense, 'Indo-Pacific Strategic Report', 2019.6.1, p1.

107 China daily, 'Chinese president proposes Asia-Pacific dream', 2014.11.9.

108 Changyong Rhee, 'Reopening Asia: How the Right Policies Can Help Economic Recovery', IMF Blog, 2020.6.30.

109 IMF, 'World Economic Outlook Update', June 2020

110 Oliver Tonby and Jonathan Woetzel , 'Could the next normal emerge from Asia?', Mckinsey, 2020.4.8.

111 China Power Team, 'How Much Trade Transits the South China Sea?', Center for Strategic & International Studies, 2020.8.26.

112 Candace Dunn and Justine Barden, 'More than 30% of global maritime crude oil trade moves through the South China Sea', U.S. Energy Information Administration, 2018.8.27.

113 G. John Ikenberry, 'America in East Asia: Power, Markets and Grand Strategy', in Ellis S. Krauss and T. J. Pempel, eds. Beyond Bilateralism: U.S.-Japan Relations in the New Asia-Pacific, Stanford, California: Stanford University Press, pp. 37-54. 2004, p39~40.

114 Hillary Clinton, 'America's Pacific Century', U.S. Department of State, 2011.11.10.

115 Camilla T. N. Sørensen, 'The Significance of Xi Jinping's "Chinese Dream" for Chinese Foreign Policy: From "Tao Guang Yang Hui" to "Fen Fa You Wei"', JCIR: 3: 1, pp.53-73, 2015, p68.

116 The US Department of Defense, 'Military and Security Developments Involving the People's Republic of China 2019', 2019, p48, p122.

117 Yoichi Funabashi, 'Donald Trump's Shock Doctrine Will Make China Even Stronger', Time, 2016.12.19.

118 U.S. Department of Defense, 'Indo-Pacific Strategy Report', 2019, p3.

119 Promiseskept.com, 'Trade & Foreign Policy President Donald J. Trump Achievements', 2020

120 Michael Pompeo, 'Europe and the China Challenge', U.S. Department of State, 2020.6.19.

121 U.S. Department of Defense, 'U.S. Troop Strength in Korea Can Be Cut, Pace Says', 2003.10.10.

122 U.S. Department of Defense, 'NDS First Year Accomplishments', 2020.7.17.

123 Politico, 'German minister: Europe must develop own defense even if Biden wins', 2020.7.8.

124 Patrick Cullen, 'The Rebalance to Asia Under Trump', Royal United Services Institute for Defence Studies, 162: 2, pp. 8-15. 2017

125 Michael Pompeo, 'America's Indo-Pacific Economic Vision', U.S. Department of State, 2018.7.30.

126 U.S. Department of Defense, 'Summary of the National Defense Strategy', 2018, p1.

127 U.S. Department of Defense, 'Indo-Pacific Strategy Report', 2019, p4.

128 White House, 'National Security Strategy', 2017, p25.

129 VOA, '미 정부, 북한 위협 대응 논의 활발…주요직책 장기 공석 우려도', 2017.6.10.

130 Stars and Stripes, ''Pivot' to Asia will remain a priority for US military, experts say', 2017.6.22.

131 Hal Brands and Peter Feaver, 'Saving Realism from the So-Called Realists', Commentary, 2017.9.

132 John Mearsheimer and Stephen Walt, 'The Case for Offshore Balancing: A Superior U.S. Grand Strategy', Foreign Affairs, 95: 4, pp. 70-83, 2016, p70.

133 Stephen M. Walt, 'US Grand Strategy After the Cold War: Can Realism Explain It? Should Realism Guide It?', International Relations, 32: 1, pp. 3-22, 2018, p15.

134 Barry Posen, 'Restraint: A New Foundation for U.S. Grand Strategy', Ithaca; London: Cornell University Press, 2014, p166~167.

135 Stephen Walt, 'Has Trump Become a Realist?', Foreign Policy, 2018.4.17.

136 Elliott Zaagman, 'Who would Beijing prefer wins in November?', Lowy Institute, 2020.5.5.

137 Wall Street Journal, 'Will Trump's Love of Deals Work with China?', 2016.11.22.

138 James Woolsey, 'Under Donald Trump, US would Accept China's Rise – As Long as it Doesn't Challenge the Status Quo', South China Morning Post, 2016.11.10.

139 White House, 'United States Strategic Approach to the People's Republic of China', 2020.5.26, p8.

140 Council on Foreign Relations, 'Foreign Affairs Issue Launch with Former Vice President Joe Biden', 2018.1.23.

141 Axios, 'Biden on China: "They're not competition for us"', 2019.5.2.

142 Global Times, 'For China, Biden more predictable than Trump, Sanders: experts', 2020.3.4.

143 Thomas Wright, 'The Quiet Reformation of Biden's Foreign Policy', The Atlantic, 2020.3.19.

144 2020 Democratic Party Platform, '2020 Platform Committee', 2020, p88.

145 Joebiden.com, 'The Biden Plan for Restoring American Leadership', 2020

146 2020 Democratic Party Platform, '2020 Platform Committee', 2020, p20.

147 Joebiden.com, 'The Biden Plan for Restoring American Leadership', 2020

148 2020 Democratic Party Platform, '2020 Platform Committee', 2020, p88.

149 Joebiden.com, 'The Biden Plan to Rebuild U.S. Supply Chains and Ensure the U.S. Does Not Face Future Shortages of Critical Equipment', 2020

150 Wall Street Journal, 'What's Biden's New China Policy? It Looks a Lot Like Trump's', 2020.9.10.

151 Hunter Dorwart, 'US consensus view sees China as the enemy', Asia Times, 2020.5.22.

152 Janan Ganesh, 'China has much to lose from a Joe Biden presidency', Financial Times, 2020.5.20.

153 VOA KOREA, '미-중 갈등속 한국 선택 압박… "가치 공유하는 동맹 편에 서야"', 2020.6.17.

154 Xinhua, 'Full Text of Xi Jinping's Report at 19th Communist Party of China National Congress', 2017.10.18, p9.

155 CGTN, 'How to understand a 'xiaokang' society?', 2020.5.22.

156 Global Times, 'Chinese embrace achieving moderately prosperous society next year', 2019.12.13.

157 Xinhua, 'Full Text of Xi Jinping's Report at 19th Communist Party of China National Congress', 2017.10.18, p24.

158 Xinhua, 'China to invest big in "Made in China 2025" strategy', 2017.10.12.

159 Xinhua, 'Full Text of Xi Jinping's Report at 19th Communist Party of China National Congress', 2017.10.18, p48.

160 위와 같음, p6.

161 BBC, 'China overtakes Japan as world's second-biggest economy', 2011.2.14.

162 McKinsey Global Institute, 'China and the world: Inside the dynamics of a changing relationship', 2019.7. p25.

163 CGTN, 'How to understand a 'xiaokang' society?', 2020.5.22.

164 Xinhua, 'Full Text of Xi Jinping's Report at 19th Communist Party of China National Congress', 2017.10.18, p11.

165 Suisheng Zhao, 'Rethinking the Chinese World Order: The Imperial Cycle and the Rise of China', Journal of Contemporary China, 24: 96, pp. 961-982, 2015, p961.

166 John Fairbank, 'The Chinese World Order', Cambridge, MA: Harvard University Press, 1968, p9.

167 John Fairbank and S. Y. Teng,' On The Ch'ing Tributary System', Harvard Journal of Asiatic Studies, 6: 2, pp.135-246, p135.

168 Suisheng Zhao, 'Rethinking the Chinese World Order: The Imperial Cycle and the Rise of China', Journal of Contemporary China, 24: 96, pp. 961-982, 2015, p964.

169 Martin Stuart-Fox, 'A Short History of China and Southeast Asia: Tribute, Trade and Influence', Australia: Allen & Unwin, 2003, p11~12.

170 Xinhua, 'Full Text of Xi Jinping's Report at 19th Communist Party of China National Congress', 2017.11.3, p54,

171 위와 같음, p53.

172 Christopher Hughes, 'China as a Leading State in the International System' in Steve Tsang and Honghua Men, eds. China in the Xi Jinping Era, Cham: Springer International Publishing, pp. 271-297, 2016, p272.

173 G. John Ikenberry, 'The American Liberal Order: From Creation to Crisis', in Michael Cox and Doug Stokes, eds. US Foreign Policy. 3rd ed. Oxford: Oxford University Press, pp. 359-368, 2018, p365.

174 Suisheng Zhao, 'Rethinking the Chinese World Order: The Imperial Cycle and the Rise of China', Journal of Contemporary China, 24: 96, pp. 961-982, 2015, p980~981.

175 U.S. Department of Defense, 'Assessing and Strengthening the Manufacturing and Defense Industrial Base and Supply Chain Resiliency of the United States', 2018, p38.

176 위와 같음, p39.

177 China Internet Information Centre, 'China's Declaration of Key Interests Misinterpreted', 2013.8.26.

178 Christopher Hughes,' China as a Leading State in the International System' in Steve Tsang and Honghua Men, eds. China in the Xi Jinping Era, Cham: Springer International Publishing, pp. 271-297, 2016, p274.

179 Roger Cliff, 'China's Military Power: Assessing Current and Future Capabilities'. Cambridge: Cambridge University Press, 2015, p1~3.

180 National Development and Reform Commision of China, '13th Five-Year Plan on National Economic and Social Development', 2016

181 Institute for Security Studies, 'Lessons from Sri Lanka on China's 'debt-trap diplomacy',

182 John Hurley, Scott Morris, and Gailyn Portelance, 'Examining the Debt Implications of the Belt and Road Initiative from a Policy Perspective', Center for Global Development, 2018.3, p11.

183 Roland Rajah, Alexandre Dayant and Jonathan Pryke, 'Ocean of debt? Belt and Road and debt diplomacy in the Pacific', Lowy Institute, 2019.10.21.

184 Federiga Bindi, 'Why Did Italy Embrace the Belt and Road Initiative?', Carnegie Endowment for International Peace, 2019.5.20.

185 Astrid H. M. Nordin and Mikael Weissmann, 'Will Trump Make China Great Again? The Belt and Road Initiative and International Order', International Affairs, 94: 2, pp. 231-249, 2018, p249.

186 CGTN, 'Full Text of Xi Jinping keynote at the World Economic Forum', 2017.1.17.

187 New York Times, 'In Era of Trump, China's President Champions Economic Globalization', 2017.1.17.

188 Wall Street Journal, 'China's Xi Jinping Seizes Role as Leader on Globalization', 2017.1.17.

189 Financial Times, 'China censorship moves from politics to economics', 2018.11.13.

190 China Foregin Ministry, 'Foreign Ministry Spokesperson Wang Wenbin's Regular Press Conference on August 3', 2020, 2020.8.3.

191 China Foreign Ministry, 'Remarks by H.E. Xi Jinping President of the People's Republic of China At the Opening Ceremony of the Second World Internet Conference', 2015.12.16.

192 Elizabeth C Economy, 'The great firewall of China: Xi Jinping's internet shutdown', Guardian, 2018.6.29.

193 Munich Security Report, 'Westlessness', 2020, p22.

194 DW, 'Munich Security Conference: France's Macron envisions new era of European strength', 2020.2.15.

195 CNN, 'The West is winning': Pompeo touts US commitment to Western allies in face of criticism', 2020.2.15.

196 Xinhua, '"Westlessness" discussions at MSC highlight need for multilateralism', 2020.2.17.

197 New York Times, 'The West Is Winning,' Pompeo Said. The West Wasn't Buying It', 2020.2.15.

198 Elizabeth Economy, 'The Coronavirus Is a Stress Test for Xi Jinping, Foreign Affairs', 2020.2.10.

199 Xinhua, 'Xi hails China's COVID-19 combat spirit as model virus fighters honored', 2020.9.9.

200 China Foreign Affairs Ministry, 'Foreign Ministry Spokesperson Zhao Lijian's Regular Press Conference', 2020.3.5.

201 Global Times, 'Mask production full speed ahead', 2020.2.3.

202 Guardian, 'Italy criticises EU for being slow to help over coronavirus epidemic', 2020.5.11.

203 Guardian, 'Coronavirus diplomacy: how Russia, China and EU vie to win over Serbia', 2020.4.13.

204 Kurt Campbell and Rush Doshi, 'The Coronavirus Could Reshape Global Order', Foreign Affairs, 2020.3.18.

205 China Foreign Affairs Ministry, 'Carrying Forward the Shanghai Spirit To Safeguard the Multilateral System', 2020.5.13.

206 Frederick Kempe, 'China has a big but brief chance right now to speed its way to global leadership', CNBC, 2020.5.2.

207 Keyu Jin, 'Is This China's Global Leadership Moment?', Project Syndicate, 2020.4.3.

208 Josep Borrell, 'The Coronavirus pandemic and the new world it is creating', European Union External Action Service, 2020.3.20.

209 Richard Mcgregor, 'China's Deep State: The Communist Party and the Coronavirus', Lowy Insitute, 2020.7.23.

210 European Parliament, 'China's democratic neighbours and coronavirus', 2020

211 DW, 'China is a coronavirus friend in need, but is it a friend indeed?', 2020.5.21.

212 Byline Time, 'Officials Accuse Britain and US of 'Hubris' and 'Complacent Exceptionalism' in their Response to COVID-19', 2020.5.1.

213 Danny Haiphong, 'The Great Unmasking: American Exceptionalism in the Age of

COVID-19', International Critical Thought, 2020.

214 Andrew Liu, 'Blaming China for coronavirus isn't just dangerous. It misses the point', Guardian, 2020.4.10.

215 Jamil Anderlini, 'China's Communist party will survive Covid-19', Financial Times, 2020.5.20.

216 Guardian, 'For Europe to survive, its economy needs to survive': Angela Merkel interview in full', 2020.6.26.

217 European Commission, 'State of the Union Address by President von der Leyen at the European Parliament Plenary', 2020.9.16.

218 Josep Borrell, 'In rougher seas, the EU's own interests and values should be our compass', EEAS, 2020.6.14.

219 China National Institution for Finance & Development, 'China's Leverage Ratio Likely to Increase in 2020: 2019 Report', 2020.4.1.

220 IMF, 'World Economic Outlook Update, June 2020', 2020.6.

221 Yukon Huang, 'China's Economic Growth Now Depends on the West', Carnegie Endowment for International Peace, 2020.3.19.

222 World Bank, 'Global Economic Prospect's', 2020.6, p73.

223 NBC, 'Coronavirus: China's Xi Jinping faces his biggest challenge', 2020.2.15.

224 Xinhua, 'CPC leaders analyze economy, to convene Central Committee plenum in October', 2020.7.30.

225 Global Times, 'Xi: Another Long March begins', 2019.5.23.

226 Wang Wen, 'Why China recalls 'protracted war' history', Global Timees, 2020.8.3.

227 Financial Review, 'Pandemic has killed globalisation, says Carmen Reinhart', 2020.5.22.

228 New York Times, 'A Global Outbreak Is Fueling the Backlash to Globalization', 2020.5.5.

229 Economist, 'Has covid-19 killed globalisation?', 2020.5.14.

230 Financial Review,'The world we knew before the coronavirus will not return', 2020.5.31.

231 Clyde W. Barrow and Michelle Keck, 'Globalization theory and state theory: the false antinomy, Studies in Political Economy', 98:2, pp. 177-196. 2017, p190.

232 IMF, 'World Economic Outlook: Global Manufacturing Downturn, Rising Trade Barriers: Foreword by Gita Gopinath', 2019.10, p xiv.

233 Kristalina Georgieva, 'The Financial Sector in the 2020s: Building a More Inclusive System in the New Decade', IMF, 2020.1.17.

234 London School of Economics, 'LSE IDEAS debate likelihood of de-globalisation after COVID-19', 2020.5.11.

235 United Nations World Tourism Organization, '100% of Global Destinations Now Have COVID-19 Travel Restrictions', 2020.4.28.

236 World Bank, 'COVID-19 to Plunge Global Economy into Worst Recession since World War II', 2020.6.8.

237 Gita Gopinath, 'The Great Lockdown: Worst Economic Downturn Since the Great Depression', IMF Blog, 2020.4.14.

238 UNCTAD, 'World Investment Report 2013: Global Value Chains: Investment and Trade for Development', 2013, p123.

239 Felix Richter, 'These are the top 10 manufacturing countries in the world', WEF, 2020.2.25.

240 산업통상자원부 보도자료, '자동차 분야 '신종 코로나 바이러스' 극복에 민·관 총력 대응', 2020.2.7, p2.

241 Forbes, 'Apple Explores Options To Pull Manufacturing Out Of China, Report Claims', 2019.6.19.

242 Richard Baldwin and Rebecca Freeman, 'Supply chain contagion waves: Thinking ahead on manufacturing 'contagion and reinfection' from the COVID concussion', Centre for Economic Policy Research, 2020.4.1.

243 World Bank, 'Global Economic Prospects', 2020.6, p45.

244 Worlduncertaintyindex.com, 'World Uncertainty Index'

245 Patrick Zweifel, 'Globalisation after the virus', Pictet Asset Management, 2020.4.

246 Kearney, 'Trade war spurs sharp reversal in 2019 Reshoring Index, foreshadowing COVID-19 test of supply chain resilience', 2020.4, p1.

247 CNBC, 'Coronavirus will reverse globalization and create regional supply chains, economists predict', 2020.5.13.

248 American Chamber of Commerce in China, 'Supply Chain Challenges for US Companies in China', 2020.4.17.

249 Supply Chain Dive, 'Experts: 3 ways coronavirus has shifted supply chains' focus', 2020.5.20.

250 Mckinsey, 'Supply-chain recovery in coronavirus times—plan for now and the future', 2020.5.18. p2~3.

251 John Wyles, 'Viewpoint: COVID-19 will reshape globalisation', Science l Business, 2020.5.5.

252 White House, 'Remarks by President Trump on Actions Against China', 2020.5.30.

253 The Hill, 'Momentum grows to change medical supply chain from China', 2020.5.4.

254 Joebiden.com, 'Ensure th Future is "Made in All of America" by All of America's Workers',2020

255 Bloomberg, 'Japan to Fund Firms to Shift Production Out of China', 2020.4.8.

256 Joseph Borrell, 'The post-coronavirus world is already here', European Council on Foreign Relations, 2020.4.30.

257 Politico, 'Merkel warns against protectionism in face of coronavirus recession', 2020.5.20.

258 Politico, 'Coronavirus forces Europe to confront China dependence', 2020.6.3.

259 DHL, 'DHL Global Connectedness Index 2019', 2019.12.4.

260 Bangkok Post, 'Partners vow to press on with signing RCEP deal', 2020.3.21.

261 G20 Saudi Arabia 2020, 'Extraordinary G20 Leaders' Summit Statement on COVID-19', 2020.3.

262 Australian Minister for Trade, Tourism and Investment, 'Joint ministerial statement by Australia, Brunei Darussalam, Canada, Chile, the Republic of the Union of Myanmar, New Zealand and Singapore', 2020.3.25.

263 OECD Policy Responses to Coronavirus, 'COVID-19 and international trade: Issues and actions', 2020.6.12, p6.

264 IMF, 'World Economic Outlook: Global Manufacturing Downturn, Rising Trade Barriers', 2019.10, p29.

265 Anna Stellinger, Ingrid Berglund and Henrik Isakson, 'How trade can fight the pandemic and contribute to global health', in COVID-19 and Trade Policy: Why Turning Inward Won't Work, Centre for Trade and Economic Integration, 2020.4.29, p22.

266 Jun Du, Agelos Delis, Mustapha Douch and Oleksandr Shepotylo, 'Coronavirus won't kill globalisation – but a shakeup is inevitable', Conversation, 2020.5.23.

267 Shannon O'Neil, 'How to Pandemic-Proof Globalization', Foreign Affairs, 2020.4.1.

268 John Gray, 'Why this crisis is a turning point in history', New Statesman, 2020.4.1.

269 Zachary Karabell, 'Will the Coronavirus Bring the End of Globalization? Don't Count on It', , Wall Street Journal, 2020.3.20.

270 Klaus Schwab, 'Now is the time for a 'great reset'', World Economic Forum, 2020.6.3.

271 Will Hutton, 'Coronavirus won't end globalisation, but change it hugely for the better', Guardian, 2020.5.8.

272 Lucy Colback, 'How to navigate the US-China trade war', Financial Times, 2020.2.28.

273 Economist, 'The virus means the big state is back', 2020.3.21.

274 Anthony Giddens, 'The Nation-State and Violence'. Cambridge: Polity Press, 1985, p120.

275 Jan Aart Scholte, 'Globalization: A Critical Introduction', Basingstoke; New York: Palgrave Macmillan, 2005, p188.

276 Robert Jackson, 'Introduction: Sovereignty at the Millennium', Political Studies, XLVII, pp. 423-430, 1999, p425

277 Rana Dasgupta, 'The demise of the nation state', Guardian, 2018.4.5.

278 John Gray, 'Why this crisis is a turning point in history', New Statesman, 2020.4.1.

279 John Mearsheimer, 'Structural Realism', in Tim Dunne, Milja Kurki and Steve Smith, eds. International Relations Theories: Discipline and Diversity. 4th ed. Oxford: Oxford University Press, pp. 51-67, 2016, p53.

280 Mohamed S. El-Zomor and Amin R. Yacoub, 'The Paradoxical Effect of Covid-19 on Globalization', Oxford University Politics Blog, 2020.4.27.

281 Norrin M. Ripsman and T. V. Paul, 'Globalization and the National Security State: A Framework for Analysis', International Studies Review, 7: 2, pp. 199-227, 2005, p213.

282 Amnesty, 'Joint civil society statement: States use of digital surveillance technologies to fight pandemic must respect human rights', 2020.4.2.

283 Naomi Klein, 'The Shock Doctrine: The Rise of Disaster Capitalism', Canada: Knopf Canada, 2007

284 Kenneth Roth, 'Stopping the Authoritarian Rot in Europe', Human Rights Watch, 2020.4.27.

285 Manfred Bienefeld, 'Is a Strong National Economy a Utopian Goal at the End of the Twentieth Century?', in Robert Boyer and Daniel Drache, eds. States Against Markets: The Limits of Globalization'. London: Routledge. pp. 313-332, 1996, p313.

286 Robert Boyer and Daniel Drache, 'Introduction', in Robert Boyer and Daniel Drache, eds. States Against Markets: The Limits of Globalization. London: Routledge. pp. 1-20, 1996, p8.

287 Ali Miraj, 'Covid-19 and the return of the nation state', The Article, 2020.4.14.

288 Guardian, 'Will coronavirus lead to fairer societies? Thomas Piketty explores the prospect', 2020.5.12.

289 Sustainable Development Solutions Network, 'World Happiness Report', 2020, p39.

290 위와 같음, p130

291 Research Institute of the Finnish Economy, 'The Nordic Model: Embracing Globalization and Sharing Risks', 2007, p12~14.

292 Joseph Borrell, 'The post-coronavirus world is already here', European Council on Foreign Relations, 2020.4.30.

293 Yuli Tamir, 'How the Coronavirus Pandemic Resurrected the Nation-state', Haaretz, 2020.3.27.

294 Anthony Giddens, 'Runaway World: How Globalisation is Reshaping Our Lives'. New York: Routledge, 1999, p5.

295 Politico, 'Crisis made EU countries act like panicked shoppers, says commissioner', 2020.6.2.

296 The Institute for Economics & Peace, 'COVID-19 and Peace', 2020, p4~5,

297 CNBC, '1918 flu pandemic boosted support for the Nazis, Fed study claims', 2020.5.6.

298 Guardian, 'Will coronavirus lead to fairer societies? Thomas Piketty explores the prospect', 2020.5.12.

299 Emily Chamlee-Wright, 'If we seek resilience, we need liberty, not nationalism', The Hill, 2020.6.4.

300 The Institute for Economics & Peace, 'COVID-19 and Peace', 2020, p2.

301 Keith Suter, 'The Future of the Nation-state in an Era of Globalization', CADMUS, 3: 4, pp. 32-38. 2018, p37.

302 UN,' Global Cooperation Must Adapt to Meet Biggest Threat since Second World War, Secretary-General Says on International Day', 2020.4.24.

303 António Guterres, 'COVID-19 Dress Rehearsal for World of Challenges to Come, Secretary-General Tells General Assembly', 2020.9.22.

304 Robert Axelrod and Robert O Keohane, 'Achieving Cooperation under Anarchy: Strategies and Institutions, World Politics', 38: 1, pp. 226-254, 1985, p231.

305 Joseph M. Grieco, 'Anarchy and the Limits of Cooperation: A Realist Critique of the Newest Liberal Institutionalism', International Organization, 42: 3, pp. 485-507, 1988, p487.

306 Aaditya Mattoo and Michele Ruta, 'Viral protectionism in the time of coronavirus', World Bank Blog, 2020.3.27.

307 Patricia J. Campbell; Aran Mackinnon and Christy R. Stevens, 'An Introduction to Global Studies'. Chichester, West Sussex; Malden, Massachusetts: Wiley-Blackwell, 2010, p40.

308 V. Spike Peterson, 'Globalisation', in Aoileann Ní Mhurchú and Reiko Shindo, eds. Critical Imaginations in International Relations, London: Routledge. pp. 87-101, 2016, p92.

309 US Congressional Research Service, 'The WTO's Appellate Body Loses Its Quorum: Is

This the Beginning of the End for the "Rules-Based Trading System" ?', 2019.12.16. p2.

310 USTR, 'Report on the Appellate Body of the World Trade Organization', 2020.2.11, p2.

311 Bloomberg, 'WTO Chief, Citing Chaos, Says He's Not the Right Man for the Job', 2020.5.14.

312 WHO, 'COVID-19 Virtual Press conference 20 May 2020', 2020.5.20.

313 Washington Post, 'China pledges additional $30 million funding for World Health Organization', 2020.4.23.

314 DW, 'What influence does China have over the WHO?', 2020.4.17.

315 Council on Foreign Relations, 'Tedros, Taiwan, and Trump: What They Tell Us About China's Growing Clout in Global Health', 2017.6.7.

316 AP, 'China delayed releasing coronavirus info, frustrating WHO', 2020.6.3.

317 Shahar Hameiri, 'Covid-19: Why did global health governance fail?', Lowy Institute, 2020.4.15.

318 Mohamed S. El-Zomor and Amin R. Yacoub, 'The Paradoxical Effect of Covid-19 on Globalization', Oxford University Politics Blog, 2020.4.27

319 New York Times, 'A Global Outbreak Is Fueling the Backlash to Globalization' 2020.5.5.

320 Robert Hormats, 'World War III isn't what the strategists thought it would be', The Hill, 2020.4.14.

321 New York Times, 'Covid-19 Changed How the World Does Science, Together', 2020.4.1.

322 Jan Aart Scholte, 'Globalization: A Critical Introduction, Basingstoke: New York: Palgrave Macmillan'. 2005, p8.

323 James Putzel, 'Globalization, Liberalization, and Prospects for the State', International Political Science Review, 26: 1, pp. 5-16, 2005, p13.

324 Anabel González, 'The G20 should expand trade to help developing countries overcome COVID-19', 2020.4.7.

325 Robert Hormats, 'World War III isn't what the strategists thought it would be', The Hill, 2020.4.14.

326 Jens Stoltenberg, 'NATO must combat climate change', NATO Newsroom, 2020.9.27.

327 Armando Barucco, 'Foreign policy after covid: A checklist for a new world', European Council on Foreign Relations, 2020.5.20.

328 Marianne Schneider-Petsinger, 'The Path Forward on WTO Reform', Chatham

House, 2019.5.7.

329 Lucie Gadenne and Maitreesh Ghatak, 'The World Health Organization: A GRID for reform', VOXEU & Centre for Economic Policy Research, 2020.5.30.

330 ABC, 'Germany increases donation to WHO but demands reforms', 2020.6.25.

331 New York Times, 'China Is Defensive. The U.S. Is Absent. Can the Rest of the World Fill the Void?', 2020.5.11.

332 David Capie, 'Where to Now for Middle Powers?', Asialink, 2020.5.27.

333 Ralf Emmers and Sarah Teo, 'Regional Security Strategies of Middle Powers in the Asia-Pacific', International Relations of the Asia-Pacific, 15: 2, pp. 185-216, 2014, p186.

334 식품의약안전처, 'K-방역 진단시약, 포스트 코로나까지 살핀다', 2020.5.22.

335 Harsh V Pant, 'COVID19 and the middle power moment in global politics', Observer Research Foundation, 2020.5.6.

336 Prime Minister's Office Singapore, 'PM Lee Hsien Loong at the IISS Shangri-La Dialogue 2019', 2019.5.31.

337 Bonnie Bley, 'A middle-power moment', Lowy Institute, 2019.8.23.

338 Alliance for Multilateralism, 'What is the "Alliance for Multilateralism"?', 2020

339 Stewart Patrick, 'Multilateralism à la Carte: The New World of Global Governance', Valdai Discussion Club, 2015.7.8.

340 외교부, '강경화 장관 다자주의 연대 주최 코로나19 화상회의 참석', 2020.6.27.

341 Andrew Carr, 'The illusion of a middle power moment', East Asia Forum, 2020.5.12.

342 Tanguy Struye de Swielande, 'Middle Powers in the Indo-Pacific: Potential Pacifiers Guaranteeing Stability in the Indo-Pacific?', Asian Politics & Policy, 11: 2, pp. 190-207, 2019, p203.

343 Joshua Spero, 'Great Power Security Dilemmas for Pivotal Middle Power Bridging', Contemporary Security Policy, 30: 1, pp. 147-171, 2009, p148.

344 C. Raja Mohan and Rory Medcalf, 'The U.S.- China Rivalry Has Asia on Edge: Can "Middle Powers" Create Stability?', National Interest, 2014.8.15.

345 Ali Wyne and Bonnie S. Glaser, 'A New Phase in Middle-Power Adjustment to U.S.-China Competition?', National Interest, 2019.11.5.

346 Shannon K O'Neil, 'Free Trade Is Expanding, Just Not With the U.S.', Bloomberg, 2019.10.7.

347 Ali Wyne and Bonnie S. Glaser, 'A New Phase in Middle-Power Adjustment to U.S.-China Competition?', National Interest, 2019.11.5

348 Eurasia Group, 'After the G-Zero: Overcoming fragmentation', 2016, p18.

349 Nils Schmid, 'Multilateralism first!', International Politics and Society, 2019.12.11.

350 Hanns Maull, 'The "Alliance for Multilateralism" by Germany and France: About Time, But It Needs To Be Serious', German Institute for International and Security Affairs, 2019.8.6.

351 Stewart Patrick, 'Can an 'Alliance for Multilateralism' Succeed in a New Era of Nationalism?', World Politics Review, 2019.9.9.

352 Campbell Clark, 'Middle-power countries still timid to build alliances due to gravitational pull of global superpowers', The Globe and Mail, 2019.4.29.

353 Minister of Europe and Foreign Affairs of France, 'Conférence de presse de M. Jean-Yves Le Drian et M. Heiko Maas', 2019.4.2.

354 Xinhua, 'Merkel rejects Trump's invitation for G7 summit in Washington', 2020.5.30.

355 Guardian, 'British in U-turn over Franco-German 'alliance for multilateralism'', 2019.9.24.

356 Alisher Umirdinov, 'Generating a Reform of the BRI from the Inside: Japan's Contribution Via Soft Law Diplomacy', Research Institute of Economy, Trade and Industry, 2019.9, p14~15.

357 Centre Asia, 'India's foreign policy under Modi's second term: Risks and opportunities', 2019.7.3.

358 Fiona Hill, Tanvi Madan, Amanda Sloat, Mireya Solis and Constanze Stelzenmuller, 'Balancing act: Major powers and the global response to US-China great power competition', Brookings, 2020.7, p3.

359 Times of India, 'Amid turmoil in US, Trump calls Modi to invite him for G7 summit', 2020.6.3.

360 Global Times, 'G7 expansion more symbolic than substantive', 2020.6.2.

361 러시아는 1997년 G8 일원으로 합류했지만 2014년 우크라이나 크림반도 강제합병 논란으로 퇴출당했다. G7은 해당 문제가 해결되기 전에는 러시아를 다시 받을 수 없다는 입장이다. 러시아 역시 요청이 있으면 고려하겠지만 굳이 먼저 재합류를 추진할 뜻은 없다고 선을 그었다.

362 Ralf Emmers and Sarah Teo, 'Regional Security Strategies of Middle Powers in the Asia-Pacific, International Relations of the Asia-Pacific', 15: 2, pp. 185-216, 2014, p192.

363 Nils Schmid, 'Multilateralism first!', International Politics and Society, 2019.12.11.

364 Tanguy Struye de Swielande, 'Middle Powers in the Indo-Pacific: Potential Pacifiers Guaranteeing Stability in the Indo-Pacific?', Asian Politics & Policy, 11: 2, pp. 190-207, 2019, p203

365 Minister of Europe and Foreign Affairs of France, 'Joint article by Jean-Yves Le Drian

and Heiko Maas: "No, multilateralism is not outdated!"', 2019.11.12.

366  John Naughton, 'When Covid-19 has done with us, what will be the new normal?', Guardian, 2020.4.18.

367  David Bray, 'Pandemic may replace the nation-state: But with what?', Atlantic Council, 2020.4.9.

368  Robert Atkinson, 'The Case for a National Industrial Strategy to Counter China's Technological Rise', Information Technology & Innovation Foundation, 2020.4.13, p2~3.

369  Chen Xu, 'Coronavirus crisis exposes the myth of global security built on nation-state competition', South China Morning Post, 2020.4.13.

370  World Economic Forum, 'The Future of Jobs Report', 2018, p3.

371  Matthew Gould, Indra Joshi and Ming Tang, 'The power of data in a pandemic', UK Department of Health and Social Care, 2020.3.28.

372  Simon Ramo, 'National Security and Our Technology Edge', Harvard Business Review, 1989. 11.

373  Robert Atkinson, 'The Case for a National Industrial Strategy to Counter China's Technological Rise', Information Technology & Innovation Foundation, 2020.4.13, p1.

374  Eline Chivot, 'A Roadmap for Europe to Succeed in the Digital Economy', Center for Data Innovation, 2019.12.2, p2.

375  Mukul Sanwal, 'Multilateralism in the new cold war', The Hindu, 2020.6.3.

376  Jude Blanchette and Jonathan E. Hillman, 'China's Digital Silk Road after the Coronavirus', Center for Strategic & International Studies, 2020.4.13.

377  Marianne Schneider-Petsinger, Jue Wang, Yu Jie and James Crabtree, 'US–China Strategic Competition: The Quest for Global Technological Leadership', Chatham House, 2019.11.7, p30.

378  FBI, 'People's Republic of China (PRC) Targeting of COVID-19 Research Organizations', 2020.5.13.

379  Donald Trump, 'Twitter(@realDonaldTrump)', 2019.2.21.

380  Mike Griffin, 'Pentagon R&D boss: The challenge of our time', Defense News, 2019.12.2.

381  IHS Market, 'The 5G Economy: How 5G will contribute to the global economy', 2019.11, p20, p25.

382  Huawei 홈페이지, 'Huawei's Security Standards and Certification', 2020

383  Oxford Economics, 'The Economic Impact of Restricting Competition in 5G Network Equipment', 2019.11, p37.

384 European Commission, 'Guidance to the Member States concerning foreign direct investment and free movement of capital from third countries, and the protection of Europe's strategic assets, ahead of the application of Regulation (EU) 2019/452', 2020.3.25, p1.

385 French Ministry of Europe and Foreign Affairs, 'French-German Initiative for the European Recovery from the Coronavirus Crisis', 2020.5.18.

386 Brahima Sangafowa Coulibaly and Karim Foda, 'The future of global manufacturing', Brookings, 2020.3.4.

387 Adnan Seric and Deborah Winkler, 'Managing COVID-19: Could the coronavirus spur automation and reverse globalization?', Industrial Analytics Platform, 2020.4.

388 Sreeram Sundar Chaulia, 'The e-diplomacy experiment', The Hindu, 2020.6.9.

389 Stephanie Liechtenstein, 'How COVID-19 Has Transformed Multilateral Diplomacy', World Politics Review, 2020.6.1.

390 Financial Express, 'China became 'more aggressive' during COVID-19; deployed troops along LAC, says US Defense Secretary Mark Esper', 2020.8.6.

## 2부.
## 앞으로의 세계에서 한국의 전략을 찾다

1 Saul B. Cohen, 'Geopolitics: The Geography of International Relations'. 3rd ed. New York; London: Rowman & Littlefield, 2015, p15~16.

2 Alexandre Y. Mansourov, 'Enigma of the Land of Morning Calm: Korean Shrimp or Roaring Tiger'?, Brookings, 2000.9.1.

3 Robert J. Myers, 'Japanese Colonialism in Korea, 1910 – 1945', Korea in the Cross Current, pp.27-41, 2001, p28.

4 Nicholas Eberstadt and Richard J. Ellings, 'Introduction', in Nicholas Eberstadt and Richard J. Ellings, eds. Korea's Future and the Great Powers. Seattle: National Bureau of Asian Research in association with University of Washington Press, pp. 1-48, 2001, p6.

5 Kenneth N. Waltz, 'Theory of International Politics'. New York: Random House, 1979, p105.

6 Xiyu Yang, 'Security Dilemma on the Korean Peninsula and the Way out', China

International Studies, 69: 113, pp. 113-130, 2018, p119.

7   John H. Herz, 'Idealist Internationalism and the Security Dilemma', World Politics, 2: 2, pp. 157-180, 1950, p157.

8   Michael Mcdevitt, 'The Post-Korean Unification Security Landscape and U.S. Security Policy in Northeast Asia', in Nicholas Eberstadt and Richard J. Ellings, eds. Korea's Future and the Great Powers. Seattle: National Bureau of Asian Research in association with University of Washington Press, pp. 251-296, 2001, p276.

9   John J. Mearsheimer, 'The Tragedy of Great Power Politics'. Updated ed. New York: W.W. Norton, 2014, p397.

10  Tae-hwan Kwak, 'US-Korea Security Relations', The Journal of East Asian Affairs, 2: 2, pp. 260-278, 1982, p261.

11  Robert S. Ross, 'The Geography of the Peace: East Asia in the Twenty-First Century', International Security, 23: 4, pp. 81-118, 1999, p111~112.

12  Kurt M. Campbell and Mitchell B. Reiss, 'Korean changes, Asian Challenges and the US Role', Survival, 43: 1, pp. 53-69, 2001, p61.

13  Robert S. Ross, 'US Grand Strategy, the Rise of China, and US National Security Strategy for East Asia', Strategic Studies Quarterly, 7: 2, pp. 20-40, 2013, p31~32.

14  Xiaoming Zhang, 'The Korea Peninsula and China's National Security: Past, Present and Future', Asian Perspective, 22: 3, pp. 259-272, 1998, p259~260.

15  Xiangfeng Yang, 'China's Clear and Present Conundrum on the Korean peninsula: Stuck Between the Past and the Future', International Affairs, 94: 3, pp. 595 - 611, 2018, p600.

16  Chen Jian, 'China's Road to the Korean War: The Making of the Sino-American Confrontation'. New York; Chichester: Columbia University Press, 1994, p127~128.

17  Stephanie Kleine-Ahlbrandt, 'The Diminishing Returns of China's North Korea Policy', 38 North, 2012.8.16.

18  Jennifer Lind, 'Will Trump's hardball tactics work on China and North Korea?', CNN, 2017.8.7.

19  Wang Chen Jun and Richard Mcgregor, 'Four reasons why China supports North Korea', Lowy Institute, 2019.3.4.

20  Samuel S. Kim, 'The Two Koreas and the Great Powers'. Cambridge: Cambridge University Press, 2006, p98.

21  David Shambaugh, 'China Engages Asia: Reshaping the Regional Order', International Security, 29: 3, pp. 64-99, 2004, p80.

22  Robert D. Blackwill and Jennifer M. Harris, 'War by Other Means: Geoeconomics and Statecraft', Harvard University Press, Cambridge, Massachuetts, 2016, p20.

23  Ramon Pacheco Pardo, 'South Korea holds the key to the Indo-Pacific', The Hill, 2019.8.18.

24  북방경제협력위원회 홈페이지, '신북방정책 추진방향', 접속일 2020.9.16.

25  China Development Research Center, 'Vision and Actions on Jointly Building Silk Road Economic Belt and 21st Century Maritime Silk Road', 2015.3.

26  South China Morning Post, 'Chinese rust-belt province pushes for new road and rail links to North Korea – and beyond to the South', 2018.9.14.

27  Globatimes, 'Synergy for BRI, China-Japan-South Korea FTZ amid trade war', 2019.6.4.

28  Maximilian Römer, 'One Belt, One Road, One Korea?', The Diplomat, 2018.2.10.

29  Sungku Jang, 'Should South Korea Participate in China's Belt and Road?', National Interest, 2019.1.6.

30  주한미국대사관, 'U.S. & ROK Issue a Joint Factsheet on their Regional Cooperation Efforts', 2019.11.2

31  Harry Harris, '[OP-ED] United States and South Korea : Expanding our Partnership in the Indo-Pacific Region', 주한미국대사관, 2019.12.5.

32  Kyle Ferrier, 'The United States and South Korea in the Indo-Pacific after COVID-19, Journal of Indo-Pacific Affairs', 2020.6.18.

33  Kristine Lee, 'Competing Economic Futures for the Korean Peninsula', National Interset, 2018.9.17.

34  CBS News, 'Transcript: President Trump on "Face the Nation," February 3', 2019, 2019.2.3.

35  Audrye Y. Wong, 'Comparing Japanese and South Korean Strategies toward China and the United States: All Politics is Local', Asian Survey, 55: 6, pp. 1241-1269, 2015, p1258.

36  한국은행 홈페이지, '남북한의 주요경제지표 비교', 접속일2020.9.13.

37  Global Fire Power, '2020 Military Strength Ranking', 접속일 2020.9.13.

38  Bruce Bennett, '저자와의 이메일 인터뷰', 2020.8.28.

39  VOA, '미 전문가들 "북 핵, '억제용' 넘어서…핵탄두 크게 늘려 영향력 확대"', 2020.9.3.

40  Thomas J. Christensen, 'China, the U.S.-Japan Alliance, and the Security Dilemma in East Asia', International Security, 23: 4, pp. 49-80, 1999, p50.

41  Scott A. Snyder, 'South Korea at the Crossroads: Autonomy and Alliance in an Era of Rival Powers'. New York: Columbia University Press, 2018, p268.

42  대한민국 ODA 통합홈페이지, '한국의 개발협력 역사', 접속일 2020.9.13.

43  주 미국 대한민국 대사관, '한미 경제통산 관계', 접속일 2020.9.12.

44  U.S. State Department, 'U.S. Relations With the Republic of Korea Bilateral Relations Fact Sheet', 2018.7.17.

45  CNBC, 'The US is the world's top 'soft' power — but Trump has damaged its reputation, survey says', 2020.2.25.

46  관세청, "19년 최대 무역흑자 국가는 홍콩, 일본과의 무역적자 최저치 기록', 2020.1.28, p2.

47  전국경제인연합회, '사드 사태 이후 3년, 한중 경제관계 변화', 2019.11.11.

48  Robert S. Ross, 'Balance of Power Politics and the Rise of China: Accommodation and Balancing in East Asia', Security Studies, 15: 3, pp. 355-395, 2006, p374.

49  Glenn H. Snyder, 'The Security Dilemma in Alliance Politics, World Politics', 36: 4, pp. 461-495, 1984, p466~467.

50  Benjamin Schreer, 'Abandonment, entrapment, and the future of US conventional extended deterrence in East Asia', Australian Strategic Policy Institute, 2012.9.21.

51  Jinwung Kim, 'From Patron-Client to Partners: The Changing South Korean-American Relationship, The Journal of American-East Asian Relations', 2: 3, pp. 303-325, 1993, p306.

52  대한민국 정책브리핑, '공군사관학교 제53기 졸업 및 임관식 연설문', 2005.3.8.

53  US Department of State Archive, 'United States and the Republic of Korea Launch Strategic Consultation for Allied Partnership', 2006.1.19.

54  White House, 'Remarks by President Obama and President Park of the Republic of Korea in Joint Press Conference', 2015.10.16.

55  VOA, '미 국방 부차관보 "최근 북-중-이란 교류 매우 우려…계속 주시"', 2020.9.29.

56  Kathryn Botto, 'Overcoming Obstacles to Trilateral U.S.-ROK-Japan Interoperability', Carnegie Endowment International Peace, 2020.3.18.

57  Soon-ok Shin, 'South Korea's Elusive Middlepowermanship: Regional or Global Player?', The Pacific Review, 29: 2, pp. 187-209, 2016, p197~198.

58  Michael Fuchs and Abigail Bard, 'How to Create a Durable U.S.-South Korea Alliance', Center for American Progress, 2019.8.20.

59  Daniel Deudney and Jeffrey W. Meiser, 'American Exceptionalism', in Michael Cox and Doug Stokes, eds. US Foreign Policy. 3rd ed. Oxford: Oxford University Press, pp. 22-38, 2018, p37.

60  Wonkyong Kim, 'U.S.-Korea Economic Relations: A (Historical) View from Seoul', Korea's Economy 26, pp. 35-40, 2010, p36.

61  US Department of the Treasury, 'Macroeconomic and Foreign Exchange Policies of Major Trading Partners of the United States', 2020.1, p40.

62  US Trade Representative, 'USTR Calls a Special Session Under the U.S.-Korea Free Trade Agreement', 2017.7.12.

63  Congressional Research Service, 'South Korea: Background and U.S. Relations', 2020.4.22, p2.

64  John Bolton, 'The Room Where It Has Happened: A White House Memoir', Simon & Schuster, 2020

65  John J. Mearsheimer, 'The False Promise of International Institutions', International Security', 19: 3, pp. 5-49. p11, 1994/1995, p11.

66  Stephen M. Walt, 'Alliance Formation and the Balance of World Power', International Security, 9: 4, pp. 3-43, 1985, p7, p10.

67  KBS, '한국 무역의존도 70%에 육박…일본의 2배 이상', 2019.7.18.

68  김승현, '코로나19, 수출 중심 독일 경제에 미칠 파장은?', 대한무역투자진흥공사, 2020.2.27.

69  Robert S. Ross, 'Balance of Power Politics and the Rise of China: Accommodation and Balancing in East Asia', Security Studies, 15: 3, pp. 355-395, 2006, p376.

70  Albert O. Hirschman, 'National Power and the Structure of Foreign Trade', Berkeley; Los Angeles: University of California Press, 1945, p16,

71  New York Times, 'Shift GIs in Korea to Taiwan? Never, China envoy says', 2006.3.22.

72  Global Times, 'National security law ensures high degree of autonomy and people's freedom in HK: Liu Xiaoming', 2020.7.7.

73  조빛나·이도형, '사드 갈등이 남긴 교훈, 대중국 수출 전략 어떻게 변해야 하나?', 한국무역협회 국제무역연구원, 2017:48호, 2017, p28

74  Hyon Joo Yoo, 'The China Factor in the US－South Korea Alliance: The Perceived Usefulness of China in the Korean Peninsula', Australian Journal of International Affairs, 68: 1, pp. 85-104, 2014, p99.

75  Jung H. Pak, 'Trying to loosen the linchpin: China's approach to South Korea', Brookings Institution, 2020.6, p1.

76  Bloomberg, 'China Gets Everything It Wanted From Trump's Meeting With Kim', 2018.6.12.

77  Michael Fuchs and Abigail Bard, 'How to Create a Durable U.S.-South Korea Alliance', Center for American Progress, 2019.8.20.

78  Sukhee Han, 'China's Charm Offensive to Korea: A New Approach to Extend the Strategic Buffer', Asan Forum, 2014.6.13.

79  Suisheng Zhao,' Rethinking the Chinese World Order: The Imperial Cycle and the Rise of China', Journal of Contemporary China, 24: 96, pp. 961-982, 2015

80  Jun Kwon, 'North Korea-China Military Alliance Stronger Than It May Seem By Jun

Kwon', Utica College Center of Public Affairs and Election Research, 2019.11.14.

81  Global Times, 'Is China-North Korea friendship treaty outdated?', 2017.5.3.

82  South China Morning Post, 'How China is using North Korea in its long game against America', 2018.6.16.

83  Abraham Denmark, 'U.S.-China Competition and Implications for the Korean Peninsula', Wilson Center, 2018.10.31.

84  Quartz, 'Trump weirdly says Korea was "part of China," which is totally wrong and could enrage South Korea', 2017.4.18.

85  Michael E. O'Hanlon, 'The Long-Term Basis for a U.S.-Korea Alliance', The Washington Quarterly, 41: 4, pp. 103-116. 2018, p111.

86  David C. Kang, 'Getting Asia Wrong: The Need for New Analytical Frameworks', International Security, 27: 4, pp. 57-85, 2003, p66~67.

87  위와 같음, p70.

88  Russell Ong, 'South Korea and China's Security Objectives in East Asia', Asia-Pacific Review, 15: 2, pp. 102-119, 2008, p105.

89  위와 같음, p115.

90  Enrico Fels, 'Shifting power in Asia-Pacific?: The Rise of China, Sino-US Competition and Regional Middle Power Allegiance'. Switzerland: Springer, 2017, p608.

91  Josh Rogin, 'South Korea shows that democracies can succeed against the coronavirus', Washington Post, 2020.3.11.

92  Kenneth N. Waltz, 'Theory of International Politics'. New York: Random House, 1979, p111.

93  Stephen J. Cimbala, 'Nuclear Weapons and Cooperative Security in the 21st Century': The New Disorder, New York; Routledge, 2010.

94  Se Young Jang, 'The Evolution of US Extended Deterrence and South Korea's Nuclear Ambitions', Journal of Strategic Studies, 39: 4, pp. 502-520, 2016, p517~518.

95  대한민국 정책브리핑, '미 국방대학교 연설문 국방부장관', 2020.2.26.

96  Jong-sup Lee, 'The ROK-U.S. Alliance and Self-Reliant Defense in the ROK', in Alexandre Y Mansourov, eds. ROK Turning Point. Honolulu, Hawaii: Asia-Pacific Center for Security Studies, pp. 246-267, 2005, p247.

97  John S. Park, 'Preview of "Nuclear Ambition and Tension on the Korean Peninsula"', Belfer Center, 2013.10.2.

98  한국갤럽, '데일리 오피니언 제275호(2017년 9월 1주) - 6차 핵실험과 대북 관계', 2017.9.7.

99  Nuclear Energy Institute, 'Top 15 Nuclear Generating Countries', 접속일 2020.9.15.

100 E-나라지표, '에너지원별 발전량 현황', 접속일 2020.9.15.

101 Mark Fitzpatrick, 'Asia's Latent Nuclear Powers: Japan, South Korea and Taiwan'. London: Taylor and Francis, 2017, p26~27.

102 원자력 국제협력 정보포털 서비스, '대한민국 정부와 미합중국 정부 간의 원자력의 평화적 이용에 관한 협력협정', 접속일 2020.9.15.

103 Lami Kim, 'South Korea's Nuclear Hedging?', The Washington Quarterly, 41: 1, pp. 115-133, 2018, p123.

104 Mark Fitzpatrick, 'Asia's Latent Nuclear Powers: Japan, South Korea and Taiwan'. London: Taylor and Francis, 2017, p51.

105 최요철, '우리나라 수출과 성장간의 관계 분석', 한국은행, 2002.5.10, p19.

106 국가지표체계(K indicater), '수출입비율(GDP 대비)', 접속일 2020.9.15.

107 대한무역투자진흥공사, '2018년 북한 대외 무역규모 전년 대비 절반 수준으로 축소', 2019.7.19.

108 산업통상자원부, '신재생에너지 정책개요', 접속일 2020.9.13.

109 Troy Stangarone, 'Is Trump Right to Suggest that South Korea and Japan Should Go Nuclear?', Korea Economic Institute of American, 접속일 2020.9.15.

110 Toby Dalton and Alexandra Francis, 'South Korea's Search for Nuclear Sovereignty', Asia Policy, 19, pp. 115-136, 2015, p132.

111 Mun Suk Ahn and Young Chul Cho, 'A Nuclear South Korea?', International Journal, 69:1, pp. 26-34, 2014, p26.

112 Bilahari Kausikan, 'To Deter North Korea, Japan and South Korea Should Go Nuclear', New Perspectives Quarterly. 35: 1, pp. 33-37, 2018, p34~35.

113 Ariel E. Levite, 'Never Say Never Again: Nuclear Reversal Revisited', International Security, 27: 3, pp. 59-88, 2002/2003, p69, p72.

114 Emma Chanlett-Avery and Mary Beth Nikitin, 'Japan's Nuclear Future: Policy Debate', Prospects, and U.S. Interests', Congressional Research Service, 2019.2.19, p4.

115 CNN, 'No nuclear weapons in South Korea, says President Moon', 2017.9.14.

116 Jihoon Yu and Erik French, 'Should the United States Support a Republic of Korea Nuclear

117 Lami Kim, 'South Korea's Nuclear Hedging?', The Washington Quarterly, 41: 1, pp. 115-133, 2018, p124.

118 Mark Fitzpatrick, 'Asia's Latent Nuclear Powers: Japan, South Korea and Taiwan'. London: Taylor and Francis, 2017, p31.

119 John S. Park, 'Preview of "Nuclear Ambition and Tension on the Korean Peninsula"', Belfer Center, 2013.10.2.

120 William T. Tow, 'Asia-Pacific Strategic Relations: Seeking Convergent Security', Cambridge University Press: Cambridge, 2001, p210.

121 Brock F. Tessman, 'System structure and state strategy: Adding hedging to the menu', Security Studies, 21: 2, pp. 192–231, 2012, p192, p230.

122 Youngmi Choi, 'A Middle Power's Trade Policy under U.S.-China FTA Competition: South Korea's Double Hedging FTA Diplomacy', Contemporary Politics, 24: 2, pp. 233-249, 2018, p245.

123 Jin Park, 'Korea Between the United States and China: How Does Hedging Work?', Joint U.S.-Korea Academic Studies, 26, pp. 59-73, p64.

124 Min-hyung Kim, 'Avoiding Being a Crushed Prawn and Becoming a Dolphin Swimming between the Two Fighting Whales? South Korea's Strategic Choice in the Face of the Intensifying Sino–US Competition', Journal of Asian and African Studies, 53: 4, pp. 612-628, 2018, p619.

125 Cheng-Chwee Kuik, and Kong Chian Lee, 'Rising Dragon, Crouching Tigers?', BiblioAsia, 3: 4, pp. 4-13, 2008, p5.

126 Nikolas Vander Vennet and Mohammad Salman, 'Strategic Hedging and Changes in Geopolitical Capabilities for Second-Tier States', Chinese Political Science Review, 4, pp. 86–134, 2019, p62.

127 Dong Shin Kim, 'Meeting Challenges in Transforming the Alliance Prudently', The Brookings Institution and Sejong Institute, 2006, p8.

128 Tae-Hyung Kim, 'South Korea's Missile Defense Policy: Dilemma and Opportunity for a Medium State', Asian Politics & Policy, 1: 3, pp. 371-389, 2009, p384~385.

129 Victor Cha, 'Engaging China: Seoul-Beijing Détente and Korean Security', Survival, 41: 1, pp. 73-98. 1999, p78.

130 한반도평화포럼, '사드 그 모든 의문에 답하다', 2016.7.25

131 Oxford Reference, 'Lord Palmerston 1784–1865 British statesman; Prime Minister, 1855–8, 1859–65', 2016

132 Cheng-Chwee Kuik, 'Hedging in Post-Pandemic Asia: What, How, and Why?', Asan Forum, 2020.6.6.

133 외교부 홈페이지, '정책소개: 동북아 평화협력 플랫폼', 접속일 2020.9.16.

134 외교부, '2020년 외교부 주요업무 추진계획', 2020.3.3, p6~7.

135 대한민국 정책브리핑, '정책위키: 신북방정책', 접속일 2020.9.16.

136 대한민국 정책브리핑, '정책위키: 신남방정책', 접속일 2020.9.16.

137 Stephan Haggard and Min Ye, 'China's "Partnerships"', Peterson Institute for International Economics, 2014.11.25.

138 주 중국 대한민국 대사관 홈페이지, '한중관계와 중국: 한중관계', 접속일 2020.9.16.

139 US Senate Committee on Foreign Relations, 'Written Testimony of Deputy Secretary of State Stephen E. Biegun', 2020.7.22. p3.

140 U.S. Department of State, 'Briefing with Assistant Secretary for East Asian and Pacific Affairs David Stilwell On Readout of Secretary Pompeo's Meeting With Poliburo Member Yang Jiechi', 2020.6.18.

141 Henry A. Kissinger, 'How to Resolve the North Korea Crisis', Henryakissinger.com, 2017.8.11.

142 Jin Park, 'Korea Between the United States and China: How Does Hedging Work?'', Joint U.S.-Korea Academic Studies, 26, pp. 59-73, 2015, p70.

143 Tanguy Struye de Swielande, 'Middle Powers in the Indo-Pacific: Potential Pacifiers Guaranteeing Stability in the Indo-Pacific?', Asian Politics & Policy, 11: 2, pp. 190-207, 2019, p202.

144 European Think-tank Network on China, 'Europe in the Face of US-China Rivalry', 2020.1, p15.

145 Van Jackson, 'Power, trust, and network complexity: three logics of hedging in Asian security', International Relations of the Asia-Pacific, 14: 3, pp. 331-356, 2014

146 Kuniko Ashizawa, 'Japan's Approach toward Asian Regional Security: From 'Hub-and-Spoke' Bilateralism to 'Multi-tiered'', The Pacific Review, 16: 3, pp. 361-382, 2003, p362.

147 Daizo Sakurada, 'Why We Need the US–Japan Security Treaty', Asia–Pacific Review, 5: 1, pp. 13-38, 1998, p13.

148 Gudrun Wacker, 'Security Cooperation in East Asia: Structures, Trends and Limitations, German Institute for International and Security Affairs, 2015, p12.

149 Richard L. Armitage and Joseph S. Nye, 'The U.S.-Japan Alliance: Anchoring Stability in Asia', Center for Strategic and International Studies, 2012, p8.

150 G. John Ikenberry, 'America in East Asia: Power, Markets and Grand Strategy', in Ellis S. Krauss and T. J. Pempel, eds. Beyond Bilateralism: U.S.-Japan Relations in the New Asia-Pacific. Stanford, California: Stanford University Press, pp. 37-54, 2004, p41.

151 Min Ye, 'Security Institutions in Northeast Asia: Multilateral Responses to Structural Changes', in Vinod K. Aggarwal and Min Gyo Koo, eds. Asia's New Institutional Architecture: Evolving Structures for Managing Trade, Financial, and Security Relations. Berlin: Springer, pp. 121-149. 2008, p139.

152 Vinod K. Aggarwal and Koo Min Gyo, 'The Past, Present, and Future of Asia's Institutional Architecture', in Vinod K. Aggarwal and Min Gyo Koo, eds. Asia's New Institutional Architecture: Evolving Structures for Managing Trade, Financial, and Security Relations. Berlin: Springer, pp. 289-308, 2008, p290~291.

153 Min Ye, 'Security Institutions in Northeast Asia: Multilateral Responses to Structural

Changes', in Vinod K. Aggarwal and Min Gyo Koo, eds. Asia's New Institutional Architecture: Evolving Structures for Managing Trade, Financial, and Security Relations. Berlin: Springer, pp. 121-149. 2008, p128.

154 Claude Barfield, 'Statement before the Subcommittee on Asia and the Pacific: Committee on Foreign Affairs', American Enterprise Institute, 2015.3.4.

155 Neil Renwick, 'Ending the US-Japan alliance: The Search for Stable Peace in NE Asia After the Cold war', Global Change, Peace & Security, 4: 2, pp. 3-30, 1992, p4.

156 Alexander Wendt, 'Anarchy is What States Make of it: The Social Construction of Power Politics', International Organization, 46: 2, pp. 391-425, 1992, p405~406.

157 Michael Barnett, 'Social Constructivism', in Patricia Owens, John Baylis and Steve Smith, eds. The Globalization of World Politics: An Introduction to International Relations. 2nd International ed. Oxford: Oxford University Press, pp. 122-135, 2017, p126.

158 Alexander Wendt, 'Constructing International Politics', International Security, 20: 1, pp. 71-81, 1995, p73.

159 Amitav Acharya, 'Asian Regional Institutions and the Possibilities for Socializing the Behavior of States', Asian Development Bank, 82, 2001.6, p2~3.

160 Sook-Jong Lee; Chaesung Chun; HyeeJung Suh and Patrick Thomsen, 'Middle Power in Action: The Evolving Nature of Diplomacy in the Age of Multilateralism', The East Asia Institute, 2015.4, p19.

161 James E. Goodby and Peter Hayes, 'Comprehensive Security and Multilateral Cooperation in Northeast Asia Overcoming North Korea's Nuclear Breakout', Korea Observer, 47: 4, pp. 903-938, 2016, p913~914.

162 David Capie and Paul Evans, 'The Asia-Pacific Security Lexicon'. Singapore: Institute of Southeast Asian Studies. 2007, p107.

163 Ralf Emmers and Sarah Teo, 'Regional Security Strategies of Middle Powers in the Asia-Pacific', International Relations of the Asia-Pacific, 15: 2, pp. 185-216, 2014, p200~201.

164 Michael Mastanduno, 'Institutions of Convenience: U.S. Foreign Policy and the Pragmatic Use of International Institutions', in G. John Ikenberry, Takashi Inoguchi, eds. The Uses of Institutions: The U.S., Japan, and Governance in East Asia. Basingstoke: Palgrave Macmillan. pp. 29-50. 2007, p36~37.

165 Niklas Swanström, 'The Case for Multilateralism: The Korean Peninsula in a Regional Context', Institute for Security & Development Policy, 2020.6.

166 Thomas Berger, 'Set for Stability? Prospects for Conflict and Cooperation in East Asia', Review of International Studies, 26: 3, pp. 405-428, 2000, p428.

167 Xiyu Yang, 'Security Dilemma on the Korean Peninsula and the Way out', China

International Studies, 69: 113, pp. 113-130, 2018, p123, p129.

168 Fareed Zakaria, 'The Post-American World and the Rise of the Rest', London: Allen Lane, 2008.

169 Andrew F. Cooper, 'Squeezed or revitalised? Middle powers, the G20 and the evolution of global governance', Third World Quartely, 34: 6, pp.963-984, 2013, p963~965.

170 KF-VUB Korea Chair Report, 'Moon Jae-in's policy towards multilateral institutions, Contituity and Change in South Korea's Global Strategy', 2019.12, p29.

171 대한민국 정책브리핑, '정책위키: 신남방정책', 접속일 2020.9.18.

172 David Capie and Paul Evans, 'The Asia-Pacific Security Lexicon'. Singapore: Institute of Southeast Asian Studies. 2007, p106.

173 Alan Collins, 'Forming a Security Community: Lessons from ASEAN, International Relations of the Asia-Pacific', 7: 2, pp. 203-225, 2007, p209.

174 DHL, 'South Korea's Pivot to ASEAN: What it Means for Trade', 2019.11.16.

175 북방경제협력위원회 홈페이지, '신북방정책: 9개 다리', 접속일 2020.9.19.

176 송영관, '확산되는 세계무역질서의 불확실성과 한국의 정책대응', 한국개발연구원(KDI) Focus, 2020.1.30, p6.

177 주 벨기에 EU 대한민국 대사관 홈페이지, '유럽연합NATO: 경제통상관계', 접속일 2020.9.19.

178 Wendy Cutler and Hyemin Lee, 'Advancing the U.S.-Korea Economic Agenda', Asia Society Policy Institute, 2019.1, p3.

179 전국경제인연합회, '코로나19로 인한 수출 영향분석과 무역 · 통상 대응과제 건의', 2020.4.5.

180 산업통상자원부 보도자료, '유명희 통상교섭본부장, 차기 WTO 사무총장직에 입후보', 2020.6.24.

181 청와대, '제75차 유엔총회 대통령 기조연설', 2020.9.23.

182 Samuel S. Kim, 'The Two Koreas and the Great Powers'. Cambridge: Cambridge University Press, 2006, p9.

183 CSIS, 'The Korean Pivot: South Korea as a middle power', 2017.7.26, p VI.

184 문화체육부 국민소통실, '[딱풀이]3050클럽이 뭐야?', 2019.1.24.

185 Fortune, 'Global 500 2000', 접속일 2020.9.30.

186 Global Fire Power, '2020 Military Strength Ranking', 접속일 2020.9.19.

187 Stockholm International Peace Research Institute, 'Trends in World Military Expenditure 2019', 2020.4.

188 대한민국 정책브리핑, '한미 미사일 지침 개정 관련 김현종 국가안보실 제2차장 브리핑', 2020.7.28.

189 대한민국 정책브리핑, '국내 첫 군사전용 통신위성 '아나시스 2호' 궤도 안착', 2020.7.31.

190 국방부 '21-25 국방중기계획 수립', 2020.8.10, p5, p8~10.

191 International Institute for Democracy and Electoral Assistance, 'The Global State of Democracy 2019', 2019

192 VOX, 'How K-pop became a global phenomenon', 2018.2.26.

193 기획재정부, '2020 블룸버그 혁신지수: 한국 세계 2위', 2020.1.19

194 Nature, 'How South Korea made itself a global innovation leader', 2020.6.2.

195 Nature, 'Boosting South Korea's basic research', 2020.5.27.

196 전국경제인연합회, '6.25 70년 대한민국을 만든 이슈 대국민 인식조사', 2020.6.21.

197 UN News, 'First person: South Korea's COVID-19 success story', 2020.5.1.

198 전국경제인연합회, '4대 제조국 세계 교역시장 점유율 비교', 2020.2.17.

199 OECD, 'OECD Economic Outlook September 2020', 2020.9.

200 OECD, 'OECD Economic Outlook, Volume 2020 Issue 1', 2020.6, p25.

201 Christophe André, 'The Korean economy: resilient but facing challenges', OECD Ecoscope, 2020.8.11.

202 산업통상자원부, '2020년 9월 수출입 동향', 2020.10.1.

203 US State Department, '2020 Adherence to and Compliance with Arms Control, Nonproliferation, and Disarmament Agreements and Commitments (Compliance Report)', 2020.6, p34.

204 Jon Hill, 'Vice Admiral Jon A. Hill, USN Director, Missile Defense Agency Before the

205 US Defense Department, '2020 China Military Power Report', 2020.9.1, p vi~vii.

206 European Council, 'A stronger and more autonomous European Union powering a fairer world – Speech by President Charles Michel at the UN General Assembly', 2020.9.25.

207 Bruce Bennett, '저자와의 이메일 인터뷰', 2020.8.29.

208 VOA, 미 국무부 "한국, 어느 편 설지 수십 년 전 이미 선택" ...주미대사 발언에 논평, 2020.6.8.

209 Andrew Yeo, '저자와의 이메일 인터뷰', 2020.10.1.

210 김흥규, '저자와의 이메일 인터뷰', 2020. 8.27.

211 Ramon Pacheco Pardo, '저자와의 이메일 인터뷰', 2020. 8.25.

212 William Overholt, '저자와의 이메일 인터뷰', 2020.9.24.

213 외교부, '2020년 외교부 주요업무 추진계획', 2020.2, p18.

214 Asia Society, 'Republic of Korea: Minister of Foreign Affairs Kang Kyung-wha', 2020.9.24.

## 맺는말

1 Gregory Moore, 'Defining and Defending the Open Door Policy: Theodore Roosevelt and China, 1901-1909', Maryland: Lexington Books, 2015, p172.

2 대한민국 정책브리핑, '한국, FTA 경제영토 세계 3위 '우뚝'', 2017.3.20.

3 대한상공회의소, '일본 수출규제 1년 산업계 영향과 정책과제', 2020.7.27, p1~2.

4 연원호 · 나수엽 · 박민숙 · 김영선, '첨단기술을 둘러싼 미 · 중 간 패권 경쟁 분석', 대외경제정책연구원, 2020.6.24, p2.

5 Scott A. Snyder, 'Introduction, Middle-Power Korea Contributions to the Global Agenda', Council on Foreign Relations, 2015.6, p6.

6 Andrew O'Neil, 'South Korea as a Middle Power: Global Ambitions and Looming Challenges, in Middle-Power Korea: Contributions to the Global Agenda', Council on Foreign Relations, 2015.6, p86.

7 Leif-Eric Ealey and Kyuri Park, 'South Korea's Mismatched Diplomacy in Asia: Middle Power Identity, Interests, and Foreign Policy', International Politics, 55: 3, pp. 1-22, 2017, p254, p257.

8 EU External Action, 'DPRK and the EU', 2016.6.26.

9 Niklas Swanström, 'The Case for Multilateralism: The Korean Peninsula in a Regional Context', Institute for Security & Development Policy, 2020.6.

10 Mel Gurtov, 'South Korea's Foreign Policy and Future Security: Implications of the Nuclear Standoff', Pacific Affairs, 69: 1, pp. 8-31, 1996, p26.

**참고문헌**

How to adapt to
new world

# 미중 전쟁 앞으로의 세계

초판 1쇄 인쇄  2021년 1월  4일
초판 1쇄 발행  2021년 1월 13일

지은이 이지예
펴낸이 김남전
편집장 유다형 | 기획·편집 박혜연 | 디자인 정란
마케팅 정상원 한웅 정용민 김건우 | 경영관리 임종열 김하은

펴낸곳 ㈜가나문화콘텐츠 | 출판 등록 2002년 2월 15일 제10-2308호
주소 경기도 고양시 덕양구 호원길 3-2
전화 02-717-5494(편집부) 02-332-7755(관리부) | 팩스 02-324-9944
홈페이지 ganapub.com | 포스트 post.naver.com/ganapub1
페이스북 facebook.com/ganapub1 | 인스타그램 instagram.com/ganapub1

ISBN 978-89-5736-347-8 (03320)

가나출판사는 당신의 소중한 투고 원고를 기다립니다. 책 출간에 대한 기획이나 원고가 있으신 분은 이메일 ganapub@naver.com으로 보내 주세요.